基督教文化研究丛书

主编 何光沪 高师宁

九编 第 **4** 册

论马丁·布伯的上帝观

王务梅 著

花木兰文化事业有限公司

国家图书馆出版品预行编目资料

论马丁·布伯的上帝观／王务梅 著 -- 初版 -- 新北市：花木
兰文化事业有限公司，2023〔民 112〕
目 2+192 面；19×26 公分
（基督教文化研究丛书 九编 第 4 册）
ISBN 978-626-344-219-1（精装）
1.CST：布伯（Buber, Martin）2.CST：学术思想 3.CST：上帝
4.CST：宗教哲学
240.8   111021865

ISBN-978-626-344-219-1

基督教文化研究丛书
九编　第四册   ISBN：978-626-344-219-1

论马丁·布伯的上帝观

作　　者 王务梅
主　　编 何光沪、高师宁
执行主编 张　欣
企　　划 北京师范大学基督教文艺研究中心
总 编 辑 杜洁祥
副总编辑 杨嘉乐
编辑主任 许郁翎
编　　辑 张雅淋、潘玟静　美术编辑 陈逸婷
出　　版 花木兰文化事业有限公司
发 行 人 高小娟
联络地址 台湾 235 新北市中和区中安街七二号十三楼
　　　　 电话：02-2923-1455 ／传真：02-2923-1452
网　　址 http://www.huamulan.tw 信箱 service@huamulans.com
印　　刷 普罗文化出版广告事业
初　　版 2023 年 3 月
定　　价 九编 20 册（精装）新台币 56,000 元   版权所有 请勿翻印

论马丁·布伯的上帝观

王务梅 著

作者简介

王务梅，女，1987 年 3 月生，安徽六安人，哲学博士。安徽大学管理学学士，哲学硕士，南京大学哲学博士，加拿大维真学院访问学者。现任教于南京中医药大学马克思主义学院·医学人文学院，主要从事《医学伦理学》课程的教学工作。研究领域为现象学与存在主义、伦理学，学术关注点为犹太思想家马丁·布伯的宗教哲学思想。

提　　要

　　布伯对上帝问题的思考主要源于他对其所处时代问题的诊断。在布伯看来，现代社会面临着异化和孤独的危机，这种危机主要体现在人与世界、人与人以及人与上帝三重关系上，其中，人与上帝的分离是现代人面临的最为重要的危机。基于这种思考，如何克服人与上帝的分离问题成为布伯一生探究的重要问题。因而，布伯的上帝观主要考察的是人与上帝之间的关系问题。

　　根据布伯思想发展的内在逻辑，我们可以将布伯的上帝观分为三个阶段，分别是神秘主义时期、对话哲学时期和后大屠杀岁月。在神秘主义时期，布伯主要关注超脱日常生活之外的神秘的合一体验，这使布伯忽视了日常生活中对他者的责任。在经历了第一次世界大战等诸多事件之后，布伯认识到与他人相遇、对话，以及对他人负责的重要性。以此为转折点，他的上帝观开始从神秘主义时期转向对话哲学时期。

　　在对话哲学时期，布伯将关系视为上帝启示自身之所，认为上帝不是认识的对象，而是在一个个具体的"我—你"关系中与人相遇的"永恒之你"。布伯强调上帝在世界中的在场，认为人与上帝之间是"我—你"对话关系。当人敞开自身，用其全部存在与世界相遇、在具体的情境中对他者的呼唤作出回应，或者在日常生活中与他人建立忠诚与信任的关系之时，人就与上帝相遇。

　　在后大屠杀岁月，对话哲学中的上帝观受到了大屠杀事件的很大冲击。面对大屠杀与对话哲学中的上帝观之间的矛盾，布伯并没有简单地否定对话哲学中的上帝观，而是用"上帝之蚀"和"隐匿的上帝"对大屠杀作出回应。布伯主要从人自身这一维度考察了"上帝之蚀"和"上帝隐匿"现象产生的根源。在布伯之后，涌现了一批探究大屠杀与上帝之间关系的思想家。不过，他们主要从上帝这一维度来考察上帝在大屠杀中缺席与沉默的原因，提出了"上帝的踪迹"、"非全能的上帝"和"受难的上帝"等思想，进一步深化了对上帝问题的思考。

高水平大学暨马理论学科开放课题《布伯对话哲学视角下的西方现代性与宗教问题研究》（2022MKS019）

"基督教文化研究丛书"总序

何光沪 高师宁

　　基督教产生两千年来，对西方文化以至世界文化产生了广泛深远的影响——包括政治、社会、家庭在内的人生所有方面，包括文学、史学、哲学在内的所有人文学科，包括人类学、社会学、经济学在内的所有社会科学，包括音乐、美术、建筑在内的所有艺术门类……最宽广意义上的"文化"的一切领域，概莫能外。

　　一般公认，从基督教成为国教或从加洛林文艺复兴开始，直到启蒙运动或工业革命为止，欧洲的文化是彻头彻尾、彻里彻外地基督教化的，所以它被称为"基督教文化"，正如中东、南亚和东亚的文化被分别称为"伊斯兰文化"、"印度教文化"和"儒教文化"一样——当然，这些说法细究之下也有问题，例如这些文化的兴衰期限、外来因素和内部多元性等等，或许需要重估。但是，现代学者更应注意到的是，欧洲之外所有人类的生活方式，即文化，都与基督教的传入和影响，发生了或多或少、或深或浅、或直接或间接，或片面或全面的关系或联系，甚至因它而或急或缓、或大或小、或表面或深刻地发生了转变或转型。

　　考虑到这些，现代学术的所谓"基督教文化"研究，就不会限于对"基督教化的"或"基督教性质的"文化的研究，而还要研究全世界各时期各种文化或文化形式与基督教的关系了。这当然是一个多姿多彩的、引人入胜的、万花筒似的研究领域。而且，它也必然需要多种多样的角度和多学科的方法。

　　在中国，远自唐初景教传入，便有了文辞古奥的"大秦景教流行中国碑颂并序"，以及值得研究的"敦煌景教文献"；元朝的"也里可温"问题，催生了民国初期陈垣等人的史学杰作；明末清初的耶稣会士与儒生的交往对话，带来了中西文化交流的丰硕成果；十九世纪初开始的新教传教和文化活动，更造成了中国社会、政治、文化、教育诸方面、全方位、至今不息的千古巨变……所有这些，为中国（和外国）学者进行上述意义的"基督教文化研究"提供了极其丰富、取之不竭的主题和材料。而这种研究，又必定会对中国在各方面的发展，提供重大的参考价值。

就中国大陆而言，这种研究自 1949 年基本中断，至 1980 年代开始复苏。也许因为积压愈久，爆发愈烈，封闭越久，兴致越高，所以到 1990 年代，以其学者在学术界所占比重之小，资源之匮乏、条件之艰难而言，这一研究的成长之快、成果之多、影响之大、领域之广，堪称奇迹。

然而，作为所谓条件艰难之一例，但却是关键的一例，即发表和出版不易的结果，大量的研究成果，经作者辛苦劳作完成之后，却被束之高阁，与读者不得相见。这是令作者抱恨终天、令读者扼腕叹息的事情，当然也是汉语学界以及中国和华语世界的巨大损失！再举一个意义不小的例子来说，由于出版限制而成果难见天日，一些博士研究生由于在答辩前无法满足学校要求出版的规定而毕业受阻，一些年轻教师由于同样原因而晋升无路，最后的结果是有关学术界因为这些新生力量的改行转业，后继乏人而蒙受损失！

因此，借着花木兰出版社甘为学术奉献的牺牲精神，我们现在推出这套采用多学科方法研究此一主题的"基督教文化研究丛书"，不但是要尽力把这个世界最大宗教对人类文化的巨大影响以及二者关联的方方面面呈现给读者，把中国学者在这些方面研究成果的参考价值贡献给读者，更是要尽力把世纪之交几十年中淹没无闻的学者著作，尤其是年轻世代的学者著作对汉语学术此一领域的贡献展现出来，让世人从这些被发掘出来的矿石之中，得以欣赏它们放射的多彩光辉！

2015 年 2 月 25 日
于香港道风山

目

次

导　言

一、选题缘起

马丁·布伯（Martin Buber, 1878-1965）是 20 世纪西方最有影响力的宗教思想家之一。在总结布伯一生在宗教思想方面的贡献时，布伯研究专家莫里斯·弗里德曼（Maurice Friedman）评价道："本世纪没有人像布伯一样对我们时代的宗教思想产生过如此革命性的影响，即使鲁道夫·奥托也不能。"[1]根据弗里德曼，自新康德主义者赫尔曼·科恩去世之后，布伯就被视为西欧犹太人的代表，同时也被基督教世界誉为现代犹太教最为重要的代表人物。[2]弗里德曼的赞誉并不为过，布伯的《我与你》等著作对现代神学产生了重要影响，著名的现代宗教思想家卡尔·巴特（Karl Barth, 1886-1968）、莱因霍尔德·尼布尔（Reinhold Niebuhr, 1892-1971）和保罗·蒂里希（Paul Tillich, 1886-1965）[3]等人都曾受到过布伯思想的影响。弗里德曼将布伯对宗教研究的贡献归结为三个方面：其一，在布伯的对话哲学中，布伯不是将上帝视为知识的对象，而是将其视为可以与人相遇并具有交互性关系的"永恒之你"；其二，布伯将希伯来圣经翻译成德文，并对其进行创造性地阐释，将希伯来圣经教诲的核心理解为"生命就是上苍与下界的一种对话"；[4]其三，布伯整理了犹太哈西德教派大师的传

1　具体可参见 Maurice Friedman 的 *Martin Buber's Final Legacy* 一文。

2　Maurice Friedman, "Martin Buber's Influence on Twentieth Century Religious Thought," *Judaism* , vol.34, no.4（1985），p.417.

3　保罗·蒂里希曾专文论述布伯对基督教思想的影响，具体可参见《马丁·布伯和基督教思想：他对新教的三重贡献》（*Martin Buber and Christian Thought: His Threefold Contribution to Protestantism*）一文中的相关论述。

4　Martin Buber, *On Judaism,* trans. Eva Jospe, New York: Schochen Books Inc., 1967, p.215.

奇故事，并创造性地阐释了哈西德主义的核心要义，为复兴哈西德教派思想作出了重要贡献。布伯是一位著名的宗教思想家，同时也是一位著名的哲学家，他的对话哲学思想影响了诸多人文学科，涉及心理学、教育学和女性主义伦理等，[5]对现代思想产生了重要影响。布伯不仅在哲学研究方面取得了很大成就，而且在其在世之时就获得了世人的认可，晚年布伯被誉为其所处时代最有影响力的哲学家之一。[6]

在英语世界，布伯很早就引起了学者的重视。西方学者对布伯著作的翻译与介绍起步较早，研究论著涉及布伯思想的方方面面，十分丰富。早在德文版《我与你》（*Ich und Du*）[7]（1923）出版十多年后，罗纳德·史密斯（Ronald Smith）就将其翻译为英文。在此后五六十年间，布伯的德文和希伯来文著作陆续被翻译成英文，与此同时，一大批研究性论著也相继出现。然而，在汉语学术界，直到 20 世纪 80 年代才翻译出版了布伯的著名小书《我与你》，此时距《我与你》（*Ich und Du*）德文原著的出版足足有半个多世纪之久。不仅如此，当时介绍与研究布伯思想的学术论著与论文也很少。然而，经过几代人的不懈努力，如今无论是从翻译还是从研究现状来看，汉语学术界对布伯思想的研究与此前相比都有了一定的改观。但是，相较于英语世界，研究的深度和广度都存在一定距离。鉴于此种状况，布伯无疑是汉语学术界一位熟悉的陌生人：虽然很多学者对布伯有所耳闻，但实际上对其思想进行深入研究的人并不多。

作为存在主义思潮中的重要代表人物，布伯在中国学界并没有像尼采、海德格尔和萨特等存在主义大师那样引起广泛的重视。与上述几位存在主义大师一样，布伯强调个体生命的价值和意义。不同的是，布伯在强调个体价值的

---

5 具体可参见 Maurice Friedman 的 *Martin Buber's Final Legacy* 一文中的相关论述。

6 Dan Avnon, *Martin Buber: The Hidden dialogue*, Lanham, Boulder, New York, Oxford: Rowman & Littlefield Publishers, Inc., 1998, p.32.

7 《我与你》（Ich und Du）有两个英译本，分别是 Ronald Smith 的 *I and Thou*（1937）和 Walter Kaufman 的 *I and You*（1970）。在 Du 的翻译上，二者存在差异。根据 Walter Kaufman 的说法，在德文中，Du 用于直接的、非书面语的和自然的人际关系之中，如朋友与情侣之间可以称呼彼此 Du。而在英文中，Thou 一般会出现在牧师和反对教权的浪漫诗人的话语中，也会出现在莎士比亚的作品以及圣经之中，Thou 这个词能让人直接想到上帝。考虑到 Thou 用语比较正式，无法表达直接的和自然的人际关系，继 Ronald Smith 之后，Walter Kaufman 用 You 来翻译 Du，他认为 You 更能充分表达布伯的"我—你"（Ich-Du）所表达的关系的直接性和亲密性。然而，考虑到布伯的"我—你"关系所蕴含的丰富宗教意蕴，以及本文所要探讨的上帝观论题，本人主要参考和采纳 Ronald Smith 的译本，该译本将"Ich und Du"译为"I and Thou"。

同时认识到西方近代以来的主体性哲学存在的问题，即伴随着以自我扩张为特征的"我—它"关系在现代社会中主导地位的确立，人与世界日益沦为他人经验与利用的对象。在布伯看来，这种工具化的思维模式带来的直接后果就是，由于现代人无法与世界及他人建立真实的联系，以致于长期处于异化与孤独的生存境遇之中。面对现代人所遭遇的异化与孤独的危机，布伯重返自幼就浸润其中的犹太宗教文化传统，复兴犹太哈西德神秘主义，翻译和阐释希伯来圣经，试图从犹太传统宗教文化中汲取有助于克服现代危机的思想要素。布伯希望通过恢复人与上帝之间的"我—你"关系这一神圣维度来抑制现代人过于膨胀的自我，克服西方近代以来的主体性哲学所带来的弊端，从而帮助现代人走出危机。近代以来，中国社会就一直处于西方思想的影响与冲击之中，目前，我们正经历着一个世纪之前布伯所处时代所面对的问题，因此，布伯对现代危机的思考以及对犹太传统文化的重新阐释对于我们观照和解决自身所面对的时代问题具有重要的借鉴意义。

对于布伯，解决现代危机问题的关键在于在西方思想中重建"永恒之你"这一维度，这样才能使人找到存在意义的源泉。[8]对上帝问题的探究与思考一直贯穿着布伯的一生，可以说是把握其思想的一条主线。然而，无论是在汉语学界还是在英语学界，对布伯上帝观的研究都主要集中在布伯思想的某一时期，并没有以上帝观为线索，展现其不同时期上帝观变化的内在逻辑。这无疑遮蔽了布伯上帝观的多维度性和复杂性，无益于展现布伯思想发展丰富曲折的历程。因此，本文选取布伯上帝观这一论题，以此为切入点，将研究目光延伸至其思想的早、中、晚三个时期，并试图考察三个时期布伯上帝观的核心要义与思想演变的内在逻辑。此项研究为我们从整体上理解和把握布伯思想提供了一个新的视角。

二、研究现状

（一）国内翻译及研究状况

就翻译现状而言，从上个世纪 80 年代至今，布伯被翻译过来的著作共有三部，分别是陈维纲翻译的《我与你》、张健与韦海英翻译的《人与人》以及刘杰等人翻译的《论犹太教》。此外，单篇文章被翻译过来的有杨德友翻译的

---

8 孙向晨：《马丁·布伯的关系本体论》，载于《复旦学报》，1998 年，第 4 期，第 91 页。

《走向乌托邦之路》、韦正翔翻译的《人际关系的要素》、刘杰翻译的《道的教言》、《论东方精神》和《中国与我们》等。从翻译的层次来看，尽管布伯的一些作品被陆续翻译出来，但是，贯穿其一生的哈西德主义著作和圣经研究的相关作品都没有被翻译成汉语，反映其早期与晚期宗教哲学思想的著作也没有被翻译。从翻译的内容来看，由于国内学者倾向于关注反映布伯对话哲学思想的相关著作，占据布伯著作较大比重的宗教和圣经研究方面的作品一直被忽视，这使我们对布伯思想的理解长期停留在相对狭窄的视阈内，不利于我们多维度、深入细致地理解布伯的思想。

就思想研究而言，国内对布伯的研究同样集中在对话哲学思想方面，对其宗教思想方面的研究相对较少。同时，对布伯的研究主要以论文的形式呈现，研究专著很少。笔者将这些研究资料整理为两大类：一类是关于对话哲学思想的研究，另一类是关于宗教思想的研究。

在对话哲学思想研究方面，研究成果主要以论文的形式呈现，如陈维纲的《马丁·布伯和我与你》、孙向晨的《马丁·布伯的"关系本体论"》、张世英的《人生与世界的两重性》、顾红亮的《现代性的对话维度和独白维度——对布伯现代性理论的阐释》以及戴远方的《论20世纪犹太神哲学语境中的关系概念》等。除此之外，还有为数不多的论著，如傅有德编著的《现代犹太哲学》等。以上研究主要侧重于对布伯哲学思想的理论阐释。

在这些研究中，陈维纲是较早向汉语世界介绍马丁·布伯的学者，在《马丁·布伯和我与你》一文中，他简要介绍了布伯的生平、主要著作和学术影响，着重阐述了布伯在《我与你》中所区分的两种基本关系，即"我—你"关系和"我—它"关系。他认为，在布伯思想中，价值和超越既不在人的世界之外，也不在主体之内，而是栖居于关系之中；关系是精神之家，具有神性和先验性的意义，只有关系才能把人带入崇高的神性世界。[9]孙向晨在《马丁·布伯的"关系本体论"》一文中也强调了布伯的关系本体论思想，他认为，西方传统的本体论思想注重实体概念，而布伯将关系作为本体，强调"我—你"关系的直接性、相互性和相遇性，试图通过关系本体论在西方重建"永恒之你"这一维度，从而使现代人找到存在的意义之源。[10]张世英在《人与世界的

---

9 具体参见《我与你》中译本，1986年版译者前言。
10 孙向晨：《马丁·布伯的关系本体论》，载于《复旦学报》，第4期，1998年，第91页。

两重性》一文中根据布伯在《我与你》中提出的"我—你"关系和"我—它"关系将世界区分为两重世界：一个是为我们所用的世界；另一个是我们与之相遇的世界。他认为，布伯思想的深刻之处在于，他指出以万物为认识和征服对象的活动不是人类生活的全部，人生的最高意义在于对民胞物与和万物一体关系的领悟，而非在于对人己分立、物我相隔的主客关系的固守。[11]顾红亮在《现代性的对话维度和独白维度——对布伯现代性理论的阐释》一文中通过布伯的对话哲学思想来反观现代性，指出现代性的问题在于"我—它"关系的过度发展与"我—你"关系的遮蔽。[12]在《论20世纪犹太神哲学语境中的关系概念》一文中，戴远方梳理了现代犹太哲学和神学领域中的关系概念，着重介绍了科恩、罗森茨威格、布伯以及列维纳斯四位犹太思想家的关系概念之间的延承。戴远方的博士论文《马丁·布伯的对话哲学》是国内较早对布伯对话哲学思想进行专门研究的专著，她的博士论文对于本文的研究具有一定的参考价值和借鉴意义。以上研究主要集中在布伯对话哲学思想的理论层面。除此之外，也有一些介绍布伯对话哲学在心理学、教育学、翻译理论等方面应用的研究。由于这些研究与笔者所论述的主题关联不大，在此不作赘述。

在布伯宗教思想研究方面，研究成果也主要是一些学术论文。如刘精忠的《布伯宗教哲学的哈西德主义内在理路》、何伙旺的博士论文《文化、宗教与精神》、顾红亮的《统一·行动·未来——布伯对犹太教现代性的思考》、刘杰的《马丁·布伯论"东方精神"的价值》和《布伯道德思想简论》，以及孙向晨的《现代犹太思想中的上帝概念》等。这些论文主要从三个方面——布伯对哈西德主义的研究、布伯对犹太教的现代阐释以及布伯对东方思想的研究——来对布伯的宗教思想进行阐释。其中，刘精忠与何伙旺的论文都涉及布伯的哈西德主义研究。在《布伯宗教哲学的哈西德主义内在理路》一文中，刘精忠指出，布伯的宗教哲学思想深受哈西德主义神秘范式的影响：经由哈西德主义神秘范式转化而成的"我—你"对话哲学，一方面从信仰维度上实现了对传统西方认识论的超越，另一方面由于其对生活世界的强调，从而实现了积极行动

11　张世英：《人与世界的两重性》，载于《中国人民大学学报》，第 3 期，2002 年，第 28 页。

12　顾红亮：《现代性的对话维度与独白维度：对布伯现代性理论的阐释》，载于《云南社会科学》，第 3 期，2005 年，第 24 页。

意义上的宗教普世主义关怀。[13]何伙旺的博士论文《文化、宗教与精神》从布伯对哈西德主义思想的解释、对犹太复国主义的参与，以及对道教思想的阐释三个方面，来解读布伯早期对存在问题的思考。顾红亮的研究主要涉及布伯对犹太教的解读。他在《统一·行动·未来——布伯对犹太教现代性的思考》一文中指出，布伯对犹太教的现代性阐释对于批判和反思西方的现代性有一定的意义，同时也为犹太教注入新的资源，拓宽了犹太教在现代的生存空间。[14]刘杰的论文主要涉及布伯对东方思想的研究。他在《马丁·布伯论"东方精神"的价值》一文中指出，在布伯的思想中，东方民族具有统一的精神内核，东方精神对于拯救颓废和功利的西方文化有一定的价值。据此，布伯强调东西方文化对话和交流的重要性。[15]刘杰在其论文《布伯道德思想简论》中指出，在布伯的理解中，道德的终极源头不是人自身，而是上帝。因此，人类既不可能为自身立下道德律令，也不可能自己拯救自己。人类的救赎之道在于聆听上帝的道德律，通过上帝的启示获得拯救和领悟存在的意义。[16]

　　从笔者目前搜集到的文献来看，在中文文献中，专门就布伯上帝观进行研究的文献仅限于孙向晨的《现代犹太思想中的上帝问题》和刘平的《后奥斯维辛时代信仰生活是否可能？——布伯相遇神学简论》两篇文章。在《现代犹太思想中的上帝问题》一文中，孙向晨将布伯置于现代犹太思想的语境下，着重比较介绍了罗森茨威格、布伯、列维纳斯三位犹太思想家的上帝观，并指出了他们的上帝观之间的共同特征，即在关系中讨论上帝问题。[17]在《后奥斯维辛时代信仰生活是否可能？——布伯相遇神学简论》一文中，刘平主要考察了布伯从对话哲学时期至后大屠杀岁月上帝观所发生的变化，为我们了解布伯中期和晚期的上帝观提供了参考。[18]

13　刘精忠：《布伯宗教哲学的哈西德主义内在理路》，载于《世界宗教研究》，第 2 期，2011 年，第 127 页。

14　顾洪亮：《统一·行动·未来：马丁·布伯对犹太教现代性的思考》，宗教学研究，第 3 期，2006 年，第 147 页。

15　刘杰：《马丁·布伯论"东方精神"的价值》，载于《文史哲》，第 6 期，2000 年，第 34 页。

16　刘杰：《布伯道德思想简论》，载于《山东大学学报》，第 3 期，2004 年，第 14 页。

17　孙向晨：《现代犹太思想中的上帝问题》，载于《基督教学术》，2002 年，第 1 辑，第 122 页。

18　具体可参见刘平的《后奥斯维辛时代信仰生活是否可能？——布伯相遇神学简论》，载于《基督宗教研究》，2004 年，第 7 辑，第 219 至 232 页。

综上所述，在国内，学者们无论是对布伯著作的翻译，还是对其思想的研究，都取得了一定的进展。不过，在研究层次上，研究成果主要见于学术期刊文章以及硕士、博士学位论文，对布伯生平和思想进行详细介绍的专门论著很有限，同样，对布伯思想进行专题性研究的论著也不多。因此，较之于国外已取得的丰硕研究成果而言，国内研究的深度有待加深，研究的广度有待拓宽。

（二）国外翻译及研究状况

国外（主要指英语世界）对布伯的研究相对比较成熟。在文本翻译方面，从上个世纪 30 年代末罗纳德·史密斯（Ronald Smith）将《我与你》翻译并介绍到英语世界至本世纪初，布伯的著作在半个多世纪内基本上都被翻译成英文。这些译著大致可以分为三类，分别是哲学类著作、哈西德主义与犹太文化研究类著作，以及圣经阐释与研究类著作。

哲学类著作的英译本：《我与你》（1937）、《两种类型的信仰》[19]（1961）、《上帝之蚀》（1952）、《人的知识》（1956）、《但以理：有关实现的对话》（1964）、《回应的方式》（1966）、《相遇：自传片段》（2002）和《人与人之间》（2002）等。

哈西德主义与犹太文化研究类著作的英译本：《以色列和世界》（1948）、《拉比拉赫曼的故事》（1956）、《指路》（1957）、《哈西德与现代人》（1958）、《哈西德教派的起源和意义》（1960）、《论犹太教》（1967）、《狂喜的忏悔》（1985）、《哈西德教派的故事》（1991）、《美名大师传奇》（2002）以及《十阶：哈西德谚语集》（2002）等。

圣经阐释与研究类著作的英译本：《先知的信仰》（1960）、《有关圣经的十八个研究》（1968）、《幔利：宗教论文》（1970）、《圣经与翻译》（1994）等。

在思想研究方面，国外学者对布伯的研究同样较为充分，出版和发表了很多学术论著和论文，涉及宗教对话、圣经研究、犹太研究、生存哲学、女性主义伦理、心理治疗、以及教育等诸多方面。这些研究文献同样可以分为三类，分别是布伯思想综合研究方面的文献，布伯对话哲学方面的研究文献，以及布伯上帝观的研究文献。

---

19 《两种类型的信仰》主要涉及布伯对基督教信仰和犹太教信仰的比较研究，由于布伯将其对话哲学思想运用到两种信仰的比较研究之中，因此，这本书一般被划归到布伯的哲学类著作之中。

1. 布伯思想综合研究状况

在国外，不少学者对布伯的生平和思想进行了综合性地研究。其中，莫里斯·弗里德曼（Maurice Friedman）是重要的代表人物。弗里德曼是英语世界中翻译和研究布伯思想最为重要的学者，他翻译过一些布伯宗教哲学研究方面的著作，也撰写过多部研究布伯思想的综合性与专题性论著。弗里德曼研究布伯的代表作是《马丁·布伯的生平和著作》（*Martin Buber's Life and Work*）与《相遇在狭窄山脊：马丁·布伯的一生》（*Encounter on the Narrow Ridge: A Life of Martin Buber*）[20]。其中，《马丁·布伯的生平和著作》共计三卷本，该书分别从早、中、晚三个时期详述了布伯的思想历程及其思想产生的历史背景，是布伯思想研究中不可多得的经典研究文献。《相遇在狭窄山脊：马丁·布伯的一生》一书成书较晚，该书可以说是《马丁·布伯的生平和著作》的缩减版，较之于前一本书它不仅更为凝练，而且增加了一些最新的研究成果。这两本书对于我们从总体上把握布伯的生平思想，具有十分重要的参考价值。格雷特·舍德尔（Grete Schaeder）的《马丁·布伯的希伯来人文主义》（*The Hebrew Humanism of Martin Buber*）[21]也是综述布伯生平思想的重要著作，该书对我们的研究同样具有重要的参考价值。此外，由保罗·门德斯·弗洛尔（Paul Mendes-Flohr）等人编辑出版的《马丁·布伯书信集》（*The Letters of Martin Buber*）[22]也是一本具有重要参考价值的著作，这本书信集收录了布伯从 1899 年至 1965 年间的重要信件，内容涉及布伯在这一阶段思想的各个方面，这本通信集对我们把握布伯不同时期的思想轨迹起到了至关重要的作用。此外，布伯思想研究的综合性论著还有罗纳德·史密斯（Ronald Smith）的《马丁·布伯》（*Martin Buber*）[23]、阿瑟·科恩（Arthur Cohen）的《马丁·布伯》（*Martin Buber*）[24]、海姆·戈登（Haim Gordon）的《另类布伯》（*The Other Buber*）[25]和奥布里·赫德斯（Aubrey Hodes）的《相遇马丁·布伯》（*Encounter*

---

20 Maurice Friedman, *Encounter on the Narrow Ridge: A Life of Dialogue*, New York: Paragon House, 1991.

21 Grete Schaeder, *The Hebrew Humanism of Martin Buber*, trans. Noah J. Jacobs, Detroit: Wayne State University Press, 1973.

22 Martin Buber, *The Letters of Martin Buber: A Life of Dialogue*, edited by Nahum Glatzer and Paul Mendes-Flohr, Syracuse: Syracuse University Press, 1996.

23 Ronald Smith, *Martin Buber*, Atlanta Georgia: John Knox press, 1975.

24 Arthur Cohen, *Martin Buber*, London: Bowes & Bowes, 1957.

25 Haim Gordon, *The Other Martin Buber*, Ohio: Ohio University Press, 1988.

with Martin Buber）[26]等，这些著作对我们从总体上把握布伯的宗教哲学思想都具有非常重要的参考价值。

2. 对话哲学思想研究文献

与国内一样，国外对布伯思想的研究也主要集中在对话哲学及其应用方面。这方面的研究论文集有弗里德曼编辑出版的《马丁·布伯与人文科学》（*Martin Buber and the Human Sciences*）[27]和《马丁·布伯的哲学》（*The Philosophy of Martin Buber*）[28]，以及由保罗·门德斯·弗洛尔（Paul Mendes-Flohr）编辑出版的《马丁·布伯：近代的视角》（*Martin Buber: A Contemporary Perspective*）[29]。其中，《马丁·布伯的哲学》一书中还收录了布伯对所收录论文的回应内容，它是研究布伯哲学思想最为重要的论文集。除了上述研究论文集外，还有不少研究布伯对话哲学思想的论著，这些论著主要有丹·阿隆（Dan Avnon）的《马丁·布伯：隐藏的对话》（*Martin Buber: The Hidden Dialogue*）[30]、马尔科姆·戴蒙德（Malcolm Diamond）的《马丁·布伯：犹太生存主义者》（*Martin Buber: Jewish Existentialist*）[31]、莫里斯·弗里德曼（Maurice Friedman）的《马丁·布伯：对话的一生》（*Martin Buber: The Life of Dialogue*）[32]、亚历山大·科汉斯基（Alexander Kohanski）的《马丁·布伯的人际关系哲学》（*Martin Buber's Philosophy of Interhuman Relation*）、罗伯特·伍德（Robert Wood）的《马丁·布伯的本体论》（*Martin Buber's Ontology*）[33]，以及洛厄尔·斯特雷克（Lowell Streiker）的《布伯的承诺》（*The Promise of Buber*）[34]等。这些

26 Aubrey Hodes, *Encounter with Martin Buber*, London: Allen Lane Penguin Press, 1972.

27 Maurice Friedman et al., eds., *Martin Buber and Human Science*, Albany: State University Press, 1996.

28 Paul Arthur Schilpp & Maurice Friedman, eds., *The Philosophy of Martin Buber*, La Salle, Illinois: Open Court Publishing Company, 1991.

29 Paul Mendes-Flohr, ed., *Martin Buber: A Contemporary Perspectives*, Jerusalem: Syracuse University Press, 2002.

30 Dan Avnon, *Martin Buber: The Hidden dlalogue*, Lanham, Boulder, New York, Oxford: Rowman & Littlefield Publishers, Inc., 1998.

31 Malcolm L. Diamond, *Martin Buber: Jewish Existentialist*, New York: Oxford University Press, 1960.

32 Maurice Friedman, *Martin Buber: The Life of Dialogue*, Chicago Illinois: The University of Chicago Press, 1955.

33 Robert E. Wood, *Martin Buber's Ontology: An Analysis of I and Thou*, Evanston: Northwestern University Press, 1969.

34 Lowell D. Streiker, *The Promise of Buber*, Philadelphia and New York: J. B. Lippincott Company, 1969.

论著主要论述了布伯的对话哲学思想，同时也涉及布伯各个时期的上帝观，特别是布伯对话哲学时期的上帝观，因而，对于本论题的研究具有十分重要的参考价值。

3. 布伯上帝观研究状况

就作者搜集到的资料来看，英语世界暂时还没有对布伯各个时期的上帝观进行综合研究的文献。但以布伯在某一时期的上帝观为考察对象的论著或论文还是十分丰富的。

与布伯早期（神秘主义时期）上帝观研究相关的文献主要有菲尔·赫斯顿（Phil Huston）的《布伯走向在场之旅》（*Martin Buber's Journey to Presence*）[35]、格瑞达·施密特的（Gerda Schmidt）的《布伯性格形成时期：从德国文化到犹太复兴》（*Martin Buber's Formative Years: From German Culture to Jewish Renewal*）[36]和保罗·门德斯·弗洛尔（Paul Mendes-Flohr）的《从神秘主义到对话：马丁·布伯对德国社会思想的转换》（*From Mysticism to Dialogue: Martin Buber's Transformation of German Social Thought*）[37]等，这几本书主要涉及布伯早期思想，是了解布伯早期宗教思想的重要文献。其中，赫斯顿的《布伯走向在场之旅》侧重讨论布伯早期神秘主义思想中的上帝观，为我们研究布伯早期的上帝观提供了重要的参考；施密特的《布伯性格形成时期：从德国文化到犹太复兴》主要以时间线索论述了布伯早期与德国文化以及犹太思想的关系，是了解布伯早期思想历程的重要文献。弗洛尔的《从神秘主义到对话：马丁·布伯对德国社会思想的转换》是研究布伯早期宗教哲学思想的不可多得的重要文献，这本书的主要特点在于，在研究布伯早期思想的同时，弗洛尔还着重分析了布伯早期思想与德国哲学的关系。

与布伯中期（对话哲学时期）、晚期（后大屠杀岁月）上帝观研究相关的文献主要有唐纳德·摩尔（Donald J·Moore）的《马丁·布伯：宗教世俗主义先知》（*Martin Buber: Prophet of Religious Secularism*）[38]、帕梅拉·韦尔梅（Pamela

---

35 Phil Huston, *Martin Buber's Journey to Presence*, New York: Fordham University Press, 2007.

36 Gilya Gerda Schmidt, *Martin Buber's Formative Years: From German Culture to Jewish Renewal, 1897-1909*, Tuscaloosa and London: The university of Alabama Press, 1995.

37 Paul Mendes-Flohr, *From Mysticism to Dialogue: Martin Buber's Transformation of German Social Thought*, Detroit: Wayne State University Press, 1989.

38 Donald J. Moore, *Martin Buber: Prophet of Religious Secularism*, New York: Fordham University Press, 1996.

Vermes）的《布伯论上帝和完美之人》（*Buber on God and Perfect Man*）、莫里斯·弗里德曼（Maurice Friedman）的《马丁·布伯和永恒者》（*Martin Buber and the Eternal*）[39]和杰伊·西尔伯斯坦（Jay Silberstein）的《马丁·布伯的社会和宗教思想》（*Martin Buber's Social and Religious Thought*）[40]等。这些研究著作主要考察布伯成熟时期（中期和晚期）的宗教哲学思想，涉及布伯的犹太教研究、哈西德主义研究，以及圣经阐释等诸多方面。这些论著虽然不是直接以布伯的上帝观为主题，但却较为细致地讨论了布伯成熟时期的宗教哲学思想，为我们从整体上理解布伯的上帝观提供了参考。

　　除了上述的研究论著外，还有一些直接以布伯上帝观为研究主题的学术论文，这些论文是考察布伯上帝观最为直接的研究文献。

　　在这些文献中，直接涉及布伯对话哲学时期上帝观的论文有弗兰克·迪利（Frank B·Dilley）的《有关于上帝的'知识'吗》（*Is There 'Knowledge' of God*）、罗恩·马戈林（Ron Margolin）的《马丁·布伯思想中隐含的世俗主义》（*The Implicit Secularism of Martin Buber's Thought*）以及乔治·科瓦奇（George Kovacs）的《无神论与终极之你》（*Atheism and the Ultimate Thou*）等。

　　在《有关于上帝的'知识'吗》一文中，迪利将神与人的关系分为三类：第一类，神与人是同一的；第二类，神与人在形而上的意义上是完全分离的；第三类，神与人在本体上是相关联的。迪利指出，布伯虽然承认神人之间的关系可能被发现，但他并没有将神人之间的关系视为上帝的本质，也没有将上帝视为人们可以言说的对象，因此，在布伯那里，神与人在形而上的意义上是完全分离的。[41]马戈林在《马丁·布伯思想中隐含的世俗主义》中论述了布伯宗教思想中的世俗主义根源。马戈林指出，布伯宗教思想中的世俗主义因素主要源于康德、费尔巴哈和尼采；同时，布伯对内在论的强调，对上帝概念的理解，以及对个体自身独特性的关注都离不开世俗主义的根源。[42]科瓦奇在《无神论与终极之你》一文中主要考察了布伯如何以其对话哲学的视角来理解现代尢

39　Maurice Friedman, *Martin Buber and the Eternal*, New York: Human Science Press, 1986.

40　Laurence J. Silberstein, *Martin Buber's Social and Religious Thought*, New York & London: New York University Press, 1989.

41　Frank B. Dilley, "Is There 'Knowledge' of God," *The Journal of Religion*, vol. 38, no. 2（Apr., 1958）, p.117.

42　Ron Margolin, "The Implicit Secularism of Martin Buber's Thought," *Israel Studies*, vol. 13, no. 3,（Fall, 2008）, p.83.

神论。科瓦奇指出，布伯将上帝视为在对话关系中与人相遇的"永恒之你"，认为人与上帝之间有着紧密关联；与现代哲学中所存在的无神论思想相对，布伯并不认为上帝真的死了，而是将现代无神论理解为现代人自身与上帝关系疏离、异化的结果。对于布伯，无神论只是意味着人没有能力再进入与上帝的对话关系，无神论现象只是一种人自身方面的现象，而不是上帝发生了改变。[43]

直接涉及布伯后大屠杀岁月上帝观的论文有大卫·巴兹莱（David Barzilai）的《信仰中的激动：大屠杀之后的永恒之你》（*Agonism in Faith: Buber's Eternal Thou after the Holocaust*）、莫里斯·弗里德曼（Maurice Friedman）的《保罗·策兰与马丁·布伯：对话诗学与上帝之蚀》（*Paul Celan and Martin Buber: The Poetics of Dialogue and the Eclipse of God*）、杰瑞·劳瑞森（Jerry Lawritson）的《马丁·布伯与大屠杀》（*Martin Buber and the Shoah*），以及耽罗·赖特（Tamra Wright）的《"上帝之蚀"之外：布伯和列维纳斯犹太思想中的大屠杀》（*Beyond The "Eclipse of God": The Shoah in the Jewish Thought of Buber and Levinas*）等。

巴兹莱在《信仰中的激动：大屠杀之后的永恒之你》[44]一文中主要考察了大屠杀之后布伯对其对话哲学中所强调的神人关系的重新思考。巴兹莱指出，布伯用"上帝之蚀"（Eclipse of God）与"隐匿的上帝"（The Hidden God）来克服其对话哲学中的上帝观和大屠杀中上帝缺席与沉默之间的矛盾。在巴兹莱看来，大屠杀之后，布伯已经不再期待上帝的话语，而是期待上帝的显现。弗里德曼的论文《保罗·策兰与马丁·布伯：对话诗学与上帝之蚀》也着重考察了布伯大屠杀之后的上帝观。他指出，"上帝之蚀"是布伯晚期的核心思想。当纳粹政权将欧洲置于黑暗之时，不仅犹太人，全人类都遭受着布伯所说的"上帝之蚀"所带来的厄运。弗里德曼还强调，"上帝之蚀"是历史中正在发生着的真实事件。[45]劳瑞森在《马丁·布伯与大屠杀》一文中主要考察了布伯"上帝之蚀"概念与大屠杀的关系。劳瑞森指出，"上帝之蚀"是布伯为回应

---

43 George Kovacs, "Atheism and the Ultimate Thou," *International Journal for Philosophy of Religion*, vol. 5, no. 1（Spring, 1974），p.10.

44 David Forman-Barzilai, "Agonism in Faith: Buber's Eternal Thou After the Holocaust," *Modern Judaism*, vol. 23, no. 2（2003），p.157.

45 参见 Maurice Friedman, "Paul Celan and Martin Buber: The Poetics of Dialogue and the Eclipse of God," *Religion & Literature,* vol. 29, no. 1（Spring, 1997），pp. 43-62.

大屠杀而提出的一个重要概念；[46]布伯在分析"上帝之蚀"现象时，着重从人自身这一方面考察"上帝之蚀"产生的原因，强调人应该为"上帝之蚀"负责。[47]在《"上帝之蚀"之外：布伯和列维纳斯犹太思想中的大屠杀》一文中，赖特主要考察了布伯和列维纳斯两位现代犹太思想家对大屠杀的回应。赖特认为，由于布伯与列维纳斯所处时代的差异，布伯没有赶上后大屠杀思想家发起的重新理解犹太教的运动，因而，布伯在思考大屠杀之后的上帝问题时并没有反对神义论，而列维纳斯则明确坚持反对神义论的立场。[48]

综上所述，与国内布伯思想的翻译与研究工作的滞后局面形成对比，国外（英语世界）对布伯思想的翻译与研究相对比较成熟，无论是在研究的广度上，还是在研究的深度上，都达到了较高的水平。就布伯上帝观这一论题而言，国内对布伯上帝观的研究仅限于个别的专题性论文，并没有对这一问题进行深入研究的论著。国外对布伯上帝观早、中、晚三个时期均有不同程度的涉及或研究，但暂无以布伯上帝观为线索，综合探讨其各个时期上帝观的文献。鉴于此，本文试图通过考察布伯各个时期上帝观，以厘清布伯上帝观演变的内在逻辑，从而填补国内外在这方面的研究空白。

三、论文结构

本文由导言、正文和结语三个部分组成。

导言部分主要论述本文的选题缘起、布伯上帝观的研究现状、论文结构以及本文的创新与不足之处。

正文部分共分为四章，第一章着重考察布伯思考上帝问题的缘起，第二至四章以人与上帝关系问题为核心线索，探讨布伯在神秘主义时期、对话哲学时期和后大屠杀岁月三个不同阶段的上帝观。

第一章主要从布伯所处时代背景来考察布伯为何将上帝问题视为一生思考的核心问题之一。布伯将其所处时代面临的危机诊断为人的异化和孤独问

46　Jerry D. Lawritson, "Martin Buber and the Shoah," in Maurice Friedman et al., eds., *Martin Buber and Human Science*, Albany: State University of New York Press, 1996, p.301.

47　Jerry D. Lawritson, "Martin Buber and the Shoah," in Maurice Friedman et al., eds., *Martin Buber and Human Science*, Albany: State University of New York Press, 1996, p.307.

48　Tamra Wright, "Beyond The 'Eclipse of God': The Shoah in the Jewish Thought of Buber and Levina*s*," in Maurice Friedman et al., eds., *Levinas and Buber*, Pittsburgh, Pennsylvania: Duquesne University Press, 2004, p.224.

题，主要体现在人与世界、人与人，以及人与上帝三重关系上。其中，世俗与神圣的分离（即人与上帝的分离）被布伯视为其所处时代面临的最为核心的问题，因而，解决人的异化和孤独问题的关键在于重塑人与上帝的关系。基于对时代问题的思考和回应，如何突破人与上帝、世俗与神圣之间的鸿沟，从而实现二者的相遇与对话，成为布伯一生思考的核心问题。

第二章主要考察布伯神秘主义时期的上帝观。神秘主义时期布伯主要受两方面思想的影响，一是德国哲学，二是基督教和犹太教神秘主义。本章主要从这两方面来论述早期布伯的宗教思想，并简要论述布伯从神秘主义转向对话哲学的原因。在德国哲学方面，早期布伯深受康德、尼采、狄尔泰等德国哲学家的影响。康德让布伯认识到理性在认识上帝问题上的局限，尼采对宗教的批判则让布伯离正统犹太教信仰越来越远，狄尔泰生命哲学对体验概念的强调使得布伯在理性神学和制度化的宗教之外找到了一条通向上帝的神秘主义之路。在基督教和犹太教神秘主义方面，布伯早期博士论文就是研究德国神秘主义思想，他之后用了多年时间整理了犹太教神秘主义哈西德派思想文献，也发表了阐释哈西德主义的相关作品。这两方面的研究使得布伯强调神人合一的神秘宗教体验，从而发展出自己的统一与实现的学说。本章参考的布伯著作主要有：《拉比拉赫曼的故事》、《美名大师传奇》、《狂喜的忏悔》、《但以理：有关实现的对话》、《哈西德与现代人》等。

第三章主要考察布伯对话哲学时期的上帝观。在对话哲学时期，布伯主要从关系的领域来理解上帝。本章主要从哲学、伦理和宗教三方面来论述布伯的上帝观。在对话哲学中，布伯将上帝称为"永恒之你"，认为上帝不是在"我—它"关系中被对象化的"它"，而是在"我—你"关系中与人相遇的"永恒之你"。在对话伦理中，布伯强调"我—你"对话关系的伦理维度，认为责任就是在每一个"我—你"关系中对他人呼唤之回应。由于上帝在"我—你"对话关系中不仅是在场的，而且对人发出召唤，要求对他人负责，因而，对他人负责的情境的责任伦理同时也是对上帝负责的宗教伦理；在布伯的思想中，对他人负责的伦理责任和对上帝负责的宗教责任在本质上是一致的，对他人负责同时意味着对上帝负责，对上帝的责任需要在实际生活中经由对他人负责来实现。在信仰的比较研究中，布伯着重强调信仰的生存内涵，认为信仰唯有在具体生活中与他人建立忠诚和信任关系才能得以实现。本章参考的布伯著作主要有：《我与你》、《人与人之间》、《两种类型的信仰》、《人的知识》、《论犹太教》、《以色列和世界》等。

第四章主要考察布伯后大屠杀岁月的上帝观。本章首先考察大屠杀事件对布伯上帝观的冲击，其次探讨大屠杀之后布伯对宗教与现代思想之间关系的讨论，最后论述布伯之后的现代思想家如何在大屠杀的历史背景下思考上帝问题。由于大屠杀冲击，布伯的上帝观发生了重大的变化：上帝不再是与人对话的"永恒之你"，而是变成了对人隐藏的"隐匿的上帝"。在后大屠杀岁月，布伯发表了一些有关宗教问题的重要演讲，着重探讨了宗教与现代思想的关系。他主要从人自身这个维度考察人在引发"上帝之蚀"现象产生中所起到的作用，强调人自身要对"上帝之蚀"负责。布伯在后大屠杀岁月对上帝和现代人生存状况的基本理解是：现代人已经进入了上帝隐匿自身的上帝之蚀的时代，在这样的时代中，神人对话关系破裂，上帝退出对人的命运和历史的影响和干预，成为一个隐匿的上帝。继布伯之后，现代思想家约纳斯、列维纳斯和莫尔特曼等人对大屠杀与上帝关系问题作出了思考和回应。与布伯不同的是，这些哲学家着重从上帝自身这一维度来考察上帝何以允许大屠杀发生、大屠杀中上帝在哪等问题。为此，他们提出了"非全能的上帝"、"上帝的踪迹"、"受难的上帝"观念，拓宽了上帝观研究的视域。本章参考的布伯著作主要有：《上帝之蚀》、《先知的信仰》、《论犹太教》和《指路》等。

结语部分主要对本文的研究成果进行了总结，并且指出了此项研究的意义和价值。

四、创新之处

基于对国内外研究状况的梳理，本文可能的创新点如下：

1. 在选题方面，本文以布伯的上帝观为线索，综合考察布伯各个时期的上帝观，这项研究无论是在汉语学界，还是在英语学界，都是首例。因此，本文的研究为人们理解和把握布伯思想提供了一条新的路径。

2. 在文章的内在逻辑方面，本文以人与上帝之间的关系问题为核心线索，考察布伯在不同时期对此问题的理解，以此来阐明布伯上帝观的主要内涵。

3. 布伯的上帝观比较复杂，它既受到西方现代哲学思想的启发，也受到基督教、犹太宗教文化的影响。在文章的具体阐释方面，本文对这两个方面的因素都作了分析，从而避免了单从某一方面来考察布伯上帝观的做法。

第一章　问题的缘起

　　布伯对上帝问题的探讨源于其所处时代面对的危机。19 世纪至 20 世纪，西方社会无论是在物质层面上，还是在文化层面上，都得到了迅速发展。然而，在这种繁盛的背后，精神却在慢慢凋零，人们经历着人与世界、他人以及上帝关系的异化而带来的危机。作为一个出生于宗教氛围浓厚家庭的犹太人，和一个深受西方文化熏陶的欧洲人，布伯对其所处时代的危机有着异于常人的深切感受。他将现代人所面对的危机归因于西方文化本身存在的问题，即以强调主客关系为特征的西方主体性哲学，认为正是这一哲学传统助长了主体的自我扩张，将一切存在者都视为主体经验与利用的对象，这种工具化的思考模式渗透到生活的各个方面，从而导致人与世界、人与他人以及人与上帝关系的异化。在这三重关系中，布伯认为人与上帝的分离是现代人面对的最为严重和最为危险的问题。基于这一时代问题，对上帝问题的思考成为贯穿其思想的一条主线。

第一节　时代的危机：人的异化与孤独

一、布伯其人及其思想

　　在论及现代人的生存境遇时，布伯曾经做过这样的描述：一个人完全可以理解另一个对其说话的人在说什么，但是他却对这个人一无所知。对于现代人而言，这种场景并不陌生，在日常生活中我们随处可见。例如，当我们面对商场的一个收银员时，很多时候，收银员的存在并没有向我们呈现，他只是作为我们购物流程中的一个环节而出现，其本身的存在对我们来说仍然是遮蔽着的。这种人与人之间的疏离不仅体现在经济生活领域，也体现在现代人生存的其他领域，即使在最为亲密的家庭与婚姻关系中，人与人之间的失之交臂也是极其常见的。作为一位存在主义者，布伯一生都在致力于克服现代人疏离与异化的生存境遇，寻求人与世界、人与人以及人与上帝的相遇与对话。由此，如何寻求人与世界、他人和上帝的相遇与对话就成了布伯一生思考的核心问题。布伯上帝观的形成不仅与其所处时代有关，而且还与其生平经历有着千丝万缕的联系。因此，在讨论布伯的上帝观之前，我们有必要回到布伯本人，首先对布伯的生平作一个大致的了解。

马丁·布伯于1878年2月8日出生在奥地利维也纳的一个犹太家庭。在布伯3岁的时候，他的母亲艾莉丝·布洛克（Elise Brock）离开了她的丈夫，丢下了幼小的布伯。母亲离去后，布伯被寄养在祖父母家里。当时，祖父母居住在奥地利统治下的加利西亚[1]的首府莱姆堡[2]，在那里，布伯与祖父母一起生活了十多年。在与祖父母一起生活的日子里，祖父母从未在布伯面前提起过父亲和母亲之间的事，但这并没有减轻母亲的离去在布伯的心灵上留下的伤痛。布伯一直思念着母亲，渴望有朝一日能与母亲重逢，但又不知这一天何时才能到来。4岁的时候，布伯一次在阳台上与年长他几岁的邻家女孩说起了母亲的事，女孩对布伯说："她（布伯母亲）永远都不会回来了。"虽然女孩所说的话是令人悲伤的，但是，女孩的话却回应了布伯心底深藏的困惑。晚年布伯回忆说："我在那个阳台上生平第一次知道什么是真正的相遇。"[3]布伯与母亲之间的关系让他认识到人与人之间关系缺失所造成的痛苦与悲剧，同时也让他更加珍惜人与人之间真诚的相遇和对话。[4]

布伯与母亲分离的伤痛伴随着他的一生，以致于他后来专门创造了"失之交臂"（vergegnung/mismeeting/miscounter）这一词汇来描绘人与人之间无法相

1　加利西亚为旧地名，现位于波兰的东南部，历史上是俄国和奥地利争夺的目标，1795年，西加利西亚被奥地利占据，1867年东部也被奥地利所占据。直到第一次世界大战之后，奥匈帝国瓦解，加利西亚才归还波兰。

2　今乌克兰利沃夫。该地在1867至1918年属于奥匈帝国，第一次世界大战后归还波兰，1939年被划入苏联的乌克兰。

3　Paul Arthur Schilpp & Maurice Friedman, eds., *The Philosophy of Martin Buber*, La Salle, Illinois: Open Court Publishing Company, 1991, p.4.

4　Dan Avnon, *Martin Buber: The Hidden dialogue*, Lanham, Boulder, New York, Oxford: Rowman & Littlefield Publishers, Inc.,1998, p.22.

遇的境遇。[5]30 多岁的时候，布伯终于见到了期盼已久的母亲，然而，母子之间的隔阂随着岁月的流逝已经无法弥合。后来，布伯这样描述他当时与母亲见面的感受："我凝视着她依然令人惊异的美丽双眼，同时我听到某个地方传来'失之交臂'（vergegnung）这个词的声音。"[6]与母亲的失之交臂让布伯深刻地体验到人与人之间隔离的痛苦，这也成为他一生孜孜不倦地寻求能够真正实现具有人性的关系的动力。随着年龄的增长，布伯认识到这种人与人之间隔离的痛苦并非他的私人体验，而是所有人都会面临的最为基本的生存困境。布伯与其母亲之间的关系为其日后思考现代人生存中所遭遇的异化和孤独问题提供了契机。

在与祖父母一起生活的十多年中，祖父母对布伯产生了重要影响。布伯的祖父所罗门·布伯（Solomom Buber）拥有很多地产，同时他也是一位著名的犹太学者。作为一位拉比著作的编辑，他对犹太传统文化有着深入的研究，是布伯接触犹太传统文化与语言的引路人。布伯的祖母与其所处时代的犹太女性一样，为了使丈夫能够更好地研习托拉，一个人操持着家业。祖母受过良好的教育，少女时代就对德国文学充满兴趣，她对文字的爱好直接影响了布伯。晚年在谈到祖母时，布伯说："我的祖父是一个真正的文献学家，一个'文字的爱好者'，但祖母对文字的热爱比祖父对我的影响更深，因为这种爱是如此直接与真挚。"[7]在这样一个传统文化与现代精神相互交织的家庭氛围中，布伯"经历着犹太传统与启蒙或哈斯卡拉[8]自由精神的和谐的统一。尤其是他浸润其中的健康的虔敬氛围与对学术深沉的敬意为他建立了一个完整的人生模型。犹太传统、犹太学术以及圣经和经典希伯来语的读写学习，为他的人生奠定了坚实的基础"。[9]

5　Paul Arthur Schilpp & Maurice Fricdman, eds., *The Philosophy of Martin Buber*, La Salle, Illinois: Open Court Publishing Company, 1991, p.4.

6　Paul Arthur Schilpp & Maurice Friedman, eds., *The Philosophy of Martin Buber*, La Salle, Illinois: Open Court Publishing Company, 1991, p.4.

7　Paul Arthur Schilpp & Maurice Friedman, eds., *The Philosophy of Martin Buber*, La Salle, Illinois: Open Court Publishing Company, 1991, p.5.

8　"哈斯卡拉是 18 世纪末和 19 世纪在中欧和东欧犹太人中广泛开展的社会文化和宗教改革运动，'哈斯卡拉'（Haskalah）一词在希伯来文中义为'启蒙'之意，因此，这场运动指的是在犹太人中开展的启蒙运动。"参见徐新《犹太文化史》第 240 页。

9　C.Wayne Mayhall, *On Buber*, Wadsworth: a division of Thmson Learning, Inc., 2004, p.7.

少年布伯一直生活在多元的语言环境之中。在祖父母的家中，德语是家庭成员之间交流的主要语言。在学校与社区，波兰语是日常用语。在犹太人聚集区，人们普遍使用意第绪语，而在犹太会堂中回响着的是古代希伯来语。[10]布伯自幼就掌握了多种语言，成年后会说德语、希伯来语、意第绪语、英语、法语和意大利语，并可以用西班牙语、拉丁语、希腊语、荷兰语等多种语言进行阅读。[11]少年时代的他惊叹人类语言的多样性，同时也认识到人类语言存在的问题：当一个词汇由一种语言转换成另一种语言时，词义往往会发生变化和流失，很多时候，经这种转换而丧失的不是"细微差别的意义"，而是这个词的本意。对语言的敏感使布伯时常设想不同语言之间的对话游戏，比如想象德国人与法国人或者希伯来人与古代罗马人之间的对话，以此来感受对话双方在听到另一种语言时所感受到的张力。这个看似无聊的游戏却深深地影响了布伯，给他日后的哲学思考带来深刻的洞见。然而，这也从侧面反映出少年时代的布伯是十分孤独的。

9 岁的时候，布伯的父亲再婚。从那以后，每年夏天布伯都在父亲的住所度过。14 岁那年，布伯离开一起生活十多年的祖父母，回到父亲身边。布伯的父亲卡尔·布伯（Carl Buber）是一位热爱土地并擅长农业生产的人，他与自然和动物之间有着亲熟的关系。在自传中，布伯提到父亲在马群中亲密地与马儿打招呼，以及弯腰品尝谷子是否成熟的场景，他在父亲的行为中看到人与自然之间的一种本真关系——"一种主动的与负责任的联系"。[12]父亲在现实生活中乐于助人，善于发现他人的需求，积极为他人提供帮助。如果说祖父母对布伯的影响偏重于文化与智识层面，那么，父亲对布伯的影响则无疑偏重于具体生活的践行层面。父亲的这种对待人与自然的负责任的态度以及他与人、自然的本真关联，都是布伯成熟时期所要传达的核心思想。在莱姆堡与父亲共同生活的岁月中，布伯从父亲身上学到了许多无法从书本上获得的知识。

在上中学时，布伯所就读的学校中波兰学生很多，犹太学生较少。布伯这

---

10 Maurice Friedman, *Encounter on the Narrow Ridge: A Life of Dialogue*, New York: Paragon House, 1991, p.6.

11 Maurice Friedman, *Encounter on the Narrow Ridge: A Life of Dialogue*, New York: Paragon House, 1991, p.7.

12 Paul Arthur Schilpp & Maurice Friedman, eds., *The Philosophy of Martin Buber*, La Salle, Illinois: Open Court Publishing Company, 1991, p.7.

样描述校内不同学生群体之间的关系："没有相互理解状况下的相互容忍。"[13]
布伯此时经历着由宗教文化的不同所造成的人与人之间相互隔离所带来的痛苦。每天早晨课前，波兰同学总要照常进行他们的晨祷，而此刻犹太学生则静默不动，呆呆地站着，眼睛死盯着地板。[14]虽然犹太学生被强制要求参与这一宗教仪式，但实际上他们只是局外人，与这一宗教仪式没有丝毫关系。作为犹太学生中的一员，布伯在这个过程中觉得很尴尬，深刻感受到被孤立与隔离的痛苦。这种精神上被孤立与隔离的感受导致布伯一生都厌恶任何形式的传教活动，也反对任何给人带来隔阂的制度化的宗教。在布伯看来，信仰不能僵化为某个宗教派别的信条或仪式，从而成为人与人之间沟通交流的障碍，相反，恰恰是在人与人之间真实的相遇与对话中，人们才能实现真正的信仰。因此，无论是对制度化的基督教还是犹太教，布伯始终都抱着批判的态度并与之保持一定的距离。

　　18 岁那年，布伯重返出生地维也纳，开始了他的大学生活。大学期间，他先后在维也纳大学、莱比锡大学和苏黎世大学学习，修习了文学、艺术史、哲学等多门课程。[15]大学的学习和生活使青年布伯受到了西方世俗文化的洗礼，让他在开放与多元的现代文化氛围中自由地汲取精神食粮，同时也让他离自幼就浸润其中的犹太宗教文化越来越远。与当时的西欧犹太学生和犹太知识分子一样，布伯一方面认识到，传统僵化的犹太教在现代社会中已经无法给人带来意义；另一方面，他又认识到西方文化不能为他提供终极的精神归宿。因此，布伯不得不在传统与现代、东方与西方之间寻求精神的平衡点。[16]

　　大学的第三年(1898 年)，布伯参与了当时的犹太复国主义运动，并于 1901年开始担任犹太复国主义组织创办的《世界》期刊主编。与犹太复国主义领袖赫尔兹等人将此运动视为政治运动不同，布伯参与此运动的目的是复兴犹太宗教文化。由于这种分歧，在担任了三年的主编后，布伯辞去了该职务，放下

---

13 Maurice Friedman, *Encounter on the Narrow Ridge: A Life of Dialogue*, New York: Paragon House, 1991, p.8.

14 Maurice Friedman, *Encounter on the Narrow Ridge: A Life of Dialogue*, New York: Paragon House, 1991, p.8.

15 Maurice Friedman, *Encounter on the Narrow Ridge: A Life of Dialogue*, New York: Paragon House, 1991, pp.13-14.

16 马丁·布伯:《论犹太教》，刘杰等译，济南：山东大学出版社，2002 年，第 206 至 207 页。

一切社会烦扰，重新投身学术。1904 年，布伯以《个体化问题的历史》一文获得了柏林大学的博士学位。之后的十年中，布伯的学术兴趣主要集中在神秘主义方面。首先，他重新回归犹太文化传统，用五年的时间搜集和整理了早期哈西德教派大师的传奇故事，以期从哈西德主义中汲取现代犹太教和西方文化所缺乏的思想元素，为现代人提供富有生命力的思想资源；其次，他整理编纂了一些与东西方神秘主义相关的文献，为推进东西方文化的比较研究起到了一定的作用；最后，他重新阐释犹太教的教义，对犹太复国主义组织发表演说，试图复兴犹太教，鼓励和影响了一大批欧洲犹太青年。

第一次世界大战爆发后，面对战争给人类造成的创伤，布伯深切意识到现代人和现代文化正面临着重大的危机——人与人之间相互隔离、人与人之间存在着严重的对话危机、人与其本真生存相距甚远。此时他的思想也发生了变化，开始从注重神秘体验的神秘主义阶段转向对话哲学阶段。1916 年，布伯撰写了著名的《我与你》一书的初稿，经过多年的修改，最终于 1923 年定稿并出版。[17]《我与你》是布伯成熟时期最为经典的著作，该书主要阐释了他的对话哲学思想，为布伯获得了世界性的声誉。大约在撰写《我与你》的同一时期，布伯创建了《犹太人》期刊。在他的领导下，该期刊成为德国犹太人最为知名的机构之一。在担任了多年（1916-1924）的编辑之后，布伯开始了他的教书生涯。从 1923 年至 1933 年的十年间，布伯一直任教于法兰克福大学，教授犹太宗教哲学与宗教史等课程。20 年代，布伯与现代犹太思想家罗森茨威格相交甚密。在思想上，二者都反对哲学以探寻事物的抽象本质为目的，强调哲学要关注人的生存问题。在现实生活中，两位思想家为推动犹太文化与教育事业的发展进行合作。例如，布伯曾在罗森茨威格创办的"自由犹太人教育中心"工作，和罗森茨威格一起推动犹太文化和教育事业的发展。布伯与罗森茨威格的另一项重要合作是将希伯来圣经翻译成德语，这项工作在罗森茨威格1929 年去世后由布伯一个人承担，直至晚年才完成。而此项翻译工作为其晚年的圣经研究做了充分的准备。

在纳粹统治德国期间，布伯于 1933 辞去法兰克福大学的教职。此后的五年里，布伯与德国犹太人一起为抵制纳粹的反犹运动而奔波忙碌。根据布伯研究学者弗里德曼，布伯对纳粹的抵制主要体现在两个方面：一方面，布伯积极

---

17 Maurice Friedman, *Encounter on the Narrow Ridge: A Life of Dialogue*, New York: Paragon House, 1991, p.94.

推动犹太教与基督教的对话；另一方面，布伯为德国犹太人成人教育组织教授相关宗教课程。著名的犹太思想家亚伯拉罕·海舍尔盛赞了布伯在这一时期对犹太人所做出的贡献，他说："这是布伯真正伟大的时期。"[18]1938 年，60 岁的布伯离开生活了三十多年的德国至耶路撒冷，并开始任教于希伯来大学。由于希伯来大学犹太与圣经研究的教授们反对任命他为圣经研究教授，因此，布伯只获得了社会学与社会哲学教授的职位。[19]在此期间，布伯遭到一些同事与追随者的批评。原因是，布伯于 20 世纪初就与一批犹太学者倡导建立一个犹太大学，并鼓励当时的犹太青年积极参与锡安运动。然而，二三十年之后，布伯才迁至耶路撒冷，真正践行自己的理念。[20]尽管如此，布伯仍深受一些同事与追随者的尊重，并影响着一批左翼基布兹（Kibbutz）[21]成员。

在希伯来大学任教期间，布伯撰写并发表了一系列著作，涉及政治、宗教和哲学诸多领域。20 世纪四五十年代是布伯学术成果丰硕以及学术活动活跃的时期。40 年代，他出版了《哈西德主义》、《人与人》、《以色列和世界》等著作；50 年代，他受邀访问一些欧美国家，发表了一系列的讲座，为不同宗教之间的交流与对话作出了突出贡献。在此期间，《两种类型的信仰》、《在转折点上》、《上帝之蚀》等著作也相继出版。其中，《两种类型的信仰》主要涉及基督教与犹太教的比较研究，布伯在此书中的观点虽然在学界引起了不少争议，但它无疑为基督教与犹太教之间的对话提供了可能性。《在转折点上》是布伯于耶路撒冷、伦敦和纽约发表的三篇演讲论文的合集，它与布伯在美国多所大学的演讲文集《上帝之蚀》构成了了解布伯晚年宗教哲学思想的重要著作。在经历了第二次世界大战以及犹太大屠杀残酷事件之后，布伯在这些演讲论文中开始讨论"上帝之蚀"与"上帝隐匿"等问题，正是在这一时期，他的宗教哲学思想发生了很大变化。

---

18 Maurice Friedman, *Encounter on the Narrow Ridge: A Life of Dialogue*, New York: Paragon House, 1991, p.216.

19 Dan Avnon, *Martin Buber: The Hidden dialogue*, Lanham, Boulder, New York, Oxford: Rowman & Littlefield Publishers, Inc., 1998, p.29.布伯未被任命为圣经研究教授，主要由于遭到犹太教正统派的阻挠，在正统派看来，布伯的宗教思想与行为无疑是违背犹太传统教导的。

20 Dan Avnon, *Martin Buber: The Hidden dialogue*, Lanham, Boulder, New York, Oxford: Rowman & Littlefield Publishers, Inc., 1998, p.29.

21 基布兹是以色列集体社区，主要务农，社区内部实行公有制。具体可参见《犹太人百科全书》相关介绍。

晚年布伯在一些公共事务上遭到以色列犹太人的非议。比如,他在纳粹大屠杀之后仍与德国人保持联系,并于 50 年代前往德国接受了相关组织颁发的几个奖项。不仅如此,布伯批评了以色列政府对以色列阿拉伯人的军事统治,呼吁维护以色列阿拉伯人的权利。布伯还批评了以色列总理本·古里安,认为本·古里安未将纳粹战犯阿道夫·艾希曼交由国际法庭,而是直接交由作为受害者的以色列人进行审判的做法是错误的,并公开声明艾希曼不应被判处死刑,因为布伯相信,"除了上帝之外没有任何人能命令我们去毁灭另一个人","死刑并不能减少犯罪——相反,它只能激怒灵魂……杀戮唤醒杀戮"。[22]自然,很多犹太人是难以接受布伯的这些言行,布伯因此遭到以色列人以及犹太知识分子的批评,成了犹太知识分子中观点不正统的少数派。这一时期,布伯虽然在以色列不受人待见,但是,他却得到了国际上的认可,被誉为 20 世纪具有影响力的哲学家。与此同时,他的主要著作相继被翻译成英文,并广为流传,影响了一大批现代宗教思想家。

1965 年,87 岁的布伯走到了他生命的终点。

纵观布伯的一生,我们不难看出,人与人之间的疏离与异化以及由此而引发的孤独在布伯身上都有所体现。幼年布伯在其建立对世界与他人的信任和构建自我同一性时,父母的离异让他失去了一个正常孩子从父母那里应该得到的疼爱与保护。与母亲分离的痛苦经验对布伯影响很深,以致于他一生都在寻找克服人与人之间疏离与异化,进而实现人与人之间相遇与对话的方法。少年布伯因其特殊的犹太文化背景成为中学里边缘群体中的一员,为此,他不得不承受因宗教信仰不同而造成的多数人对少数人施加的压力。那时,布伯就认识到,人与人之间并没有因为宗教信仰而多一些宽容与理解,僵化的宗教仪式和信条反而成为人与人之间沟通与理解的障碍。青年布伯在其思想形成阶段也面临着多元文化之间的冲突,作为一个犹太人同时又作为一个欧洲青年,他既不能彻底拥抱当时物质主义盛行的西方文化,也无法回归在其看来已经僵化的传统犹太教。于是,布伯重返犹太文化传统,创造性地复兴了犹太教内部哈西德主义思想,并在此基础上建构了自己的对话哲学。他对犹太教的复兴以及犹太文化创造性的理解吸引了一大批欧洲无根的犹太青年,同时也引起了基督教学者,特别是新教学者的关注。对于很多不愿被彻底同化的欧洲犹太青

---

22 Dan Avnon, *Martin Buber: The Hidden dialogue*, Lanham, Boulder, New York, Oxford: Rowman & Littlefield Publishers, Inc., 1998, pp. 30-31.

年，布伯无疑是他们理解犹太传统的引路人；对于一些新教学者，布伯是基督教徒理解犹太教和希伯来圣经的老师；但对于正统犹太教学者来说，布伯背离了犹太教的真正教诲和信仰。从布伯在希伯来大学只获得了社会学系教授的教职，并被禁止教授犹太教相关课程这一事件上，我们多少可以看出他与正统犹太教学者之间的分歧。[23]晚年布伯从某种意义上来说是孤独的，由于他非正统的政治和宗教观点，之前他的一些追随者也开始批评他。事实上，作为一个个体，布伯所面对的疏离与异化的境况正是其所处时代问题的一个缩影。

二、现代危机及其表现

布伯对上帝问题的探讨源于对其所处的时代问题的回应。20 世纪，西方社会在各个方面都得到了迅速发展，人们既为自身征服自然的能力而自喜，也为所取得的精神文化成果而骄傲。然而，现代人在看到社会进步的同时，也认识到这种进步所伴随的危机。布伯对现代社会所面临的危机有着清醒的认识，他将现代社会所面对的危机视为人自身的危机，即人的异化与孤独问题。布伯研究专家劳伦斯·西尔伯斯坦（Laurence Silberstein）说："异化是贯穿布伯诸多学术活动的潜在问题。他的所有作品都充斥着对现代人与他人、神圣者以及本真自我疏离的关切。"[24]在对哈西德主义的解读、犹太教的阐释、圣经的研究以及其哲学思考中，布伯都试图去唤醒现代人对自身异化的生存境遇的意识，分析现代人异化危机的根源，进而寻找克服这种危机的路径。布伯在其早期著作中就开始思考异化问题，到 1923 年《我与你》出版时，异化问题成为布伯哲学思考中的一个重要问题，[25]在《我与你》之后的《希伯来人文主义》与《人是什么》等文章中，布伯集中论述了危机时代人的异化与孤独问题在现

---

23 哈依姆·波托克（Chaim Potok）在《马丁·布伯与犹太人》（*Martin Buber and the Jews*）一文中考察了布伯的思想何以没有被犹太人广泛接受的问题。虽然波托克的观点有待商榷，[布伯研究专家保罗·门德斯·弗洛尔（Paul Mendes-Flohr）在 *Martin Buber's reception among Jews* 一文中批评了波托克的观点，他认为波托克的观点是错误的，并且论证说明了布伯思想在犹太人中产生过重要影响。]但是，此文中波托克对布伯思想与基督新教的相通之处，以及其与正统犹太教思想差异的论述，为我们理解布伯何以遭到正统犹太教的排斥提供了一些重要的线索。具体可参见 Chaim Potok, "Martin Buber and the Jews," *Commentary*, 1966, 41, 43-49.

24 Laurence J. Silberstein, *Martin Buber's Social and Religious Thought*, New York: New York University Press, 1989, p.5.

25 Laurence J. Silberstein, *Martin Buber's Social and Religious Thought*, New York: New York University Press, 1989, p.8.

代社会的表现。根据布伯的阐释，现代人的异化与孤独问题主要体现在人与世界、人与人以及人与上帝关系这三个层面。

首先，在人与世界的关系上，现代人面临着被其所创造的世界所奴役的危机。这主要体现在技术、经济与政治三个领域。在技术领域，技术由创造性的力量转变为一种具有破坏性的力量。在远古时代，人原本是大自然中的一员，伴随着制造与使用工具能力的提升，人摆脱了蒙昧状态，从大自然中脱颖而出，成为区别于其他事物的独立存在。在现代社会，随着技术水平的提升，人征服与改造自然的能力逐步提高，这使得人类在物质层面取得巨大进步的同时也被技术所创造出来的世界所控制。布伯说："被发明出来帮助人们工作的机器却强制人们为其服务，这些机器不像手工工具那样是人的手臂的延伸，相反，人成为它们的延伸，成为其表面的附属物，而服从他们的命令。"[26]在经济领域，由于技术水平的提高，人类生产出大量的商品，以满足日益增长的人口的需求，但这些商品并没有得到合理配置，商品的生产与利用摆脱了人的控制，反过来成为影响与控制人的力量。[27]在政治领域，政治权力原本是保障公民权利与维持和平的手段，而现代的政治权力已经失去控制，反过来支配着人的意志，成为酿成人与人之间冲突与战争等灾难的根源。例如，20 世纪的两次世界大战正是政治权力失控的典型体现。

其次，在人与人的关系上，现代人在精神上面对着孤独与无家可归的生存境遇。在传统社会，家庭、工会、社区等传统社会组织形式将人聚集在一起，为人提供了更新与成长的空间。在这些具有家园性质的团体中，人与他人可以建立直接的关系，相互提供安全与保护，互为依存。然而，在现代社会中，这些将人联系起来的社会组织日渐衰弱，慢慢丧失了其原初的意义和力量。现代人在诸如政党等新的团体中试图寻求人与人之间的联结，恢复已经失去的安全和保护，但是，这些努力不仅无法为人们恢复已经失去的安全，反而使现代人感受到更加深切的孤独。正如布伯所描述的那样："日益增强的孤独感被忙碌的活动所支配，弄得麻木不仁；然而人一旦进入沉静，步入他生命的实际现实，他就体验到深深的孤独，并且直面其生存之基础，深切体验到人类的可疑性。"[28]

---

26 马丁·布伯：《人与人》，张健等译，北京：作家出版社，2002 年，第 220 页。

27 马丁·布伯：《人与人》，张健等译，第 220 页。

28 马丁·布伯：《人与人》，张健等译，第 219 页。

最后，在人与上帝的关系上，现代宗教充满了信仰的偏见，丧失了信仰的力量，成为人与上帝之间关系的阻碍。现代宗教主要存在如下两个方面的问题：其一，在宗教机构内部，现代宗教制度与仪式不再是信仰事实的客观表现，它在很多方面与信仰的真理背道而驰。[29]现代宗教制度与强权、世俗真理为伍，它站在真正信仰的反面，将人与上帝之间活生生的信仰关系转变为个体对宗教组织的依附关系，从而致使人们丧失了个体生命的自主性，无法与上帝建立真正的联结。因此，现代宗教不仅没有起到维护信仰的作用，反而动摇了人的信仰，摧毁了人的信心，破坏了人与上帝之间的本真关联。其二，在宗教与社会生活的关系上，现代宗教无法引导人们走向内心的和谐统一。我们知道，在西方社会世俗化进程中，宗教对社会生活的影响日渐式微。伴随着宗教对社会生活影响力的下降，现代人最终将宗教从社会生活中排除，将其划归到世俗生活之外的信仰领域，自此以后，现代人在世俗生活和宗教信仰这两个不同的领域中按照不同的准则行动。在世俗生活领域，人们以利益为最基本的生存原则，将世界与他人视为为我所用的对象；在宗教信仰领域，人们又以尊重与爱为最基本的行为准则，认为世界和他人是值得被尊重与爱护的。因此，布伯认为："现代宗教丧失了统一性，无法指引人走向内心和谐的统一性。"[30]不仅如此，现代思想在世俗化的冲击下不再关注神圣与世俗的关联，而是强调神圣与世俗的分离，这样，上帝就被人从世俗生活中驱逐出去。在现代人看来，上帝既不在世界之中，也不关爱这个世界。他更像一个远离世俗世界，对人冷漠无情的旁观者。[31]现代人的生存也由此失去了神圣性，人们不再将与世界和他人的相遇视为通向上帝的途径，而是将世界和他人视为自我扩张的工具。在追求自我扩张的过程中，现代人离上帝越来越远，慢慢丧失了生存的意义和价值，遭受着孤独和虚无的侵蚀。

现代人在面对异化与孤独的生存境遇时往往会向两个方向发展或走向两个极端：一是个人主义，另一个是集体主义。布伯认为这两种应对方式都不能解决现代人所面对的危机，因为二者都回避了人对他人及其自身的责任。在布

---

29 刘小枫主编，杨德友等译：《二十世纪宗教哲学》，上海：三联书店，1991 年，第104 页。

30 刘小枫主编，杨德友等译：《二十世纪宗教哲学》，第 107 页。

31 马丁·布伯：《论犹太教》，刘杰等译，济南：山东大学出版社，1992 年，第 19页。

伯看来，现代危机只有在人承担起对他人的责任时才能得以克服。[32]但是，现代个人主义和集体主义都没有做到这一点。现代个人主义在面对异化与孤独的生存境遇时是这样应对的：它接受人被自然抛弃的事实，肯定人与人之间疏离的孤独状况，并且正面理解人在宇宙与社会中无家可归的境遇，认为正是以这种特别的方式人才成为一个真正的个体，"因为只有不系于他者的个体才能自知为个体，并引为殊荣"。[33]布伯对此作出了批判，他指出，这只是个人主义在面对个人孤独困境时的幻想，它既不能使人对自身有真正的认识，也无法解决实际存在的问题。现代个人主义只站在个体的角度来理解人自身，它的本质特征是"只关涉人类个体对他自身的关系"，[34]而不是从人的整体的角度来理解人。个人主义理解的只是人的一部分，而不是一个完整的人，它逃避了人对其自身之外的他人的责任。因此，它并不能使人对自身有完整的认识，也不能使人摆脱现代人所面对的危机。

现代人容易走向的另一个极端是集体主义。如果说现代个人主义将自身从活生生的存在中抽离，通过强化一个抽象的个体来逃避人自身所面对的危机，那么现代集体主义则是通过将个体消融在更为强大的集体中来逃脱其孤独的命运。

伴随着个人主义的衰弱，现代人走向了集体主义。现代人放弃了个体的选择与责任，臣服于集体的普遍意志，试图"通过完全置身于一个巨大的现代组织结构而逃脱其孤独的命运。组织越庞大、完整，越富于成效，人就越有一种从宇宙和社会两种无家可归的形式中的解脱感"。[35]然而，布伯认为，集体主义实际上并不能改变现代人异化与孤独的生存境遇，原因在于，它用个体对集体的依附关系取代了人与人之间的真实联系。布伯对此进行了详细论述，他指出，在集体中，人"沦为集体'机器'的一个小齿轮"，[36]是集体机器上一个无关紧要的零部件，只需服从集体的普遍意志，无需对自己和他人负责。并且，集体还用集体的共同目的来替代所有人的目标，这样，人就不再为自身的未来

---

32 刘小枫主编，杨德友等译：《二十世纪宗教哲学》，上海：三联书店，1991 年，第104 页。

33 马丁·布伯：《人与人》，张健等译，北京：作家出版社，2002 年版，第 272 页。

34 马丁·布伯：《人与人》，张健等译，第 271 页。

35 马丁·布伯：《人与人》，张健等译，第 272 至 273 页。

36 刘小枫主编，杨德友等译：《二十世纪宗教哲学》，上海：三联书店，1991 年，第104 页。

操心，而只需依附集体的意志就可以了。集体通过消除人的个体性，整齐划一地规制了人的生活与目标，将人对其自身与他人的责任化约为个人对集体的责任，它不仅成功地消解人对自身、他人应该担负的责任，也使人在对集体的服从中磨灭了人的自主精神、丧失了独立的人格。伴随着人的自主精神与独立人格的丧失，人与人之间不再相互敞开和坦诚交往，人与人之间的真实关系就被众人之间的虚假联结所替代，这样，人虽然身在集体之中，但精神上仍然继续经受着孤独的煎熬。正如布伯所言："在集体中，人不是与人相关的人。他与众生交流，众生与他共处，但这里他并没从孤立中解脱。"[37]此外，现代人还承袭了集体主义去人格化与工具化的思考模式，将他人视为为我所利用的对象。在对他人价值的衡量与分析中，现代人不再将他人视为独一无二的存在，而是将其视为被我分析与利用的一个物品。[38]由此，我们看到，现代集体主义在将人抹平为没有人格的平均化的人的同时，也将人与人之间的真实联结转变为以利益为主导的利用关系，它不但没有改变现代人孤独的命运，反而成为人与人之间相遇的障碍。

三、危机的根源与解决之道

面对现代人异化与孤独的危机，布伯否定了现代个人主义与集体主体这两种应对之道。他着重考察了现代危机产生的思想根源，以期找到克服现代危机的方法。布伯在多部著作中都对现代危机的思想根源作了阐述。在《我与你》中，布伯将现代危机的思想根源归之于近代以来的西方主体性哲学。在他看来，近代以来的西方主体性哲学强调主体的主导性地位，极大地提高了人在世界中的地位和尊严，但是，它也助长了主体的自我扩张。主要表现为，近代以来的西方主体性哲学以主客关系的认知模式来考察人与世界以及人与他人之间的关系。在这种认知模式之下，事物和他人只是主体认知的对象，被主体征服和利用，[39]没有自身独立存在的意义和价值。在这种哲学的影响下，西方神学也将上帝视为一个认识的对象，从而使上帝从一个活生生的存在转变为一个与人的生存无关的思维对象。伴随着主体的这种自我扩张，人与世界、人与人以及人与上帝之间的关系也出现了问题。

---

37 马丁·布伯：《人与人》，张健等译，北京：作家出版社，2002 年，第 273 页。

38 刘小枫主编，杨德友等译：《二十世纪宗教哲学》，上海：三联书店，1991 年，第 104 页。

39 马丁·布伯：《我与你》，陈维纲译，上海：三联书店，1986 年，第 35 页。

　　布伯将其所处的时代称之为"病恹时代"，[40]他说："本世的疾患无与伦比，它集一切时代之病患于一身。"[41]而现代危机最为显著的特征就是"世俗与神圣之间分离的世俗化形式"。[42]也就是说，在现代人所经历的人与世界、人与他人以及人与上帝三种关系的异化危机之中，人、世界和上帝的分离是最为核心的问题。因而，如何使人、世界和上帝相关联，从而克服神圣与世俗的分离成为布伯应对现代危机所要考虑的最为重要的问题。我们知道，西方文化植根于希伯来文明与希腊文明，由二者发展出来的犹太-基督教与西方哲学构成了西方文化的核心。对于自幼就浸润于犹太传统文化的布伯而言，现代危机主要表现为西方主体性哲学的蔓延扩张以及希伯来精神的消退减弱。布伯试图从犹太传统文化里挖掘出回应现代危机的思想资源，重建神圣性这一维度，从而克服世界和上帝分离的危机。[43]

　　对上帝问题的探讨构成了布伯一生思想的一条主线，他的上帝观是在其回应时代问题的过程中逐渐形成的。这就决定了布伯上帝观的核心内容不是去讨论上帝的本质，而是探讨人与上帝之间的关系问题。在对上帝问题的思考上，布伯并没有简单地回到其自幼就浸润其中的犹太教，也没有像一些被同化了的犹太人一样投向基督教的怀抱。同时，他也没有认同与接受西方哲学影响下的神学上帝观。因为，在布伯看来，无论是制度化的宗教所信奉的上帝，还是西方哲学所理解的上帝，都存在一定的问题：前者将人与上帝之间活生生的信仰关系简化为人对宗教制度和仪式的遵循，以及对宗教信条的承认；后者像对待物一样对待上帝，将上帝视为人所认识的对象。布伯认为它们都与圣经中的上帝相去甚远，而唯有圣经中的上帝才是真正宗教意义上的上帝。布伯强调现代人要恢复圣经和犹太传统中某些被遗忘的东西，同时"摆正人与上帝，以及人与他人之间的关系，这才是启示的根源，是人伦的保障"。[44]

　　从晚年布伯对"我们的上帝（Our God）和我们父辈的上帝（God of our fathers）"这句话的解读上，我们可以得知布伯对信仰的基本理解。在布伯看

---

40 马丁·布伯：《我与你》，陈维纲译，上海：三联书店，1986年，第46页。

41 马丁·布伯：《我与你》，陈维纲译，第48页。

42 Martin Buber, *Hasidism and Modern Man*, ed. and trans. Maurice Friedman, New York: Horizon Press, 1958, p.39.

43 孙向晨：《马丁·布伯的关系本体论》，载于《复旦学报》，1998年，第4期，第91页。

44 孙向晨：《现代犹太思想中的上帝问题》，载于《基督教学术》，第一辑，2002年，第109页。

来，这句话包含两个层面的含义。其中，"我们的上帝"意指人自身的学习与思考，而"父辈的上帝"意指对传统的尊重和承袭。同样，根据布伯，圣经中"亚伯拉罕的上帝，以撒的上帝和雅各的上帝（God of Abraham, God of Isaac, and God of Jacob）"之所以不是"亚伯拉罕、以撒和雅各的上帝（God of Abraham, Isaac, and Jacob）"，就在于，亚伯拉罕的子孙并没有简单直接照搬父辈的传统，而是同时也自己寻求上帝。布伯对上帝的理解基本上结合了以上的两种要素：对传统的承继和个体自身的思考。因此，布伯认为，存在两类信仰上帝的人。第一类人直接从其父辈那里承接过信仰，这种信仰的优点是信仰比较牢固，不会因为一些论证而轻易动摇；缺点是获得信仰之人并没有为获得信仰而学习或慎重思考过，他只是简单地从别人那里承继过这种信仰。[45]第二类人经由自己的思考与学习获得信仰，因而不存在第一种信仰的缺陷，但是也丧失了第一种信仰的优点，由于没有承袭祖辈的信仰传统，第二类信仰很容易因反驳的论证而发生动摇。[46]布伯认为最好的信仰是以上两种信仰的结合，真正的信仰既要在一定程度上承继祖辈的信仰传统，又要结合自己的学习与思考。由于布伯在不同时期思想旨趣的差异，他的上帝观在早、中、晚三个时期各自呈现出不同的特征，然而，他在各个时期对上帝的思考都结合了以上的两个要素，即对祖辈信仰传统的承继和自己的独立思考。

第二节　布伯上帝观的三个阶段

一些学者认为，布伯的思想主要分为两个阶段，即神秘主义时期和对话哲学时期，这两个阶段以 1923 年出版的《我与你》为分界点。另一些学者则将布伯的思想分为三个阶段，他们在前一种划分的基础上，将对话哲学阶段又分为两个不同的时期，即对话哲学时期（原来的对话哲学时期的前期）和后大屠杀岁月（原来的对话哲学时期的后期）。这些学者认为，二战特别是犹太大屠杀事件之后，布伯的对话哲学思想经历了一次转变。大屠杀之后，布伯虽仍坚持他的对话哲学思想，然而鉴于新时代所揭示的人性危机，布伯对人与人以及人与上帝的关系作了更加深刻的反思，他的著作从强调对话哲学思想转变为

---

45 Martin Buber, *Ten Rungs: Collected Hasidic Sayings*, trans. Olga Marx, London: Routledge, 2002, p.15.
46 Martin Buber, *Ten Rungs: Collected Hasidic Sayings*, trans. Olga Marx, London: Routledge, 2002, p.15.

越来越多地论述人与人的对话危机以及上帝的沉默与隐匿问题。因而，学者们
以大屠杀事件为界点，将原来的对话哲学时期分为两个阶段，即对话哲学时期
和后大屠杀岁月。就本文的考察对象布伯的上帝观这一论题而言，本文更倾向
认同第二类学者的观点，即将布伯的思想划分为三个阶段，分别是神秘主义时
期、对话哲学时期和后大屠杀岁月。在每一个阶段，布伯对上帝以及人与上帝
关系的理解是不同的。但这并不意味着后一阶段是对前一阶段的完全否定，相
反，后一阶段往往是在前一阶段研究的基础上对上帝问题更为深入的反思，它
一方面承继了前一阶段的某些要素，另一方面又在回应新的问题时突破了前
一阶段的局限。事实上，将布伯的思想作三个阶段的划分有利于我们论述其上
帝观的演进历程和把握其上帝观的核心要义。

一、神秘主义时期（1897-1923）

布伯很早的时候就接触到神秘主义，并对神秘主义思想有着浓厚兴趣。根
据布伯的回忆，在与祖父母生活在一起的时候，他就在祖父的影响下对犹太哈
西德神秘主义有所接触和了解，哈西德派给布伯留下了深刻的印象。[47]青少年
时期对哈西德派的好感为他日后复兴哈西德派思想做好了准备。除了犹太哈
西德神秘主义之外，基督教神秘主义思想也对布伯产生了很大影响。早在大学
期间，布伯就对德国神秘主义思想家艾克哈特大师等人的思想充满兴趣。[48]这
种对基督教神秘主义的兴趣集中体现在布伯博士论文的选题上——布伯的博
士论文主要考察两位基督教思想家思想中的个体化问题。因此，除了早期个别
的论文之外，博士论文《朝向个体化问题的历史》（1904）也是反映布伯早期
神秘主义思想的重要著作。

我们知道，大学期间布伯参与了犹太复国主义运动，该运动使布伯在逐步
被西化的同时又保持和巩固了与犹太民族的联系。同时，这一运动也促使布伯
更为深入地思考犹太文化的复兴和命运等问题。布伯认为犹太哈西德神秘主
义对于现代人仍有很大的教益，因此，他用了五年时间（1904-1909）来搜集
和整理哈西德主义相关文献，出版了有关哈西德派的书籍，对于复兴犹太哈西
德神秘主义起到了积极的推动作用。布伯这一时期出版的书籍主要有《拉比拉

---

47 Martin Buber, *Hasidim and Modern Man*, ed. and trans. Maurice Friedman, New York: Horizon Press, 1958, p.58.
48 Martin Buber, *Between Man and Man*, trans. Ronald Gregor Smith, London, New York: Routledge, 2002, p.219.

赫曼的故事》（1906）、《美名大师传奇》（1908）和《迷狂忏悔》（1909）等。前两本书主要整理了两位早期哈西德派大师富有教益的传奇故事，揭示了哈西德派思想的核心要义；后一本书收录了东西方神秘主义中有关神秘体验的相关论述。除了这三本书之外，布伯还撰写了一些有关哈西德派思想研究的相关论文。这些材料都为我们了解布伯早期神秘主义思想提供了重要参考。

　　从博士论文到之后的哈西德派思想研究，布伯更多是在论述或整理他人的思想，当然，其中也明显包含着布伯自己的倾向和偏好。以《但以理》（1913）一书的出版为分界点，布伯开始用自己的术语来表达自己的思想。在早期的一系列的著作中，布伯极为关注神秘主义中的神秘宗教体验，认为上帝无法通过理性加以认知，只能在神秘的宗教体验中得以通达。布伯相信，在神秘的"迷狂"宗教体验中，人能够消除与世界之间的界限，达至与上帝的合一。布伯对神秘的合一体验的论述存在于早期的诸多著作之中。随着思想的逐步成熟，布伯越来越认识到神秘主义存在的缺陷：神秘主义强调超脱于当下生活的神秘体验，它妨碍了日常生活中人对他人需求的感知，也降低了人对当下历史事件的理解力。[49]

　　自《但以理》（1913）出版之后，布伯开始逐步疏离神秘主义。《我与你》（1923）的出版标志着他与神秘主义的彻底决裂以及新的对话哲学思想的正式确立。神秘主义时期布伯强调人与上帝的神秘合一，而在对话哲学时期，布伯否定了这种神人合一体验的存在，认为人与上帝虽然有着密不可分的关系，但二者有着本质的差异，不可能合二为一。在对话哲学时期，布伯认为人与上帝之间不是神秘的合一关系，而是"我—你"对话关系。

二、对话哲学时期（1923-1945）

　　在对话哲学时期，布伯的思想发生了重要的转变。这种变化主要表现在对人自身、上帝以及信仰等诸多问题的理解上。这一时期，在《我与你》、《人与人》[50]、《两种类型的信仰》和《人的知识》[51]等著作中，布伯着重论述了他的

49　Dan Avnon, *Martin Buber: The Hidden dialogue*, Lanham, Boulder, New York, Oxford: Rowman & Littlefield Publishers, Inc., 1998, p.34.

50　《人与人》一书主要收录了布伯 20 年代至 30 年代之间的论文，涉及对话哲学、伦理学、教育学、哲学人类学等诸多论题。

51　《两种类型的信仰》写于 20 世纪 40 年代末，而《人的知识》这一论文集主要写于 50 年代末到 60 年代初，这两本书写作时间虽然相对较晚，但其思想精髓是由对话哲学思想所主导的。

对话哲学思想。《我与你》是反映布伯对话哲学思想的经典之作；《人与人》一书对《我与你》作出了更为细致的阐释和补充，布伯在此书中将其对话哲学思想扩展应用到伦理和教育等诸多领域；《两种类型的信仰》和《人的知识》这两本书集中体现了布伯对话哲学思想在宗教哲学和哲学人类学方面的应用。

在布伯的经典著作《我与你》中，布伯否弃了近代以来西方哲学将人视为理性主体（康德等）或非理性的孤独个体（克尔凯戈尔等）的做法。他确立了关系的本体性地位，将人置于关系之中来理解，认为主体不是与他人无关的理性主体或孤独个体，而是在与他人的关系之中形成的，主体的确立离不开与他人的相遇、对话。以这一观点为基础，布伯批判了神秘主义中神人合一的观点。在布伯看来，神人合一的观点取消了人与上帝之间的关系，本质上是一种精神幻像。[52]这一批判实际上也是他对自己早期神秘思想的批判和反思。在《我与你》中，布伯将上帝称为"永恒之你"，认为上帝无法成为人们认识的对象，只能在"我—你"关系中与人相遇、对话。

对话哲学时期，由于对犹太文化的研究和推崇，布伯开始主张从伦理的维度来理解信仰问题。我们知道，在犹太宗教文化中，无论是在圣经还是在拉比的文献中，伦理都是极为重要的论题。犹太教在涉及宗教问题时，往往离不开对伦理问题的讨论。在这种文化的熏陶和影响下，布伯不仅从关系的角度来谈论上帝问题，而且还从伦理的维度对之进行考察。在《人与人》等著作中，布伯集中阐释了他的对话伦理思想。布伯的对话伦理是一种情境的责任伦理，这种伦理强调个体对他人的伦理责任，要求个体在具体的情境中对他者的呼唤作出回应——对他人回应（response）也就意味着真正对他人负责（responsibility）。[53]由于布伯强调上帝在对话的伦理情境中的在场，并在具体的伦理情境中召唤个体对他者负责。因此，从根本上来说，伦理的源头和依据在于上帝，对他人负责的对话伦理同时也是对上帝负责的宗教伦理。

除了哲学和伦理的维度，布伯还从信仰比较研究的层面来考察信仰问题。在《两种类型的信仰》一书中，布伯对犹太教和基督教两种信仰进行了比较研究，他将对话哲学思想的基本观点应用到对基督教和犹太教的比较研究中。书中，布伯将基督教信仰中的神人关系视为"我—它"关系，而将犹太教信仰中的神人关系视为"我—你"关系。经由对两种信仰的比较研究，布伯强调信仰

---

52 具体可参见本文第三章第一节的相关论述。

53 Martin Buber, *Between Man and Man*, trans. Ronald Gregor Smith, London, New York: Routledge, 2002, p.18.

一词的生存内涵，要求人们在生活中经由与他人的忠诚和信任关系来实现对上帝的信仰。

在对话哲学时期，布伯的上帝与人有着紧密的关联。在对话哲学中，上帝在"我—你"对话关系中在场；在对话伦理中，上帝在对话的伦理情境中启示自身；上帝是一个与人的生存紧密关联的上帝。然而，20世纪的犹太大屠杀却揭示了上帝在世间的缺席和沉默以及对人类苦难的漠不关心。大屠杀冲击了布伯对话哲学时期的上帝观，它使布伯的上帝从"永恒之你"转变为"隐匿的上帝"。

三、后大屠杀岁月（1945-1965）

20世纪的犹太大屠杀对现代思想产生了极大冲击。布伯是较早对大屠杀事件进行反思的现代犹太思想家之一。我们知道，布伯早在1938年就离开了纳粹统治下的德国，之后一直定居于耶路撒冷。二战期间，布伯及其家人并未受到纳粹的迫害，这使得他在20世纪40年代中期才确知大屠杀事件。虽然布伯在现实生活中并未受到大屠杀的影响，但是，在思想层面上，大屠杀对布伯产生了极大的震撼，它冲击了布伯对话哲学中的上帝观。在大屠杀事件的冲击和影响下，布伯不得不思考对话哲学中与人紧密关联的上帝何以在大屠杀中缺席的问题。针对对话哲学中布伯所强调的上帝的在场与大屠杀中上帝的缺席之间的矛盾，布伯并没有否定对话哲学中的上帝观，而是吸收借鉴希伯来圣经资源，对对话哲学时期的上帝观予以补充和修正。一方面，布伯继续坚持对话哲学中所倡导的神人之间的对话关系；另一方面，在坚持神人之间对话关系的基础上，布伯又从希伯来圣经中汲取思想资源，认为上帝不仅通过对话向人启示自身，他也会在一定的时期隐匿自身，上帝是一个自我启示和自我隐匿的上帝，大屠杀事件中上帝之所以缺席，就在于现代人处于上帝隐匿自身的"上帝之蚀"时代。

"隐匿的上帝"和"上帝之蚀"是布伯在后大屠杀岁月为回应大屠杀事件而提出的两个重要的概念。前者是布伯从希伯来圣经中借用的概念，后者是布伯自己提出的概念。这两个概念揭示了大屠杀与后大屠杀岁月中的神人关系：上帝已经从历史与人的命运中退出，不再干预人间之事，上帝是一个隐匿的上帝。对于布伯，上帝在现代世界中的隐匿并非一种与现实无关的思想理论，而是在历史中真实发生的事件。在50年代发表的一系列演讲论文中，布伯着重考察了现代思想在促成"上帝隐匿"和"上帝之蚀"现象中所起到的作用，这些论文以《上帝之蚀》为名编辑出版，是考察晚年布伯宗教哲学思想最为重要的文献之一。在《上帝之蚀》一书中，布伯着重从人自身这一维度分析了"隐匿的上帝"与"上帝之蚀"现象发生的缘由：现代思想从主体自身的角度来建构和理解上帝，将上帝视为主体的所有物，从而消解了上帝的实在性以及人与上帝关系的实在性。因而，对于布伯，在现代人逐渐远离上帝的背景下，上帝隐匿自身其实是对人背离他的一种回应。

布伯之后，很多犹太教和基督教思想家都对大屠杀之后的上帝问题进行了反思。他们基本上认同布伯对上帝的理解，即上帝已经退出了对历史和人的命运的干预和影响，不再是历史的主宰者。不同的是，较之于布伯，这些现代思想家更多地从上帝自身这一维度来考察上帝何以允许大屠杀发生、大屠杀中上帝在哪等问题。布伯之后，现代思想中的上帝观极大地颠覆了传统犹太教和基督教信仰中的上帝形象。上帝不再以全能、全知、全善的完美形象出现，而是变成了绝对的他者、非全能的上帝或者受难的上帝。

第二章　神秘的合一

　　布伯在早期走向神秘主义的过程中主要受到三位德国哲学家的影响，分别是康德、尼采和狄尔泰。康德使布伯认识到理性在认知上帝问题上的局限，从而使其摒弃了理性神学意义上的上帝观。康德之后，尼采对形而上学和宗教的批判对布伯而言无疑是一种思想解放，他使布伯与正统犹太教上帝观决裂。作为布伯的老师，狄尔泰的体验概念对布伯产生了重要影响，使布伯开始从宗教经验的角度来理解宗教信仰，进而促使布伯在理性神学和制度化的宗教之外找到了一条新的通向上帝之路。布伯对非理性的宗教经验的关注也使他的研究兴趣越来越转向神秘主义。神秘主义时期布伯对上帝的理解集中体现在他对德国神秘主义思想的研究以及犹太哈西德派思想的阐释之中。在对德国神秘主义研究中，布伯获得的启发是，承认个体的价值和坚守对上帝的信仰之间是不矛盾的。在哈西德主义研究中，布伯强调上帝在世界中的在场，认为人们可以在迷狂的宗教体验中通达上帝，另外，布伯也强调哈西德主义思想中个体侍奉上帝方式的多样性。在以上研究的基础上，布伯发展出了自己的合一与实现的学说：合一学说关注神秘的合一宗教体验，实现学说则强调人可以经由自身的力量使上帝在世界中获得具体的实在性。

第一节　德国哲学的影响

一、阅读康德：拒斥理性神学

　　在晚年的《自传片段》中，布伯将康德（Immanual Kant, 1724-1804）视为

对其早期思想产生影响的最重要的两位哲学家之一。[1]可见，康德在布伯早期
思想中占据着极为重要的地位。在布伯的相关作品中，直接涉及康德的文献主
要有著作《自传片段》和论文《上帝之爱与上帝的观念》等。在布伯成熟时期
的核心著作《我与你》中，他虽然没有直接谈及康德，但实际上我们不难发现
他与康德之间的紧密关联。

在《自传片段》中，布伯主要提及早年信仰危机时期康德对他的影响。青
少年时期布伯成长于犹太宗教文化氛围浓厚的祖父母家里，在成年礼[2]（13岁）
之后，特别是在离开祖父母之后（14岁），布伯的信仰发生了转变，在经历了
很长一段时间的信仰危机后，布伯疏远了犹太教。在遭受信仰危机这段时间
内，时间和空间问题深深地困扰着布伯，特别是时间问题，曾经一度使其想到
自杀。在《自传片段》中，布伯谈到当时他对时间和空间问题的困惑：他不知
空间是否有边界，时间是否有开端和终点。最后，布伯得出这样的结论，无论
空间是否有边界，时间是否有开端，都是十分荒谬的事。但是，他为无法找到
真正的答案而感到绝望。[3]15岁时，布伯阅读了康德的《未来形而上学导论》，
该书使他认识到时间和空间"只是感官功能的形式条件"，"不是附着于事物自
身的真实属性"，"仅仅是我们感官知觉的形式"。[4]康德将其从时间和空间的迷
思中解脱出来，布伯说："康德哲学在我身上起到巨大的镇定效果，我不再为
时间问题所折磨……那时康德与我的相遇是一种哲学的自由。"[5]康德在《未来
形而上学导论》中对时空问题的创造性阐释对年轻的布伯产生了极大的触动，
以致于布伯将《未来形而上学导论》视为对他早期产生最重要影响的两本哲学
著作之一。

在研究布伯思想的学者中，不少学者都认为康德对布伯的思想产生了很
大影响。但是，这些学者关注的核心问题是康德对布伯哲学思想的影响，却

---

1 根据布伯自己的描述，另一位对其早年思想产生过重大影响的哲学家是尼采。
2 犹太女孩12岁接受成年礼，男孩13岁。
3 Martin Buber, "Autobiographical Fragments," in Paul Arthur Schilpp & Maurice Friedman, eds., *The Philosophy of Martin Buber*, La Salle, Illinois: Open Court Publishing Company, 1991, p.11.
4 Martin Buber, "Autobiographical Fragments," in Paul Arthur Schilpp & Maurice Friedman, eds., *The Philosophy of Martin Buber*, La Salle, Illinois: Open Court Publishing Company, 1991, p.12.
5 Martin Buber, "Autobiographical Fragments," in Paul Arthur Schilpp & Maurice Friedman, eds., *The Philosophy of Martin Buber*, La Salle, Illinois: Open Court Publishing Company, 1991, p.12.

极少论及康德的上帝观对布伯的影响。在布伯成熟时期的文章《上帝之爱与上帝的观念》中，虽然布伯曾对康德的上帝观进行了批判，但是，不可否认的是，在促成布伯早期上帝观的形成上，康德的上帝观曾起过重要作用。这主要表现为，康德促使布伯拒斥理性神学意义上的上帝观。我们知道，在西方思想史上，犹太-基督教文化和希腊文化构成了西方文化的两大源头。其中，犹太-基督教文化是一种宗教文化，它的核心精神是信仰；相较于犹太-基督教文化，希腊文化更为注重人文精神，它的核心精神是理性。在历史上，无论是犹太教还是基督教，都经历过一个希腊化的过程。在注重理性精神的希腊哲学的影响下，犹太教和基督教吸收、借鉴了希腊哲学思想，用以建构其神学思想或宗教教义，从而形成了被哲学所浸染的理性神学。理性神学的一个重要特点是强调理性和信仰之间的融通与调和，它试图用理性去理解信仰问题，例如，很多神学家都试图用理性去论证上帝的存在或认识上帝的本质。犹太-基督教文化在希腊化的过程中，希腊文化的犹太化和基督教化也在同步进行，这两个进程是相互的。在希腊文化犹太化和基督教化的过程中，越来越多的哲学家开始思考信仰问题，他们对上帝的认知和反思形成了哲学家意义上的上帝观。然而，无论是神学家的上帝还是哲学家的上帝，它们都是理性反思的对象、一种理性神学意义上的上帝，都与圣经中活生生的上帝相距甚远。

对于神学家的上帝和哲学家的上帝，布伯无疑都是拒斥的。他经常在著作中引用帕斯卡尔的话——"亚伯拉罕的上帝、以撒的上帝、雅各的上帝"——以表明他所认同的上帝是圣经中亚伯拉罕与其子孙的上帝，而非神学家或哲学家的上帝。布伯对理性神学的拒斥很大程度上源自与康德思想的相遇，康德对布伯的影响一直或明或暗地包含在布伯的哲学思考之中。在宗教问题上，康德对布伯的影响主要体现在两个方面：其一，布伯基本上认同康德对人类理性认知界限的划分，认为理性无法论证卜帝存在与否。我们知道，在《纯粹理性批判》中，康德批判了传统哲学有关上帝存在的三种论证，[6]他认为三种论证方式都是失败的，上帝存在与否超出理性认识能力，在理性认知能力范围内，人们实际上无法证明上帝存在，也无法证明上帝不存在。布伯基本认同康德的观点，他说："我们不可……从自然界推出作为造物主之上帝，从历史推出作

6 有关康德对上帝存在证明的看法，可参见李秋零老师《上帝是否存在？》和《康德何以步安瑟尔谟的后尘？》两篇文章的相关论述。

为宰制者之上帝，从主体推出作为自我之上帝。"[7]布伯所说的从自然界、历史和主体推断上帝存在的三种方式虽然并非严格对应于康德所批判的有关上帝存在的自然神学证明、宇宙论证明和本体论证明，但是，在反对用理性论证上帝存在这一点上，二者是一致的。我们看到，在涉及上帝存在与否的问题上，布伯与康德一样摒弃了理性推论的方式。在布伯看来，神学或哲学有关上帝存在的证明都是无效的，这种观点一直贯穿于布伯一生的思想之中。其二，与康德一样，布伯认为人们无法获取有关上帝的知识。在康德思想中，人的认识只能达至现象界，物自体属于本体世界，它超出人的认知范围，本质上是不可认识的。在对待上帝问题上，康德认为上帝的理念和物自体一样也是不可认知的。布伯在一定意义上承袭了康德的做法，即对世界作了两个层次的划分（康德区分了现象界与本体界），不同的是，他将世界划分为"经验世界"与"关系世界"。和康德一样，布伯认为现象世界或经验世界是一个由"时空网络"和"因果关系"所构架的世界，人们可以从中获取有关事物的知识，[8]但是，上帝却无法像现象界的事物一样被转换成知识的对象。[9]早年布伯被友人问及"你信仰上帝吗？"布伯的回答是，"如果信仰上帝意味着以第三人称的方式去'谈论'（talk about）他，那么我不信仰上帝。如果信仰上帝意味着和他'交谈'（talk to），那么我信仰上帝。"[10]在这里，"谈论"意味人与上帝之间没有实在的联系，上帝只是与人的生存无关的知识对象，而"交谈"则意味着人与上帝之间有着真实的联系。对于第一种将上帝视为思维对象的做法，布伯无疑是否弃的。

由上述可知，与康德一样，布伯认为上帝的存在无法被理性论证，上帝的本质无法被理性认知。早年布伯与康德的相遇使他一直反对神学或哲学将上帝对象化的做法，但他在继承康德思想的同时也对康德思想中的某些方面进行了批判。主要表现为，布伯不满康德的道德神学，认为道德不足以说明上帝的存在。取而代之的是，他早年试图从宗教体验的维度来考察宗教现象，认为人可以经由神秘的"迷狂"体验达至人与上帝的合一。

---

7 马丁·布伯：《我与你》，陈维纲译，上海：三联书店，1986 年，第 69 页。

8 马丁·布伯：《我与你》，陈维纲译，第 69 页。

9 马丁·布伯：《我与你》，陈维纲译，第 64 页。

10 Martin Buber, "Autobiographical Fragments," in Paul Arthur Schilpp & Maurice Friedman, eds., *The Philosophy of Martin Buber*, La Salle, Illinois: Open Court Publishing Company, 1991, p.24.

二、相遇尼采：疏离制度化的宗教

在阅读了康德的《未来形而上学导论》两年后，17 岁的布伯阅读了尼采（Friedrich Wilhelm Nietzsche, 1844-1900）的《扎拉图斯特拉如是说》，他对《扎拉图斯特拉如是说》极为喜爱，甚至将此书的第一部分翻译成波兰语。[11]这本书不仅影响了布伯的思想，而且影响了布伯的写作风格，例如，在《但以理》（1913）和《我与你》（1923）中，布伯模仿尼采的写作风格，用诗化的语言来表达自己的思想。根据布伯自己的回忆，《扎拉图斯特拉如是说》对他影响很深，以致于很久以后他才从这本书的影响中走出来。[12]《扎拉图斯特拉如是说》使布伯对时间概念有了新的理解：与康德将时间视为认识的先天形式不同，尼采将时间理解为"相同者的永恒轮回"（eternal return of the same）。[13]用布伯的话来说，即"有限时间周期的无限延续，在所有的事情中都是如此，以致于周期的终端回归到它的起点"。[14]

根据布伯研究专家格雷特·舍德尔（Grete Schaeder），尼采的时间观类似于希伯来圣经传道书 1 章 9 节所传达的思想："已有的事，后必再有；已行的事，后必再行。日光之下，并无新事。"不同的是，古代犹太人在揭示时间无意义地循环往复的同时也信靠上帝，他们按照上帝启示给人的道德诫命去生活，以期在生活之外的超越领域获得终极的意义。而尼采却宣称"上帝死了"，他批判了以基督教和柏拉图主义为代表的西方价值传统，号召人们抛弃上帝信仰和传统道德。[15]这实际上是尼采"相同者的永恒轮回"思想发展的必然结果，因为如果一切都在重复轮回，那么，必然没有上帝和天国在终极的未来等待着我们，也没有一个在现实之外不变的超越的理念世界。青年布伯没有接受

11 Paul R. Mends-Flohr, *From Mythticism to Dialogue: Martin Buber's Transformation of German Social Thought*, Detroit: Wayne State University Press, 1989, p.15.

12 Martin Buber, "Autobiographical Fragments," in Paul Arthur Schilpp & Maurice Friedman, eds., *The Philosophy of Martin Buber*, La Salle, Illinois: Open Court Publishing Company, 1991, p.12.

13 关于尼采"相同者的永恒轮回"思想的具体含义，可参见四篇相关论文，分别是汪民安的《尼采的"同一物的永恒轮回"》、张庆熊的《"虚无主义"和"永恒轮回"》、叶秀山的《试释尼采之"永恒轮回"》以及王恒的《虚无主义：尼采与海德格尔》。

14 Martin Buber, "Autobiographical Fragments," in Paul Arthur Schilpp & Maurice Friedman, eds., *The Philosophy of Martin Buber*, La Salle, Illinois: Open Court Publishing Company, 1991, p.12.

15 Grete Schaeder, *The Hebrew Humanism of Martin Buber*, trans. Noah J. Jacobs, Detroit: Wayne State University Press, 1973, p.31.

尼采的时间观，因为他欣赏的是尼采的人格魅力，而不是尼采的某些学说。[16]对于自幼就浸润于犹太宗教文化传统的布伯而言，他也很难赞同尼采"上帝死了"的论断，但是，尼采"上帝死了"的呐喊无疑较为准确地表达了布伯对正统犹太教信仰的怀疑和不满，并最终致使布伯与正统犹太教信仰中的上帝观决裂。布伯在背离正统犹太教信仰之后并没有抛弃对上帝的信仰，而是试图在以正统犹太教为代表的制度化的宗教之外寻求一种新的上帝观。在这一点上，尼采启发了布伯，对于布伯，"作为杀死西方超越信仰的凶手，尼采为一个新的神圣概念开辟了道路。"[17]

尼采虽然宣称"上帝死了"，但他并没有就此否定人生的意义和价值。尼采将意义和价值从超越的领域拉回到现实人生，从未来的终极目的拉回到当下具体的生活。他认为当下不是通向未来的一个工具，生命的价值存在于当下，生成变化着的生命在每时每刻都具有独特的意义和价值。尼采肯定生命，教导人们去创造和提升自身的生命、去做一个超人。超人是一个真正的自由之人，他在不断地创造和超越自身生命的过程中获得生命的意义。[18]超人不受任何外在宗教或道德价值的规制，他自身就是价值的创造者和评估者，也是自己生命的创造者和救赎者。在西方宗教文化传统中，上帝是人的意义和价值的源头，也是人的创造者和救赎者，而尼采却用超人置换了上帝，因而，超人实际上就是尼采心中的新上帝。尼采的超人不是现实中真实存在着的人，而是人们有待去实现的理想之人，他在人的创造性和超越性活动中获得其实在性，是人们通过自身的行动逐步实现和靠近的理想。布伯十分认同尼采对个体自身价值的肯定以及对人的创造性和自主性的强调，也深受尼采将超人视为一个有待人去实现的上帝的启发。只是，布伯对尼采的思想略有改造，在之后对德国神秘主义和犹太神秘主义的研究中，他将上帝视为一个有待人去实现的上帝，将人理解为通过自己的生存活动可以使上帝获得实在性的一种存在。[19]也就是

---

16 Grete Schaeder, *The Hebrew Humanism of Martin Buber*, trans. Noah J. Jacobs, Detroit: Wayne State University Press, 1973, p.31.

17 Nils Roemer, *Reading Nietzsche: Thinking about God Martin Buber, Gershom Scholem, and Franz Rosenzweig, American Catholic Philosophical Quarterly*, vol.83, no. 2（2010），p.430.

18 叶秀山：《何谓"超人"：尼采哲学探讨之二》，载《浙江学刊》，2001 年第 5 期，第 5 页。

19 Grete Schaeder, *The Hebrew Humanism of Martin Buber*, trans. Noah J. Jacobs, Detroit: Wayne State University Press, 1973, p.35.

说，上帝在世间的作为和影响离不开人的协助。如果说尼采的教导是让人自己成为上帝，那么，布伯则将其改造为，让人协助上帝成为上帝。

在宣称上帝之死后，尼采实际上否定了传统宗教在救赎人生方面的作用。在早期著作《悲剧的诞生》中，尼采赋予艺术以救赎的作用，他将以音乐为代表的酒神艺术提升至极高的地位，认为在一种"迷狂"（Ecstacy）的酒神状态中，人们可以体验到一种个体解体、与世界本体合一的境界。在这种境界中，人可以洞悉万物一体的真理，实现人与人、人与自然的统一。[20]尼采所描述的这种"迷狂"体验虽然排除了上帝的存在，但是，对于饱含宗教情怀的布伯来说，这种"迷狂"体验却为他提供了一条通达上帝之路。在早期对神秘主义的研究中，布伯就极为关注神秘主义中有关神秘经验的描述，为此，他还专门整理了古今神秘主义者对"迷狂"体验的相关论述，并汇编成一本名为《迷狂忏悔》的书籍。在之后的对话哲学时期，布伯虽然批判了这种"迷狂"的神秘宗教体验，但不可否认，布伯早期思想关注的核心焦点就是神秘的合一体验。如果说康德使布伯认识到理性在面对信仰问题时的局限，从而使之拒斥神学家和哲学家的上帝，那么，尼采对道德和宗教的批判使布伯进一步远离作为道德依据的上帝和制度化宗教中的上帝。在理性、道德和制度化的宗教之外，布伯从尼采所描绘的酒神的"迷狂"状态中找到了一条新的通向上帝之路，进而促使布伯开始关注神秘主义和神秘主义中"迷狂"的宗教体验。

三、师从狄尔泰：走向神秘主义

在布伯走向神秘主义的道路上，狄尔泰（Wilhelm Dilthey，1833-1911）是另外一位不可忽视的重要人物，这位现代著名的德国思想家是布伯的老师。布伯于 1898 年夏和 1899 秋在柏林大学学习，当时狄尔泰正任教于柏林大学。根据布伯档案馆的一份注册复印表，1899 年秋布伯参加过狄尔泰的有关施莱尔马赫的课程。[21]布伯在获得博士学位（1904）之后，一直居住在柏林，他不时地去柏林大学参加狄尔泰的讲座。[22]布伯与狄尔泰之间有着良好的师生关系，他称狄尔泰为"我的老师"，经常在朋友面前说自己受惠于狄尔泰，甚至将狄尔

---

20 尼采：《悲剧的诞生》，周国平译，北京：作家出版社，2012 年，第 67 页。

21 Steven Kepnes, *The text as Thou: Martin Buber's Dialogical Hermeneutics and Narrative Theology*, Bloomington and Indianapolis: Indiana University Press, 1992, p.155.

22 布伯 1906 至 1916 十年间一直生活在柏林附近，而狄尔泰从 1882 年至 1911 年去世之前一直任教于柏林大学。

泰视为与其最意气相投的老师。在狄尔泰去世时，布伯也帮助安排了老师的葬礼。狄尔泰在世时对自己的这位学生十分信任，他曾让布伯去编辑自己的一本书。[23]

布伯早期的神秘主义思想很大程度上是受狄尔泰生命哲学的启发，其中，狄尔泰的体验概念对布伯影响最大。体验（Erlebnis）概念是狄尔泰生命哲学的核心概念之一，这一概念贯穿在狄尔泰不同时期的学术著作中。狄尔泰本人也在不同时期对体验概念作了不同的规定，这些规定有时比较接近，有时又相距甚远，使得我们很难准确地把握狄尔泰的体验概念。狄尔泰的体验概念是为其生命哲学思想服务的。为了更好地理解体验概念，我们需要对狄尔泰的生命哲学思想有所了解。狄尔泰不同于传统哲学家的地方在于，他将生命视为其哲学的出发点。生命被狄尔泰比喻为一条溪流，他说："与生命相关的经验是一条活生生的溪流。"[24]个体的生命和作为共同体的生命是一条变动不居的生命之流，它无法为理性所把握和理解。这是因为，概念是不动的和普遍的东西，用普遍的、不动的概念去把握特殊的、变化的生命必然会扭曲活生生的生命之本质。鉴于生命现象的多样性和复杂性，如何把握和理解生命就成了狄尔泰思考的重要问题。

尽管狄尔泰认识到这个问题的困难之处，他还是提出要如其所是地认识和理解生命，坚持"以生命把握生命"，即从生命自身出发来把握和理解生命。[25]这意味着，"人通过自身参与实践活动而获得关于生命的知识。"[26]狄尔泰将体验视为其认识论的一块基石，"体验在这里是认识的关键，它把内在与外在结合在一起，人只有通过对人与外在世界、人与人之间交互作用的体验，才能得到正确的认识"。[27]在狄尔泰早期的思想中，体验被称之为"内在经验"，即意味着一种直接的知识。晚期狄尔泰一般直接用体验这个词，很少用其他的词来代指体验概念。总的来说，狄尔泰的体验（erlebnis）概念指的是一种活生生的、内在的经验，它与基于感觉材料的经验（erfahrung）不同，经验需经由认

23 Steven Kepnes, *The Text as Thou: Martin Buber's Dialogical Hermeneutics and Narrative Theology*, Bloomington and Indianapolis: Indiana University Press, 1992, p.7.
24 卢云昆，朱松峰：《以生命把握生命：狄尔泰哲学方法论初探》，载《世界哲学》，2010年第4期，第133页。
25 卢云昆，朱松峰：《以生命把握生命：狄尔泰哲学方法论初探》，第133页。
26 谢地坤：《走向精神科学之路：狄尔泰哲学思想研究》，南京：江苏人民出版社，2008年，第61页。
27 谢地坤：《走向精神科学之路：狄尔泰哲学思想研究》，第61页。

识的先天结构为中介来调节对感觉材料的感知，而体验这种内在的经验却是一种基本的和直接的实在。[28]在狄尔泰的认识论中，体验具有经验所不具有的认识论地位，它是人们认识动态的、非逻辑的人类生命或精神事件的最基本的能力，是获取精神知识的第一步，也是狄尔泰整个精神科学的基础。

由于狄尔泰体验概念的复杂性，他的这一概念也遭到不少人的误解。正如布伯研究专家门德斯·弗洛尔（Mendes-Flohr）所言："虽然狄尔泰并不认为体验可以提供本体的、更高形式的知识，他的很多热心崇拜者会作出此种推论，并且将体验视为特别蒙受天恩的认识能力。"[29]这意味着，狄尔泰的一些追随者误解了他的体验概念，认为体验是最高的认识能力，经由体验可以获取更深的知识，如康德所言的本体的知识或有关上帝的知识。在狄尔泰的这些追随者看来，经由体验，人们能够克服康德所说的现象界和本体之间的对立，或是克服神圣世俗之间的区别，从而获得本体或神圣实在的知识。作为狄尔泰的追随者，布伯并没有全盘接受狄尔泰的体验概念，而是在狄尔泰的基础上作了自己的理解。在早期对神秘主义的阐释和研究中，他与上述的狄尔泰追随者一样，将体验视为一种更高的认识能力。例如，在研究德国神秘主义的博士论文（1904）《朝向个体化问题的历史》中，布伯主要研究了库萨的尼古拉斯和雅各·波墨的神秘主义思想。他认为，神秘主义者可以通过体验来克服个体化原则的限制，从而直接与作为世界精神的原初体验合一。[30]布伯高扬体验，认为体验可以达至个体自身与世界精神的合一，这无疑受到狄尔泰体验概念的影响和启发。只是，较之于狄尔泰，布伯赋予了体验概念较多的神秘色彩。

在对宗教的理解上，狄尔泰对布伯也有很大的启发。狄尔泰使布伯认识到，宗教奠基于宗教经验，而不是建立在理性、道德或是外在的制度化的宗教之上。将宗教的基础建基于宗教经验，在这一点上，狄尔泰承继了其前辈施莱尔马赫（Friedrich Daniel Ernst Schleiermacher, 1768-1835）的思想。我们知道，自启蒙以来，西方思想界对宗教的批判使得宗教在社会中的影响和地位一落千丈，然而，施莱尔马赫对宗教思想的发展所作出的努力使基督教信仰获得了新的生机。与康德一样，施莱尔马赫反对将宗教知识视为科学或形而上学知识

---

28 Paul R. Mends-Flohr, *From Mythticism to Dialogue: Martin Buber's Transformation of German Social Thought*, Detroit: Wayne State University Press, 1989, p.17.

29 Paul R. Mends-Flohr, *From Mythticism to Dialogue: Martin Buber's Transformation of German Social Thought*, Detroit: Wayne State University Press, 1989, p.17.

30 Paul R. Mends-Flohr, *From Mythticism to Dialogue: Martin Buber's Transformation of German Social Thought*, Detroit: Wayne State University Press, 1989, p.18.

的一种形式，他认同康德在论述宗教问题上"限制知识以便为信仰留下地盘"的论断，也赞同康德在《纯粹理性批判》中对上帝存在论证的批判。然而，施莱尔马赫驳斥了康德的道德神学，认为道德并不足以设定上帝的存在。在《论宗教》（1799 年）一书中，施莱尔马赫明确地阐发了他的宗教思想，主张将宗教与科学、形而上学以及道德区分开来，认为宗教不是科学知识的对象，也独立于形而上学和道德，形而上学和道德虽然从属于宗教，但是却与宗教的本性不相干，宗教有自己的独立性。[31]对于施莱尔马赫，宗教的基础不是科学或形而上学的知识，也不是道德，而是直观和情感："宗教的本质既非思维也非行动，而是直观和情感。"[32]因为只有在直观（intuition）和情感（feeling）的统一中，有限的个体才能够产生出对无限者的绝对依赖。在之后的《基督教信仰》（1821-1822 年出版）一书中，施莱尔马赫用"绝对依赖感"（feeling of absolute dependence）来规定宗教的本质，进一步发展了他的宗教思想。无论是在《论宗教》中对直观和情感的关注，还是之后在《基督教信仰》中对"虔敬感"和"依赖感"的强调，施莱尔马赫实际上将宗教经验视为宗教的基础，他的情感神学"实际上是从人自身的角度来界定宗教，施莱尔马赫也就成了宗教人本学的先驱"，"同时这也开创了德国哲学-宗教哲学非理性主义的传统"。[33]

作为施莱尔马赫思想的研究者，狄尔泰基本上承继了施莱尔马赫从宗教经验来理解宗教的思路。在晚年论述宗教问题的一篇文章中，狄尔泰指出，启蒙对理性的推崇使得人们很难承认具有神秘性质的宗教经验，因为，在这些把理性作为一切衡量标准的理性主义者看来，宗教经验是非理性的；然而，施莱尔马赫却避免了这种指责，施莱尔马赫没有将宗教经验中的神秘情感解读为与上帝的合一，而是解读为一般人共同拥有的普遍意识。不仅如此，狄尔泰认为施莱尔马赫思想的价值还在于：传统神秘主义否定现实生活的价值，施莱尔马赫却肯定现实生活。[34]从狄尔泰对施莱尔马赫的评价，我们可以看出：一方面，狄尔泰认同施莱尔马赫从宗教经验的角度来理解宗教；另一方面，他认为以宗教经验为基础的宗教并不排斥现实生活，而是肯定现实生活。施莱尔马赫和狄尔泰的这一从宗教经验来理解信仰的思路对布伯启发很大，使他对强调

---

31 施莱尔马赫：《论宗教》，邓安庆译，北京：人民出版社，2011 年，第 18 页。

32 施莱尔马赫：《论宗教》，邓安庆译，第 30 页。

33 李毓章：《论施莱尔马赫宗教本质思想的意义》，载于《安徽大学学报》，2001 年第 5 卷第 6 期，第 74 页。

34 参见斯坦福哲学百科全书中有关狄尔泰的词条。

宗教经验的神秘主义产生了浓厚的兴趣。早在大学时期（1900 年左右），布伯就对德国神秘主义者艾克哈特大师等人的思想产生兴趣，甚至他把这种对神秘主义的兴趣延续到之后博士论文的研究中。1904 至 1909 年，布伯用了 5 年的时间来研究犹太神秘主义哈西德派思想。在对神秘主义的研究和阐释中，他主要从宗教体验这一维度来阐释信仰。布伯对神秘宗教体验的关注不仅仅停留在学术研究的层面，在现实生活中，他也在很长一段时间内沉浸于一种神人合一的神秘宗教体验。在学术研究和亲身体验的基础上，布伯发展出了自己的有关宗教体验的合一学说。在经历了一战等事件之后，布伯深刻认识到，过于关注神秘的宗教体验易于使人否弃现实生活，他这才从对个体宗教体验的关注转为强调人与人之间的相遇和对话，试图从人与人之间的"我一你"关系来理解信仰，但这个转变直到他成熟时期才最终完成。

在经历了康德与尼采哲学的洗礼之后，布伯抛弃了理性神学、道德神学以及制度化的宗教意义上的上帝。施莱尔马赫与狄尔泰的影响使他开始从非理性的宗教经验出发来理解宗教信仰，并最终导致他的研究兴趣和方向逐渐向关注宗教体验的神秘主义转变。

第二节　早期神秘主义思想

一、德国神秘主义研究

早在大学期间，布伯就深受德国神秘主义思想家艾克哈特（Meister Eckhart, 1260-1327）和安格鲁斯·思勒修斯（Angelus Silesius, 1624-1677）的影响，之后他又受到犹太神秘主义卡巴拉以及哈西德派思想的启发。神秘主义打破了传统宗教由教义和仪式所规定的神人关系，将人从一切外在的束缚中解放出来，强调人自身的创造性和自主性力量。这不仅与受到欧洲文化启蒙的布伯对个体自身价值和尊严的诉求相吻合，而且还为饱含宗教情怀的布伯在欧洲世俗文化和传统宗教之外找到了一种信仰的新形式，这是布伯早期关注神秘主义的一个重要原因。布伯从德国神秘主义那里吸收了"作为存在基础的无名的、非人格的上帝可以在人心中诞生"的思想，并将之与犹太神秘主义中"人有能力将既超越又把荣耀留存于世界之中的上帝统合起来"的思想结合起来，[35]进而发展出

---

35 Martin Buber, *Between Man and Man*, trans. Ronald Gregor Smith, London, New York: Routledge, 2002, p.219.

自己对神人关系的基本理解：上帝的实在性需要人来实现，通过人的生存活动，上帝可以在世间获得他的实在性。[36]传统宗教将上帝视为人的命运的主宰者和救赎者，而将人贬抑为有待上帝拯救的罪人。但在布伯对神人关系的初步理解中，人却成为上帝在世间获得其实在性的决定性要素，这无疑极大地提升了人在神人关系中的地位和作用。

布伯对神秘主义的兴趣直接影响了他的学术方向，他的博士论文《朝向个体化问题的历史》（1904）就是有关德国神秘主义的研究，这篇论文主要考察了文艺复兴时期德国神学家库萨的尼古拉（Nicholas of Cusa, 1401-1464）和雅各·波墨（Jacob Boehme, 1575-1624）思想中的"个体化问题"（the problem of individuation）。此外，布伯的博士论文还是其计划完成的论著的一个组成部分，该论著试图梳理西方哲学史中个体化问题的历史，探讨从亚里士多德到斯宾诺莎直至现代哲学思想中的个体化问题。遗憾的是，他的这部论著最终并没有撰写出来。[37]在博士论文中，与一般学者的理解不同，布伯将库萨和波墨视为形而上学个人主义的奠基人，认为二者共同关注事物的多样性的意义和起源问题；[38]同时，布伯也指出，在思考事物多样性的起源问题时，二者都认为感官世界的多样性是由统一（the unity）生发出来的——这种思想其实是对新柏拉图主义的一种复兴。

事实上，布伯所关注的个体化问题是一个古老的哲学问题，即如何理解一与多的关系问题。换言之，即世界的统一性和事物多样性之间的关系问题。在西方哲学史上，柏拉图认为纷繁复杂的现象世界统一于永恒不变的理念世界。在处理现象世界和理念世界的关系时，柏拉图试图用分有概念去沟通现象世界与理念世界。之后的新柏拉图主义者保留了柏拉图哲学的超验性，将柏拉图的理念世界浓缩为一，用流溢说来解释世界各个等级的逐次产生。[39]新柏拉图主义对基督教神学产生了重要影响，在基督教神学的构架下，个体化问题实际上就转换为上帝与由个体存在所组成的世界的关系问题。我们知道，在中世

---

36 Martin Buber, *Between Man and Man*, trans. Ronald Gregor Smith, London, New York: Routledge, 2002, p.219.

37 Gilya Gerda Schmidt, *Martin Buber's Formative Years: From German Culture to Jewish Renewal, 1897-1909*, Tuscaloosa and London: The university of Alabama Press, 1995, p.35.

38 Paul R. Mends-Flohr, *From Mythticism to Dialogue: Martin Buber's Transformation of German Social Thought*, Detroit: Wayne State University Press, 1989, p.58.

39 李秋零：《上帝·宇宙·人》，北京：中国人民大学出版社，1992年，第79页。

纪，神学凌驾于其他学科之上，它所关注的核心是上帝，世界的多样性和个体存在的价值被神学家们所忽视。作为一位天主教主教、一位著名的神学家、哲学家和数学家，库萨的思想在很大程度上突破了中世纪思想的局限。他开启了对个体化问题的讨论，伴随着对此问题讨论的加深，个体的无限价值也得到了尊重和发现。[40]布伯将库萨视为第一位近代思想家，他认为，库萨思想的核心就在于坚持每一个事物都具有的绝对不可替代的价值。

库萨对个体价值的肯定主要体现在他对个体化世界和上帝关系的理解上。在考察千差万别的有限事物如何从无限的上帝中产生的问题时，库萨抛弃了圣经中有关上帝从无中创造出整个世界的说法，代之以"分有"说来说明有限与无限之间的关系。对于库萨，所有的个体存在都在一定程度上分有上帝，上帝是万物的最终根据或原型。但是，人们不禁会问，作为万物根据的上帝是无限和唯一的，为何作为分有共同根据的个体存在却是有限的和多样的呢？库萨对此的解答是，个体存在的不同是由于分有上帝的程度差异造成的。库萨用"包容"和"展开"这两个概念进一步描述了万物和上帝之间的关系，他说："就一切事物在上帝之中来说，上帝是一切事物的包容者；就上帝在一切事物之中来说，上帝是一切事物的展开者。"[41]这意味着，上帝作为包容者，他将一切事物包容在自身之内，上帝作为展开者，他使一切事物具有自身独特的存在，上帝既是包容者也是展开者。[42]

就上帝展开了一切事物而言，万物也展开了上帝，正是万物使得上帝得以展开。对于库萨，事物的个体化程度越高，对上帝的展开的程度也就越完全，即个体将自身的存在展开得越是充分，上帝展开自身的程度就越是完全。换句话说，经由每一个事物自身存在的展开，上帝呈现于多样性之中，[43]这样，多样性的个体存在与独一的上帝也就统一起来了。学者保罗·门德斯·弗洛尔（Paul Mendes-Flohr）曾这样描述库萨思想中个体化世界与上帝之间的关系，他说："为了推动上帝的自我启示，这种自我启示是一个连续的过程，上帝寻求一个个体化的世界；因此每一个存在的义不容辞的义务就是完全地展现它

---

40 Paul R. Mends-Flohr, *From Mythticism to Dialogue: Martin Buber's Transformation of German Social Thought*, Detroit: Wayne State University Press, 1989, p.59.

41 李秋零：《上帝·宇宙·人》，北京：中国人民大学出版社，1992年，第82页。

42 李秋零：《上帝·宇宙·人》，第82页。

43 Phil Huston, *Martin Buber's Journey to Presence*, New York: Fordham University Press, 2007, p.55.

的个体性，从而促进上帝的自我启示。"[44]布伯认为，库萨思想的核心是坚持个体的独特性和个体绝对不可替代的价值。[45]事实上，库萨将世界的进程等同于上帝自身的展开，这是一种泛神论思想："这种泛神论认为上帝存在于万物之中，又超脱于万物之外，""这种泛神论将每一个个体的存在视为神圣的，并且将每个个体存在视为从一个不可见的起源发散出来的，然而，起源的统一和整体性没有被这种发散和展开所损坏。"[46]

在考察了库萨的个体化思想后，布伯对波墨思想中的个体化问题也进行了论述。布伯将波墨称为德国神秘主义中的个人主义者，他认为波墨的思想介于一神论和泛神论之间，并且，在波墨那里，个体化的问题（或一与多的问题）被视为创造的问题。[47]波墨的上帝在创造之前是一个"没有存在的永恒意志"（eternal will without being），用布伯的话来说，是一个"非理性的、活力潜能的统一"（the unity of an irrational dynamic potentiality）。[48]这样的上帝是绝对的统一，没有多元性包含其中，但内部却包含着一种要去现实化（actualized）的努力，这种想要获得现实性（actualization）的欲望使得上帝去运动和自我启示。[49]上帝的自我运动和自我启示需要一个个体化的世界，因为上帝只有在一个个体化的世界中才可以运动，并且，作为绝对的非理性的上帝无法通过理性获得有关自身的知识，只有通过个体化的世界上帝才能认识自己。[50]对于波墨，上帝的运动和自我启示是创造的过程，它与个体化世界的发展进程是一致的，因此，创造不是一个已经发生过的事件，而是每一个事物都参与其中和正在发生着的过程，并且创造的过程也就是个体化世界发展的过程。在处理上帝与个体化世界的关系上，波墨强调，在具有多样性的个体化世界中，上帝本质上是"动

44 Paul R. Mends-Flohr, *From Mythticism to Dialogue: Martin Buber's Transformation of German Social Thought*, Detroit: Wayne State University Press, 1989, p.59.

45 Phil Huston, *Martin Buber's Journey to Presence*, New York: Fordham University Press, 2007, p.55.

46 Grete Schaeder, *The Hebrew Humanism of Martin Buber*, trans. Noah J. Jacobs, Detroit: Wayne State University Press, 1973, p.55.

47 Phil Huston, *Martin Buber's Journey to Presence*, New York: Fordham University Press, 2007, p.55.

48 Grete Schaeder, *The Hebrew Humanism of Martin Buber*, trans. Noah J. Jacobs, Detroit: Wayne State University Press, 1973, p.57.

49 Paul R. Mends-Flohr, *From Mythticism to Dialogue: Martin Buber's Transformation of German Social Thought*, Detroit: Wayne State University Press, 1989, p.60.

50 Paul R. Mends-Flohr, *From Mythticism to Dialogue: Martin Buber's Transformation of German Social Thought*, Detroit: Wayne State University Press, 1989, p.60.

态的个体化原则"（dynamic principle of individuation）和"永恒的生产性力量"（eternally productive power），[51]他存在于一切事物之中。因此，每一个个体存在虽然在形式上千差万别、各具特点，但在本质上却是同一的。

在布伯看来，与库萨一样，波墨肯定个体存在的独特性，认为个体存在的内在目标就是维持自身的独特性，而且，个体存在的自我实现为世界的发展提供了动力；波墨指出，事物多样性引发的矛盾会使世界进程产生冲突，但他同时也指出，伴随着这种矛盾，事物也有一种趋于和谐的相反运动，即返还到原初统一状态的趋势。[52]正是在这个意义上，布伯对波墨"上帝的双重意志"（God's twofold will）概念作出了自己的解读，他认为，波墨将之比喻为"光"（light）与"火"（fire）的"上帝的双重意志"具有两层含义：其一，上帝有"趋向个体化的永恒的努力"；其二，"在个体化中获得实在性的上帝也有回归原初根据（primal source）或无本质的统一（essenceless unity）的欲望"。[53]这两个方面的关系类似于光与火的关系，赫拉克利特的话可以很好地说明这种关系：事物的多样性最终会返还到原初之火的统一之中。[54]

经由博士论文中布伯对库萨和波墨个体化思想的讨论，我们不难发现，库萨和波墨在一定程度上颠覆了传统宗教对上帝和个体化世界关系的理解。在传统宗教中，特别在基督教神学中，上帝和世界都是静态的和完成的，上帝是世界的根源和依据，世界是上帝的造物。由于基督教向往彼岸的超越世界，贬抑此岸的现实世界，因而，在基督教看来，现实世界在一定意义上是有待克服和超越的。相反，在库萨和波墨的思想中，上帝和世界都是动态的和生成的，上帝需要一个生成着的个体化的世界来启示和展现自身，从而在世界中获得具体的实在性。库萨和波墨肯定个体化世界的存在，认为个体化世界对上帝而言具有重要的意义和价值。在布伯的博士论文中，我们很难分辨布伯在多大程度上如实地阐释了二者的思想，（学者 Greter 指出，布伯对二者的解读忽视了库萨和波墨思想中的基督教因素），也很难分辨布伯在多大程度上认同二者的

---

51 Grete Schaeder, *The Hebrew Humanism of Martin Buber*, trans. Noah J. Jacobs, Detroit: Wayne State University Press, 1973, p.58.

52 Paul R. Mends-Flohr, *From Mythticism to Dialogue: Martin Buber's Transformation of German Social Thought*, Detroit: Wayne State University Press, 1989, p.60.

53 Paul R. Mends-Flohr, *From Mythticism to Dialogue: Martin Buber's Transformation of German Social Thought*, Detroit: Wayne State University Press, 1989, p.61.

54 Paul R. Mends-Flohr, *From Mythticism to Dialogue: Martin Buber's Transformation of German Social Thought*, Detroit: Wayne State University Press, 1989, p.61.

思想。但是，库萨和波墨无疑对布伯产生了重要影响，二者使布伯认识到，承认个体的价值和坚守对上帝的信仰之间是不矛盾的。在库萨和波墨的思想中，世界在本质上是统一于上帝的，这种对世界统一性的肯定无疑也是布伯所认同的。自幼失去母爱的布伯对人与人、人与世界和人与上帝之间的分离非常敏感，这使得他早期对统一有一种执着的追求，库萨和波墨对世界统一性的肯定无疑缓解了布伯内心深藏的这种渴求。

二、哈西德主义的复兴

布伯对犹太教哈西德主义的复兴实际上是一次精神寻根之旅。我们知道，青少年时期，布伯与祖父母生活在一起，他的精神世界是有稳固根基的，那就是犹太教。然而，离开祖父母之后（14 岁），布伯进入了他称之为"混乱年纪"（whirl of the age）时期。自此直到 20 多岁期间，布伯的精神在紧张和松弛两种状态之间交替，他的思想虽然受到多方面的影响，但却没有一个稳固的中心。[55]晚年布伯曾形象地描绘自己当时的精神状况：就像一个流浪的灵魂（wandering soul）栖居于一个混乱的世界（world of confusion），然而，在他复杂的精神世界中，"却没有犹太教、没有人道、没有神圣的在场"。[56]大学时期，布伯参加了犹太锡安运动，这是他走出无中心、无目标的混乱时期，重返那个曾经给予他的精神、灵魂以滋养的世界所跨出的第一步。然而，不久后，布伯发现，锡安运动实际上只是一种外在的政治运动，缺乏精神复兴的力量。[57]它既不能给犹太人带来精神文化的复兴，也不能为他的精神世界提供一个稳固的根基。因此，布伯试图在犹太哈西德主义那里寻求这种精神更新的力量。哈西德主义不仅给予了布伯一些新的宗教灵感，而且满足了布伯对一种特有的犹太精神形式的渴求，有效地解决了布伯所关注的现代人与上帝分离的问题。

哈西德主义[58]（Hasidism）是东欧犹太人的一个虔敬运动，产生于 18 世纪的波兰，以色列·巴尔·闪（大约 1700-1760）是运动的开创者。以色列·巴

---

55 Martin Buber, *Hasidim and Modern Man*, ed. and trans. Maurice Friedman, New York: Horizon Press, 1958, p.57.

56 Martin Buber, *Hasidim and Modern Man*, ed. and trans. Maurice Friedman, New York: Horizon Press, 1958, p.57.

57 Laurence J. Silberstein, *Martin Buber's Social and Religious Thought*, New York & London: New York University Press, 1989, p.44.

58 哈西德（Hasid）是虔敬的意思，希伯来文为חסיד，英文为 pious。复数为 Hasidim，其希伯来文为חסידים。

尔·闪和他的追随者们开创了一种新的犹太生活方式，这种生活方式强调所有犹太人都有能力在每一件事中经由自己的所思、所言和所行来亲近上帝。尽管哈西德运动遭到了拉比犹太教的迫害和西欧犹太人的排斥，然而，这一运动却在东欧犹太人那里迅速发展。哈西德派在东欧等地建有自己的社区，每一个社区都有自己的拉比。作为社区的领袖，拉比也被人们称为柴迪克[59]。每一个柴迪克都有自己独特的教诲，他们将自己的教诲传授给社区里的人，以便人们可以与上帝建立一种直接的联系。[60]在哈西德运动的晚期，世袭制的王朝开始产生，拉比们从此住在高大的宫殿中，成为人神之间的中介。[61]

哈西德主义受到犹太神秘主义卡巴拉思想的重要影响，它关注的是个人对上帝的直接经验，而不是个人对教义的信守以及对教仪的遵循，这使得它与拉比犹太教形成鲜明对比。在传统拉比犹太教中，拉比是受过正规犹太教育、系统学习过犹太教经典《希伯来圣经》和《塔木德》的有学识的学者。哈西德派不像拉比犹太教那样注重有关托拉的知识，在哈西德派中，柴迪克们的知识远不如性格或人格魅力重要。这样，托拉和宗教经典的知识在宗教价值的衡量中地位下降，代之以对宗教人物自身的崇拜，这无疑是对宗教价值的一种非理性化的过程。著名的犹太神秘主义研究专家索伦在评价哈西德运动时说："柴迪克自己'成了托拉'。不是他的知识而是他的生活赋予了他宗教价值，他是托拉的具体体现。"[62]哈西德主义的这种非理性特征使得它受到西欧犹太人和犹太学者的排斥。在西方犹太人那里，"哈西德是中世纪非理性主义和迷信的一种返祖的遗迹。它被视为一种陈旧的生活方式，如果犹太人想融入西方社会，就必须抛弃。"[63]同样，对于西方的犹太学者，"哈西德主义与他们了解的理性犹太教精神是对立的。"[64]

---

59 柴迪克（Tzadik）是义人的意思，希伯来文为 צדיק，英文为 the righteous or justified man，英文音译为 Tzadik/Zadik/Sadiq，复数为 צדיקים（tzadikim/ʒadiqim）。

60 Maurice Friedman, *Encounter on the Narrow Ridge: A Life of Dialogue*, New York: Paragon House, 1991, p.38.

61 Maurice Friedman, *Encounter on the Narrow Ridge: A Life of Dialogue*, New York: Paragon House, 1991, p.38.

62 索伦：《犹太教神秘主义主流》，涂笑非译，成都：四川人民出版社，2000年，第334页。

63 Laurence J. Silberstein, *Martin Buber's Social and Religious Thought*, New York & London: New York University Press, 1989, p.45.

64 Laurence J. Silberstein, *Martin Buber's Social and Religious Thought*, New York & London: New York University Press, 1989, p.45.

布伯对哈西德主义的推崇表明了他对崇尚理性精神的欧洲后启蒙文化的厌弃，他试图在哈西德主义中寻找拯救现代人性危机的智慧和力量。早在和祖父母一起生活的时候，布伯就在祖父的影响下对哈西德派留下深刻的印象。根据布伯在《我走上哈西德主义之路》一文中的描述，童年时期的布伯每年夏天都在位于布科维亚（Bukovina）的祖父的庄园里度过，祖父不时地带上布伯到附近的村庄萨达戈哈（Sadagora）去。[65]萨达戈哈是柴迪克王朝的所在地，布伯的祖父经常带着布伯到这里的哈西德派会堂中去祈祷，布伯因此接触到了哈西德教派，哈西德派拉比给童年时期的布伯留下了深刻的印象。在经历了青少年时期的思想动荡、欧洲的求学历程以及犹太锡安运动之后，布伯又重新回到童年时期就曾接触过的犹太哈西德主义思想世界。

从 26 岁开始，布伯谢绝一切外在繁杂的活动，不再参与锡安运动，也不再撰写论文或对外发表演讲，而是全身心地沉浸于哈西德主义研究之中。[66]这项研究持续了长达五年（1904-1909）之久。布伯之所以投入这么多的时间和精力来研究哈西德主义，就是在于，他希望从哈西德派思想中寻求一种新的犹太精神形式，以便解决现代人神圣和世俗相分离的问题。学者劳伦斯·西尔伯斯坦（Laurence Silberstein）明确地指出了布伯哈西德主义研究的内在诉求，他说："布伯现在将他的主要精力用于研究、翻译和传播哈西德主义教诲。经由这些努力，他希望为与其同时代异化的犹太人找到一条道路，以疏通将他们与神圣者分离的鸿沟。而且，布伯相信，哈西德主义不仅有力量对现代犹太人说话，还有力量回应精神上的人性危机。"[67]

在布伯看来，相较于东方和基督教神秘主义，犹太哈西德神秘主义更为繁琐，易于使人产生困惑。然而，哈西德主义对于克服现代人的人性危机具有重要的意义和价值，它有效地解决了现代危机中神圣（the sacred）与凡俗（the profane）相分离的问题。[68]布伯对哈西德主义的研究主要基于哈西德派圣徒的传奇故事、言论集和警句格言，而不是圣经评注和相关学术文献。他于 1906 年和 1908 年

65 Martin Buber, *Hasidim and Modern Man*, ed. and trans. by Maurice Friedman, New York: Horizon Press, 1958, p.58.
66 Martin Buber, *Hasidim and Modern Man*, ed. and trans. by Maurice Friedman, New York: Horizon Press, 1958, p.59.
67 Laurence J. Silberstein, *Martin Buber's Social and Religious Thought*, New York & London: New York University Press, 1989, p.44.
68 Martin Buber, *Hasidim and Modern Man*, ed. and trans. Maurice Friedman, New York: Horizon Press, 1958, p.39.

整理出版了两本哈西德派大师的传奇故事，分别是《拉比拉赫曼的故事》和《美名大师传奇》[69]。在这两本书中，布伯通过整理和重述哈西德派大师的传奇故事，揭示了哈西德思想的内在精髓。此外，在《哈西德的生活》（1908）和《我走上哈西德主义的道路》（1918）[70]等文章中，布伯对哈西德派思想进行了较为详细的阐发和论述。与以索伦[71]为代表的西方犹太学者所坚守的历史主义研究方法不同，布伯对哈西德主义的研究采用的是狄尔泰的解释学的方法。因此，在研究中，他关注的是哈西德主义对于当下生活的意义，而不是试图去还原哈西德主义的历史和思想原貌。经由对哈西德主义的发现和再创造，布伯使那些已经失去犹太文化根基的西欧犹太人对犹太文化有了一定的了解，也使得被整个西方文化所蔑视和忽略的哈西德运动转变为一个重要的世界性神秘运动。[72]

布伯对哈西德主义中神、人、世界三者关系的阐释在一定程度上体现了他的上帝观，因而，对布伯早期哈西德主义研究著作的考察有助于我们理解布伯早期的上帝观。在《我走上哈西德主义的道路》一文中，布伯将哈西德主义的教导总结为一句话，即"上帝在每一个事物中都可以被发现，并在每一个纯粹的行为中被通达"。[73]布伯对哈西德主义的这种概括和总结，是基于考察哈西德派大师（拉比拉赫曼和其祖父美名大师等）一生的传奇故事和言行而得出的。在这些大师当中，拉比拉赫曼的思想较为明显地体现了哈西德派的此种教诲。根据布伯《拉比拉赫曼的故事》一书的叙述，拉比拉赫曼童年时期就努力寻求上帝，但他忽视了哈西德主义所强调的在喜悦中侍奉上帝的教诲，而是反其道而行之，试图通过折磨自己、禁食、不休息等禁欲的方式来亲近上帝。他经常为了上帝而受苦，然而却一直得不到上帝的回应和注意，这使得他非常绝望。童年时代的拉赫曼一直将世界视为他通达上帝的障碍而加以拒斥，但他同时也拥有一种喜悦的气质，并对世界之美拥有一种清晰的感受。[74]拉赫曼婚后居住在乡下，这时，他才真正与大自然接触。在与

---

69 美名大师即是哈西德派运动的创建者以色列·巴尔·闪。

70 《哈西德的生活》是《美名大师传奇》的第一部分，它与《我走上哈西德主义的道路》一文都被收录于《哈西德与现代人》一书中。

71 索伦还专文批评了布伯的哈西德主义研究，具体可参见他的 *Martin Buber's Hasidism* 一文。

72 Martin Buber, *Hasidim and Modern Man*, ed. and trans. Maurice Friedman, New York: Horizon Press, 1958, p.11.

73 Martin Buber, *Hasidim and Modern Man*, ed. and trans. Maurice Friedman, New York: Horizon Press, 1958, p.49.

74 Martin Buber, *The Tales of Rabbi Nachman*, New York: Horizon press, 1956, p.23.

大自然的亲密接触中,"他发现他的上帝存在于一切事物之中",并且,"对他而言,每一个事物都是通向上帝的另一个道路"。[75]拉赫曼从否定世界、禁欲到肯定世界、在喜悦中侍奉上帝的转变,体现了传统犹太神秘主义和哈西德主义之间极为重要的区分:前者将世界视为通达上帝的阻碍加以排斥,而后者将世界视为通向上帝的途径加以肯定。

根据布伯的解读,哈西德派不仅认为上帝存在于一切事物之中,而且认为人们在神秘的宗教体验中可以通达上帝。布伯将"迷狂"的宗教体验视为哈西德主义中通达上帝的一个重要的途径,他十分强调"迷狂"的宗教体验在哈西德派生活中的重要性。在《拉比拉赫曼的故事》一书的开头,布伯对犹太神秘主义作了概括性地介绍,认为犹太哈西德神秘主义的精髓在于将"迷狂(Hitlahavut/ecstasy)视为生存的巅峰"(ecstasy as to the summit of existence)。在布伯看来,"迷狂"不是基督教神秘主义所描述的灵魂的湮灭,而是灵魂的展开;"迷狂"也不是灵魂的自我限制和自我弃绝,而是自我实现的灵魂汇入到绝对者之中。[76]在《美名大师传奇》一书的第一部分,布伯也将迷狂视为哈西德派大师生命的一个重要特征。但是,他并没有对"迷狂"进行概念上的界定,而是通过哈西德派大师的一些名言警句来揭示"迷狂"的含义。根据布伯,"迷狂"是一种神秘的神人合一体验,它可以发生在任何地点和任何时间,处于迷狂状态的人也处于神圣之中。[77]迷狂"不是瞬间陷入永恒之中"(sudden sinking into eternity),而是一个阶梯一个阶梯地向无限的攀升,[78]经由不断地攀升,人们能够在迷狂中达至一切教导和诫命的根基,即上帝、合一或无限,从而摆脱世间的一切束缚。迷狂"超越了自然、时间、和思想",[79]在迷狂状态中,过去和未来都汇集于当下(the present)这一维度,此时时间收缩,只有此刻(the moment)存在,并且此刻就是永恒。[80]

---

75 Martin Buber, *The Tales of Rabbi Nachman*, New York: Horizon press, 1956, p.24.

76 Martin Buber, *The Tales of Rabbi Nachman*, New York: Horizon press, 1956, p.10.

77 Martin Buber, *The Legend of the Baal-Shem*, trans. Maurice Friedman, London: Routledge. 2002, p.3.

78 Martin Buber, *The Legend of the Baal-Shem*, trans. Maurice Friedman, London: Routledge. 2002, p.4.

79 Martin Buber, *The Legend of the Baal-Shem*, trans. Maurice Friedman, London: Routledge. 2002, p.5.

80 Martin Buber, *The Legend of the Baal-Shem*, trans. Maurice Friedman, London: Routledge. 2002, p.6.

布伯将"侍奉"（Avoda/service）视为哈西德派大师生命的另一重要特征。他说："迷狂（Hitlahavut）是在时空之外被上帝所包容，而侍奉（Avoda）是在时空中对上帝的服侍。"[81]迷狂是人们在时空之外通达上帝的一种途径，侍奉是人在时空之中向其他灵魂的敞开。那么，哈西德派究竟是如何侍奉上帝的呢？布伯认为，哈西德派侍奉上帝的方式是多种多样的，他说："没有特别的行为被选作为侍奉。上帝希望人们用各种方式来侍奉他。"[82]布伯指出，传统犹太教通过教诲（the teaching）、祈祷（prayer）和实现诫命（fulfillment of the commandments）等途径侍奉上帝，哈西德派在吸收借鉴传统犹太教思想的基础上，拓宽了侍奉上帝的方式。哈西德派认为，在与其他造物打交道的过程中，人们只要心怀上帝、忠于上帝，那么，即便是在聆听或向他人诉说这样的日常行为中，人也在侍奉上帝。哈西德派之所以将人与其他存在者的关系视为通达和侍奉上帝的重要途径，就在于，在哈西德派的思想中，上帝经由创造世界而具有了超越和内在的双重性特征。就上帝的本质来说，上帝远离被造物的世界；就上帝的在场（即上帝的 Shekina，上帝被放逐的内在性）而言，上帝内居于一切事物之中。而在一切事物之中，唯有人可以通过自身与其他造物的神圣联结让上帝得以统一。[83]如果说迷狂是通过神秘的宗教体验来达至神人之间的合一，那么，侍奉就是通过在人与万物之间建立一种神圣的关系从而使上帝达至与其自身的统一。

由上述可知，在早期对哈西德主义的研究中，布伯关注哈西德派思想中的神秘合一体验。不仅如此，在现实生活中，布伯也曾沉迷于神秘的宗教体验，因而，从思想和现实两个层面来看，我们或许可以得出这样的结论：早期布伯对哈西德主义的研究不仅仅停留在学术研究的层面，而且也拓展到他的现实生活中的信仰层面。因此，我们可以说，在前对话哲学时期，布伯所理解和信仰的上帝是在神秘宗教体验中通达的上帝。布伯的哈西德主义研究贯穿于其一生学术生涯之中。在不同时期，他对哈西德主义的阐释是有所不同的。在早期的哈西德主义研究中，在对上帝的理解上，布伯认为哈西德派

---

81 Martin Buber, *Hasidim and Modern Man*, ed. and trans. Maurice Friedman, New York: Horizon Press, 1958, p.84.
82 Martin Buber, *Hasidim and Modern Man*, ed. and trans. Maurice Friedman, New York: Horizon Press, 1958, p.86.
83 Martin Buber, *Hasidim and Modern Man*, ed. and trans. Maurice Friedman, New York: Horizon Press, 1958, p.88.

思想中的上帝既是超越的，也是内在的，不过，他更为强调上帝在世界中的在场，这种观点一直延续到对话哲学时期；在对神人关系的理解上，布伯早期关注的是哈西德派思想中神秘的合一体验，认为人与上帝之间可以达至神秘的合一，这种观点在对话哲学时期却有所变化，在对话哲学时期对哈西德主义的阐释中，他认为哈西德主义所揭示的神人关系是"我——你"对话关系。布伯在不同时期对哈西德主义的不同阐释，是与其哲学思想的变化有着根本的关联的。

三、合一与实现的学说

在前对话哲学时期，布伯的著作主要围绕着神秘主义这一主题。例如，布伯的博士论文《朝向个体化问题的历史》（1904）是对德国神秘主义的研究；他的作品《拉比拉赫曼的故事》（1906）和《美名大师传奇》（1908）是对犹太神秘主义的研究。除此之外，布伯对东方神秘主义也抱有浓厚的兴趣。他整理了东西方神秘主义者关于论述"迷狂"这一神秘宗教体验的资料，汇编成《迷狂自白》（1909）一书，并且出版了《庄子的言论和寓言》（1910）与《中国爱情和鬼神故事》等书。纵观神秘主义时期的著作，我们可以把布伯这一时期的思想用两个核心概念来概括："合一"[84]（unity）与"实现"（realization）。

布伯提出的"合一"学说与他加入的"新社会"圈子的理念有着直接关联。"新社会"是由海因里奇·哈特（Heinrich Hart）和尤利乌斯·哈特（Julius Hart）创建和领导的组织。该组织是一种与审美主义、尼采的英雄主义、生命哲学以及新浪漫主义相关联的文化团体，它的核心世界观主要是由文学乌托邦和以体验为中心的神秘主义塑造而成的。[85]"新社会"拒绝二元论，宣称要克服弥漫在生活中的精神的二元性特征。这种精神的二元性在哲学上最为典型的表现是将"我"和"客观的世界"相分离，将生活视为事物的多样性和人们欲求的统一之间的连续冲突，而人们所欲求的统一——也可以被称为上帝、绝对的本质或极乐——却永远在实存的世界之外。[86]"新社会"认为，以上旧世界观最终要被由现代科学所开启的新世界观所替代。现代科学将世界构想

---

84 根据具体情境，在本文中，unity 有时译为统一，有时译为合一，二者的含义相近。

85 Paul R. Flohr and Bernard Susser, "Alte und neue Gemeinschaft: An Unpublished Buber Manuscript," *AJS Review*, Vol. 1（1976）, p. 42.

86 Paul R. Mends-Flohr, *From Mythticism to Dialogue: Martin Buber's Transformation of German Social Thought*, Detroit: Wayne State University Press, 1989, p.55.

为一个"永恒的变动之流"（eternal flux），"无限的宇宙不是僵硬的、静止的实体……宇宙是永恒的生产者，它处于永恒的变化和自我发展之中"，[87]在永恒的变动之流中，多样性仅仅是这一统一整体的不同表现。因此，在这种新的世界观中，统一性寓于多样性之中，同样，多样性也寓于统一性之中。与旧世界观中的二元论将世界的多样性和统一性视为两个相互对立的范畴不同，在新世界观中，二者的关系由相互对立变成了一种相互融合、协调的关系。因此，世界的统一，亦即上帝、绝对的本质或极乐，不是外在于人的，而是本质上与个体生命同一的。[88]用"新社会"的创建者海囚里奇·哈特的话来说，"世界就是所有的事物，在它之外无物存在；在世界背后没有本质，没有物自体。"尤利乌斯·哈特也说，"你就是物自体！你就是上帝——世界的中心。"[89]

在"新社会"成员的思想中，上帝本身就寓于多样性的世界之中，因此，人们无法在一个外在于世界的形而上学的领域寻求上帝，而唯有在多样性的现象世界之中发现上帝。由于多样性的现象世界是自我所表象的世界，所以，自我与上帝在本质上是同一的。一旦人们认识到自我与上帝在本质上是同一的，人与世界之间的鸿沟便消除了，旧的我与客观世界的二元对立关系也就消失了。所以说，整个世界只不过是我的"我"，我的"我"也只不过是外在于我的世界。[90]根据布伯研究专家保罗·门德斯·弗洛尔（Paul Mendes-Flor），"新社会"倡导的其实是一种"实体一元论"（substantial monism），这种一元论思想与尼采所赞扬的狄奥尼索斯和赫拉克利特的智慧类似。尼采和"新社会"都强调多样性和统一性之间本体上的关联，从哲学上来说，这是对贬低此时此地的个体化世界的观念论的一种批判。[91]在弗洛尔看来，"新社会"的"实体一元"论避免了观念论对个体化世界的贬低，因为，它不像观念论那样将个体化世界视为虚而不实的假象，而是承认具有多样性的个体化世界

87　Paul R. Mends-Flohr, *From Mythticism to Dialogue: Martin Buber's Transformation of German Social Thought*, Detroit: Wayne State University Press, 1989, p.55.

88　Paul R. Flohr and Bernard Susser, "Alte und neue Gemeinschaft: An Unpublished Buber Manuscript," *AJS Review*, Vol. 1（1976）, p. 43.

89　Paul R. Flohr and Bernard Susser, "Alte und neue Gemeinschaft: An Unpublished Buber Manuscript," *AJS Review*, Vol. 1（1976）, p. 43.

90　Paul R. Flohr and Bernard Susser, "Alte und neue Gemeinschaft: An Unpublished Buber Manuscript," *AJS Review*, Vol. 1（1976）, p. 43.

91　Paul R. Mends-Flohr, *From Mythticism to Dialogue: Martin Buber's Transformation of German Social Thought*, Detroit: Wayne State University Press, 1989, p.56.

的价值和意义。对于"新社会",实存着的多样性世界是唯一的实在,在此领域之外,并不存在一个包含着统一或上帝的形而上学的领域,统一或上帝正是蕴含于这个多样性的世界之中,唯有在实存着的生命中,统一或上帝才能得以实现。

布伯经由"新社会"的成员兼自己的朋友古斯塔夫·兰道尔(Gustav Landauer, 1870-1919)的介绍加入了该组织,并于1901在"新社会"举办的讲座中发表了名为《新社会和旧社会》的演讲。此文中,布伯承继了"新社会"强调的"我"与世界合一(the unity of I and the world)的思想,他将"我"与世界的合一理解为人被神圣情感所震撼的时刻。根据布伯的论述,这种合一体验将人身处其中的常规突然打断,从而使人从所有的束缚中解放出来,发现不可言说的生命意义,并在这一神圣的时刻实现自己原初的统一。[92]在三年后提交的有关德国神秘主义研究的博士论文,以及之后的犹太哈西德主义研究中,布伯在吸收借鉴"新社会"所倡导的思想的基础上,进一步综合了基督教和犹太教神秘主义思想,逐步形成了自己的合一学说。

布伯的合一学说主要倡导神人合一的神秘主义观点。经由对"迷狂"概念的论述,布伯进一步阐释了他的合一学说。在《迷狂自白》(1909)一书的导言中,布伯将迷狂视为超越个体化世界、通达合一的一种神秘体验。迷狂体验与对时空之内的现象世界的外在经验不同,它是一种对上帝的直接的内在体验。在迷狂体验中,"灵魂经验到我的统一(unity),在这种统一中我与世界合一"。[93]布伯用一个形象的例子对这种合一体验作了说明:当一个男人拥抱自己心爱的女人时,男人与女人合二为一,没有我你之分。迷狂的合一体验是心灵(mind)对原初自我(primal self)的拥抱,没有内外的区分。[94]在日常生活中,人生活在个体化的现象世界中,受时空和因果规律的局限,只知道相互区分的经验,虽然人与其他存在者处于关联之中,但在本质上他们之间是相互分离的。然而,在迷狂的合一体验中,人经验到的不是相互区分的经验,而是合二为一的体验,即人与上帝合一的体验。布伯说:"迷狂原初就是进入上帝……

---

92 Paul R. Flohr and Bernard Susser, "Alte und neue Gemeinschaft: An Unpublished Buber Manuscript," *AJS Review*, Vol. 1(1976), pp. 46-47.

93 Martin Buber, *Ecstatic confessions*, ed. Paul Mendes-Flohr, trans. Esther Cameron, San Francisco: Harper & Row, 1985, p.2.

94 Martin Buber, *Ecstatic confessions*, ed. Paul Mendes-Flohr, trans. Esther Cameron, San Francisco: Harper & Row, 1985, p.3.

被上帝所充满……经由上帝重生，灵魂上升至上帝，进入上帝。"[95]迷狂的合一体验使人从由时空和因果关系所规制的个体化的世界中解放出来，让人经验到自我与上帝之间原初的统一。

迷狂不仅超越时空的局限，也超越语言的表达。在迷狂中，没有体验的客体，也没有体验的主体，人体验到的仅仅是自身的统一。迷狂使"人从混乱中出离，进入到最安静、无语的天国"，[96]它超越感官、思想和语言。语言只能言说一般的经验，却不能言说迷狂的体验，因为，迷狂是日常经验之外我与世界的合一，它是一种具有统一性、孤独性和独特性的私人体验，人们无法用具有一般性的语言将这种独特的私人体验转换成人人都可以理解的共同经验。根据布伯，经历过迷狂体验的人，亦即那从无限进入有限、从合一进入多样性之人，往往不能忍受这种绝对的孤独，他们常常试图用语言去描述这种体验，然而，一旦他们这样做，就会认识到语言是多么地有限。

在神秘主义时期，布伯虽然强调神秘的合一体验，但这并不表示他像其他的神秘主义者那样否弃理性。当一位一元论者称布伯是"一个神秘主义者"时，布伯反驳说他自己是一个理性主义者。布伯承认理性对于理解和把握现象世界的作用，认为世界本身就是一个理性化的世界。[97]他同时也认识到，世界虽然是可以认识的，但作为认识主体的人本身却是不可认识的，同样，作为世界本质的上帝也是超出理性认识能力的。因此，生命便存在着这样的悖论：世界的可理解性恰恰是以不可理解的存在为基础的。从这种意义上来说，布伯和康德一样，规定了理性的界限和范围，对他而言，理性对于外在现象世界是有效的，对于本体世界的上帝却是无效的。布伯虽然拒绝理性主义者经由理性论证上帝存在的做法，但是，他却不否认理性在理解和把握现象世界时的作用，他不像其他的神秘主义者那样盲目地拒斥理性。

"实现学说"（doctrine of realization）是布伯早期提出的另一个十分重要的思想。受哈西德主义将上帝在世界中的在场视为一种尚未完成的状态这一观点的启发，以及尼采对人自身创造性力量肯定的影响，布伯将宗教行为理解

95　Martin Buber, *Ecstatic confessions*, ed. Paul Mendes-Flohr, trans. Esther Cameron, San Francisco: Harper & Row, 1985, p.4.

96　I Martin Buber, *Ecstatic confessions*, ed. Paul Mendes-Flohr, trans. Esther Cameron, San Francisco: Harper & Row, 1985, p.5.

97　Martin Buber, *Pointing the Way*, trans. Maurice Friedman, New York: Harper & Brother, 1957, p.14.

为"经由人实现上帝（realization of God through man）"的行为，[98]即上帝在现实世界中的实现和在场需要人的协助。布伯说："上帝不是人们去相信而是去实现的。"[99]这种观点与基督教将耶稣基督视为上帝在世界中的现实化或在场的主张极为不同，肉身化的上帝耶稣基督在世界中的在场是一个完成了的事件，他的到来和离去都与人的意志无关，而在布伯"上帝的实现"（realization of God）这一概念中，上帝在世界中的在场是一个有待去完成和实现的事件，并且人在这一事件中起到了极为重要的作用。布伯研究学者莫里斯·弗里德曼（Maurice Friedman）说："在绝对的泛神论和一个远离世界的绝对者之间，存在着一个上帝，这个上帝在他自身中是实在的，然而必须经由在世界中的人来实现。"[100]可见，布伯的上帝无疑就是这样一个介于绝对内在和绝对超越之间的有待人去实现的上帝。

从 1909 年至 1911 年，布伯在这期间发表了三个有关犹太教的著名讲座。在第一个讲座《犹太教和犹太人》中，布伯将"上帝的实现"理解为"把上帝由一种抽象的真理变成了一种实在"。[101]之后，在有关犹太教的讲座论文集的序言中，布伯对这一概念的内涵作了进一步地修正。他指出，将"上帝的实现"理解为"把上帝由一种抽象的真理变成了一种实在"，易于使人们产生这样的误解：上帝是一个只有通过人才能实现的理念；上帝并不存在，但他可以通过人生成存在。为此，布伯对"上帝的实现"这一概念作了新的界定，他指出，"上帝的实现"是以上帝存在的确定性为前提条件的，"让上帝变为现实"（to realize God）意味着"为上帝准备一个世界，作为他实现的场所，即帮助这个世界成为'现实的上帝'；用神圣的话来说就是使实在成为一体"。[102]

在《但以理》（1913）一书中，布伯对他的实现学说作了进一步的阐释。与之前的作品不同，布伯在这本著作中开始用自己的术语直接表达自己的思想，而非通过阐释某种特定的思想或者宗教运动、文化运动来间接地阐发自己

---

98 Paul Arthur Schilpp & Maurice Friedman, eds., *The Philosophy of Martin Buber*, La Salle, Illinois: Open Court Publishing Company, 1991, p.300.

99 Paul Arthur Schilpp & Maurice Friedman, eds., *The Philosophy of Martin Buber*, La Salle, Illinois: Open Court Publishing Company, 1991, p.301.

100 Maurice Friedman, *Martin Buber: The Life of Dialogue*, Chicago Illinois: The University of Chicago Press, 1955, p.39.

101 Martin Buber, *On Judaism*, trans. Eva Jospe, New York: Schochen Books Inc., 1967, p.12.

102 Martin Buber, *On Judaism*, trans. Eva Jospe, New York: Schochen Books Inc., 1967, p.9.

的观点。《但以理》是布伯早期思想中最具原创性的作品。该书主要由一位名为但以理的人和他的五位朋友在五个不同地点的对话构成，其中，每一个对话都涉及一个核心问题。布伯研究专家莫里斯·弗里德曼（Maurice Friedman）指出，"《但以理》代表了布伯早期对哈西德主义阐释的一种延续，它强调上帝的内在性不是一个完成的事实，而是一个任务。上帝的在场必须经由我们的行为来实现。"[103]在第二个讨论"实在"问题的对话中，布伯阐发了他的"实现"学说。布伯将人与其自身经验的关系区分为两种，一种是"定向"（orienting）的关系，另一种是"实现"（realizing）的关系。[104]定向之人对自己的各种经验进行区分，根据自身的目的将经验记录在经验结构之中，并根据经验的形式和法则来解释它们。[105]实现之人沉浸于纯粹的生命经验之中，他不去区分、分隔经验，而是坚持所有的个体在本质上都是统一的。布伯认为定向之人所获得的这种对万物一体的洞见发生在具有创造性的合一时刻（unifying hours），发生在为数不多的英雄、智者、诗人和先知的身上。[106]实现之人使世界成为一体，而上帝就是这个纷繁复杂世界背后的统一体，因而，实现之人帮助这个世界成为现实的上帝。

第三节　从神秘主义到对话哲学

从神秘主义时期到对话哲学时期，布伯的思想发生重大转变，他的上帝观也由早期对神秘合一体验的关注转变为强调在关系中与上帝对话。下面我们将从布伯的个体生存经验、时代背景以及思想渊源三个方面来考察这种转变。

在 1929 年名为《对话》的文章中，布伯回忆了促使其思想发生转变的一个重要事件。根据布伯的回忆，在一个充满宗教激情的早晨，一位素不相识的青年来拜访他。布伯虽然友好地接待了这位青年，并与之进行了友好的交谈，但布伯实际上并没有真正理解青年所提出的问题。不久后，布伯从一位朋友那得知青年已经去世，这时，他才知道这位青年之前拜访他是为了一个非常重要的决定。布伯为此事感到十分遗憾，他觉得，如果他当时弄清青年的来意，这

---

103 Maurice Friedman, *Encounter on the Narrow Ridge: A Life of Dialogue*, New York: Paragon House, 1991, p.68.

104 Martin Buber, *Daniel: Dialogues on Realization*, trans. Maurice Friedman, New York: Holt, Rinehart and Winston, 1964, p.64.

105 Martin Buber, *Daniel: Dialogues on Realization*, trans. Maurice Friedman, New York: Holt, Rinehart and Winston, 1964, p.64.

106 Martin Buber, *Daniel: Dialogues on Realization*, trans. Maurice Friedman, New York: Holt, Rinehart and Winston, 1964, p.72.

位青年或许就不会死。这一事件对布伯的思想产生了很大影响，它让布伯认识到，私人的宗教体验不仅对人的实际生活没有益处，而且还易于让人忽视日常生活中对他人的责任。自此以后，布伯不再沉迷于私人的宗教体验，而是强调在日常生活中经由与他人的相遇来遭遇上帝。关于这件事对布伯的影响，布伯总结道："早年，'宗教'对我来说是超常的东西。这样一些时刻常常超出事物进程……'宗教经验'乃是对不合生命常境之他性的体验。"[107]然而，在经历了以上事件之后，"从此我放弃了只是一种超常、一种精粹、一种升华、一种迷狂的'宗教'……我懂得在要求中我被要求着，在责任中承担责任，我知道是谁说话，是谁要求得到一个回应。"[108]从这两段话可以看出，布伯对宗教的认知发生了变化。在上述事件发生之前，布伯认为宗教超脱于日常生活之外，与现实生活没有关联；而事件发生之后，布伯则认为宗教离不开日常的现实生活，宗教关系需要在具体的人与人的关系中实现出来。多年后，布伯将那次发生的事件称为"一次转变"。他认为这件事对他的最大启发是，宗教关系不是发生在私人的孤独体验之中，而是发生于人与其他存在者实实在在的对话关系之中；只有在日常生活中真正让他人在场、与他人对话、回应并对他人负责，人才能够成为一个真正的虔敬之人。

布伯思想转变的另一个契机是第一次世界大战，"战争巨大的残酷性本身使布伯越来越转向与他人之间直接的相遇"。[109]在一战初期，布伯实际上是支持德国民族主义的，这一点我们可以从一战爆发不久后布伯与范·埃登（Van Eeden）对战争问题的争辩中看出。作为一位和平主义者，范·埃登极力谴责德国入侵中立国比利时的行径，认为德国破坏国际公约、入侵比利时实际上是一种典型的"专制国家的诡计"。[110]此外，他还指出，因战争而迅速升起的爱国主义情绪实际上是大众的歇斯底里。布伯不同意范·埃登的观点，他在相关信件和文章中予以了回应和反驳。布伯认为，德国入侵比利时是由于比利时与德国的敌人签订了秘密条约，[111]从而使得德国不得不先发制人；范·埃登由于

---

107 马丁·布伯：《人与人》，张健等译，北京：作家出版社，2002 年，第 22 至 23 页。

108 马丁·布伯：《人与人》，张健等译，第 24 页。

109 Maurice Friedman, *Encounter on the Narrow Ridge: A Life of Dialogue*, New York: Paragon House, 1991, p.82.

110 Paul R. Mends-Flohr, *From Mythticism to Dialogue: Martin Buber's Transformation of German Social Thought*, Detroit: Wayne State University Press, 1989, p.94.

111 比利时在 1831 年成为独立国时宣布成为永久的中立国，并通过与英法等国缔结条约而得到多国的担保。

关注道德问题，所以忽视了战争所具有的形而上学的意义。[112]同时，他也不满范·埃登将战争引发的爱国主义视为一种病态心理，而是主张将这种爱国主义情绪视为一种自主的情感，并且认为，正是因为这种情感的存在，人们才可能为了绝对的价值去奋斗、牺牲，以获得生命的自由。一战中，很多犹太人也参加了这场战争，布伯认为战争对于犹太人也具有重要的意义。对于布伯，犹太人参与这场战争预示着一种新的犹太人、英勇的犹太人的重生；在战争中，犹太士兵由于克服了内在的二元性而获得了统一，犹太人也为世界的统一贡献了自己的力量。[113]

从布伯与范·埃登的争论中，我们看到，一战初期布伯基本上是支持战争的，并且赋予战争以重要的意义，这种态度直到后来由于受到他的朋友古斯塔夫·兰道尔（Gustav Landauer, 1870-1919）的批评才慢慢发生转变。兰道尔与布伯私交很好，他是一位和平主义者，也是一位无政府主义者，自始至终都反对战争。在 1916 年 5 月 12 日写给布伯的一封信件中，兰道尔批评了布伯的相关言论，并将这一时期的布伯称为"战争—布伯"（War-Buber）[114]。兰道尔在这封信中主要批评了布伯论述犹太教的演讲论文《东方精神和犹太教》（约 1912-1914）。他不满布伯在此文中所显露的民族主义倾向：布伯将"近代德国"和"伯利克利时期的希腊"（Greek of Periclean period）与"十四世纪的意大利"（Italian of the Trecento）相提并论，闭口不谈德国的其他时期以及欧洲的其他民族，在布伯看来，人类需要一场精神上的革新，而这种革新的力量不可能来自虚弱的亚洲，只能产生于具有创造性、并与东方民族相关联的欧洲，那就是德国；[115]他也不满布伯对德国过高的赞誉：布伯将德国视为沟通东西方文明的桥梁，认为德国可以拯救被西方所侵犯的东方精神。[116]兰道尔一针见血地指出，布伯对德国的美化容易使人们忽视德国在战争中对他人所犯下的罪行，这种行为实际上是对罪行本身的认同。

---

112 Paul R. Mends-Flohr, *From Mythticism to Dialogue: Martin Buber's Transformation of German Social Thought*, Detroit: Wayne State University Press, 1989, p.94.

113 Paul R. Mends-Flohr, *From Mythticism to Dialogue: Martin Buber's Transformation of German Social Thought*, Detroit: Wayne State University Press, 1989, pp.96-97.

114 Martin Buber, *The Letters of Martin Buber: A Life of Dialogue*, ed. Nahum Glatzer and Paul Mendes-Flohr, Syracuse: Syracuse University Press, 1996, p.189.

115 Martin Buber, *The Letters of Martin Buber: A Life of Dialogue*, ed. Nahum Glatzer and Paul Mendes-Flohr, Syracuse: Syracuse University Press, 1996, p.189.

116 Paul R. Mends-Flohr, *From Mythticism to Dialogue: Martin Buber's Transformation of German Social Thought*, Detroit: Wayne State University Press, 1989, p.99.

　　兰道尔也批评了布伯发表在《犹太人》期刊上的一篇导论性文章。在这篇文章中,布伯认为一战中犹太人之所以加入不同的军队参战,不是由于被强制去作战,而是为了履行至高无上的义务。兰道尔将布伯的这种观点视为一种"孩童式的简单化"(Childish simplification)。他尖锐地指出,布伯没有认识到在他所说的那些为了至高的义务去参战的犹太人之外,更多的犹太人是由于被强制而参战的。对于这些被强制的人而言,他们最高的目标就是活着。兰道尔说:"这些犹太人被这样一种感受所充满,他们与这种愚蠢的行为没有任何关系,他们不顺从的话,就会被杀死,战争中最重要的事就是能够活下来,以便能够继续和他们的妻儿一起生活。"[117]

　　布伯研究专家保罗·门德斯·弗洛尔(Paul Mendes-Flohr)说:"1916年5月12日的这封信在布伯从神秘主义转向对话哲学中起到了关键的作用。"[118]诚然,兰道尔在这封信中对布伯的批判确实对布伯的思想转向产生很大影响。自收到这封信之后,布伯开始由强调神秘的宗教体验转为对人与人之间关系的关注,从而逐步从神秘主义转向成熟的对话哲学。在之后发表的一系列文章中,布伯都表达了他的反战态度。他也深刻意识到,之前对战争的支持主要源于神秘主义时期过于关注神秘宗教体验,从而忽视了人与人之间的关系,忽视了人对他人、对世界的责任。这使得他漠视战争中无数因战争而死伤的一个个具体的人,讴歌战争对于世界、犹太人的价值和意义。此外,布伯也在相关文章中对他早期所推崇的神秘宗教体验进行了反思。简言之,他认为宗教体验局限于个体内在心灵领域,它是对存在进行的一种心理上的还原,这种心理上的还原易于使人脱离人类实在的基础,即人与人之间关系的领域。转变之后的布伯不再将体验视为上帝获得实在性的场所,而是认为上帝需经由人与人之间的关系来实现,他说:"实现的真实场所是团体,真正的团体是关系,在这种关系中,上帝在人与人之间得以实现。"[119]

　　从思想渊源上来说,费尔巴哈(Ludwig Andreas Feuerbach, 1804-1872)和西美尔(Georg Simmel, 1858-1918)在布伯的思想由神秘主义转向对话哲学的

---

117 Martin Buber, *The Letters of Martin Buber: A Life of Dialogue*, ed. Nahum Glatzer and Paul Mendes-Flohr, Syracuse: Syracuse University Press, 1996, p.190.

118 Paul R. Mends-Flohr, *From Mythticism to Dialogue: Martin Buber's Transformation of German Social Thought*, Detroit: Wayne State University Press, 1989, p.102.

119 Paul R. Mends-Flohr, *From Mythticism to Dialogue: Martin Buber's Transformation of German Social Thought*, Detroit: Wayne State University Press, 1989, p.107.

过程中起到了重要作用。在《人是什么》（1938）一文中，布伯提到了费尔巴哈对其思想的影响。布伯指出，与近代的一些哲学家不同，费尔巴哈认为哲学思考的起点是人的整体，而不是认识："费尔巴哈视为哲学最高对象的人并不是指一个个体，而是与人相关的人——'我'与'你'的联结。"[120]费尔巴哈曾写道："单个人无论是作为道德实体还是作为思维实体都不具备人的本质。人的本质只包含在人与人的统一之中，但是这个统一只是建立在'我'与'你'之区别的实在性上面。"[121]布伯给予了费尔巴哈这段话以极高的评价，认为费尔巴哈对"你"的发现可以被称为现代思想上的"哥白尼革命"，这一重大事件预示着欧洲思想的新开端，并对现代哲学产生重要影响。并且，布伯也坦言，他年轻时就受到费尔巴哈思想的影响。费尔巴哈将人的本质建基于关系之上，不再像近现代哲学家那样，将理性、道德、意志或情感视为人的本质。对于布伯，近现代哲学家无论是将人理解为作为理性、道德的主体，还是作为意志、情感的个体，都忽视了这样的事实，即人本质上是处于与他人的关系之中的，人与人之间的关系领域才是最为根本的实在。布伯的对话哲学思想无疑受到费尔巴哈的影响和启发。在对话哲学时期，与费尔巴哈一样，布伯将人置于关系之中来理解，认为"人类实存的根本事实乃是人与人（man with man）"，[122]他将之称为"之间的领域"（the sphere of between）。费尔巴哈对布伯的影响主要体现在对人的本质的理解上，在宗教观点上，布伯主要是受西美尔的影响。

西美尔是布伯的老师，大学期间（1899年秋、1900-1901冬）布伯曾听过西美尔的课。多年后，布伯为自己所在的出版公司策划出版一套名为《社会》的丛书，并邀请西美尔担任这套丛书的主编，但西美尔没有同意。不过，西美尔专门为布伯的这套丛书写了《论宗教》（1906）一文。实际上，西美尔多年前就在《论宗教社会学》（1898）一文中专门讨论了宗教问题。作为一个社会学家，他"用一种极其世俗化、极其经验性的方式解释超验观念"，"力图从人与人之间的关系去揭示宗教本质的开端"。[123]西美尔说："人在相互接触过程中，在纯粹精神层面上的相互作用过程中奠定了某种基调，该基调一步步地提

---

120 马丁·布伯：《人与人》，张健等译，北京：作家出版社，2002年，第207页。

121 马丁·布伯：《人与人》，张健等译，第207页至208页。

122 Martin Buber, *Between Man and Man,* trans. Ronald Gregor Smith, London and New York: Taylor & Francis e-library, 2002, p.240.

123 格奥尔格·西美尔：《宗教社会学》，曹卫东译，上海：人民出版社，2003年，第2页。

高，直到脱颖而出，发展成为独立的客观存在，而这就是宗教。"[124]这段话表明，宗教脱胎于人与人之间的相互关系，在人与人之间的关系中包含着一种宗教因素，宗教是社会关系发展的结果。在西美尔看来，孝顺儿女与其父母之间的关系、忠心耿耿的爱国者与其祖国之间的关系、满怀热情的大同主义者与人类之间的关系……都包含着宗教的基调。因为，"一切宗教性都包含着无私的奉献与执着的追求、屈从与反抗、感官的直接性与精神的抽象性等的某种独特混合。"[125]

在《论宗教》一文中，西美尔承继了《论宗教社会学》从关系的角度来理解宗教的思路，对宗教问题作出了进一步的讨论。他认为，人与自然、人与命运以及人与社会的关系使得宗教情感得以产生。人对自然所产生的震惊感，从命运的偶然性因素中所获得的生命意义感，以及在人际关系中所获得的依附感都具有宗教性，它们使得宗教情感得以产生，最终形成有形的宗教。在对信仰的理解上，西美尔认为，信仰最初只是人与人之间关系的一种形式，也即是社会关系的一种形式，当它摆脱经验内容和相对尺度，转变成纯粹的精神关系之时，它就变成了最纯粹的信仰，即对上帝的信仰。我们看到，西美尔从其特有的社会学视角出发，注重从人与人之间的社会关系来理解宗教和信仰。在这一点上，西美尔对布伯产生了很大的影响。例如，西美尔强调人与人的关系和人与上帝关系的相似性，布伯基本上认同这一观点，认为"人与上帝的关系和人与人的关系之间存在密不可分的联系"，[126]他与西美尔一样从人与人之间关系的角度来理解宗教、信仰问题。不同的是，布伯还进一步将人与人之间的关系提升至本体论的地位；另外，布伯所说的人与上帝之间的"我—你"关系是一种相互性的关系，而西美尔理解的人与上帝之间的信仰关系缺乏相互性，仅仅是一种单向的关系。[127]

综上，我们主要从布伯的个体生存经验、时代背景以及思想渊源三个方面探讨了布伯思想转向的缘由。与其有一面之缘的青年的不幸去世，以及友人对其主张的批判，使布伯认识到，神秘主义对宗教体验的关注使人忽略了对他人

---

124 格奥尔格．西美尔：《宗教社会学》，曹卫东译，上海：人民出版社，2003 年，第5 页。

125 格奥尔格．西美尔：《宗教社会学》，曹卫东译，第 6 页。

126 马丁·布伯：《我与你》，陈维纲译，上海：三联书店，1986 年，第 107 页。

127 Maurice Friedman, *Martin Buber: The Life of Dialogue*, Chicago Illinois: The University of Chicago Press, 1955, p.48.

的责任。而费尔巴哈和西美尔从关系的角度来理解人的宗教信仰的做法为布伯对话哲学思想提供了重要思想资源。需要注意的是，从神秘主义向对话哲学的转向并非意味着布伯完全抛弃或否定了其早期思想，而是应该把神秘主义看作向对话哲学过渡而必经的一个环节。

第三章　永恒之你

在对话哲学时期，人与上帝之间的关系是布伯上帝观探讨的核心问题。本章主要从哲学、伦理以及宗教三个维度考察对话哲学时期布伯对人与上帝之间关系的理解。在对话哲学中，布伯将上帝称为"永恒之你"，认为人与上帝是"我—你"对话关系。在对话伦理中，布伯将对话概念与责任概念联系到一起，认为人与上帝之间的关系和人与人之间的伦理关系紧密关联，主张通过对他者的伦理责任来实现对上帝的绝对责任。在信仰比较研究中，布伯将对话哲学的基本理念运用到信仰比较研究之中，他强调信仰的生存内涵，认为人与上帝的信仰关系必须落实到具体的人与人的信任关系之中。在布伯的思想中，哲学式的本真生存与宗教式的信仰生存是一致的，同样，伦理式的责任生存与宗教式的信仰生存也是一致的，并且，宗教式的信仰生存必须经由本真生存和责任生存实现出来。可见，在布伯的思想中，哲学、伦理和宗教是三位一体的。

第一节　对话哲学中的永恒之你

在对话哲学中，布伯区分了两种基本的生存模式，一种是将事物与他人视为经验与利用对象的"我—它"关系，另一种是将事物与他人视为人格而与之相遇的"我—你"关系。"我—它"关系与"我—你"关系表明了真实人性不可分割的两个维度，"我—它"关系使人在世间得以生存，"我—你"关系使人区别于其他存在者，并且使之成为人性之人。布伯将关系视为上帝启示自身之所，认为上帝不是知识的对象，而是在一个个具体的"我—你"关系中与人相遇的"永恒之你"。

一、"我—你"与"我—它"

在《我与你》中，布伯区分了两种基本的关系——"我—它"关系和"我—你"关系。"我—它"与"我—你"是人对待万物的两种基本的态度，也是人进入实存的两种基本模式。用哲学的术语来说，"我—它"类似于主体与客体之间的关系，它关涉到主体对客体的经验、利用和控制。"我—你"类似于主体与主体之间的关系，它是一种直接的相遇（meeting/encounter）关系。在布伯看来，人不是一个孑然独立的个体，当人谈及"我"时，他必然意指"我—你"或"我—它"中的一个"我"。[1] "我—它"之"我"与"我—你"之"我"不同，"原初词'我—它'之'我'显现为个体性，并且将其自身意识为一个经验利用的主体，原初词'我—你'之'我'显现为人格，并且将其自身意识为一个无规定性的主体性。个体性通过区别其它的个体性而呈现。人格通过进入与其它人格的关系而呈现。"[2]

"我—它"之"我"是一个经验与利用的主体，他停留于事物的表面，将事物视为对象，经由对事物的感知而经验到事物的性质，从而获取相关事物的知识，将事物为我所用。在这种关联中，一切存在者都沦为我所经验与利用的对象，成为满足我的需求与欲望的工具。[3] "我—它"关系塑造了一个由作为对象之"它"所组成的经验世界。[4] 在这个世界中，人生存于其间，在其中展开活动并获取知识。同时，一切存在者都被置于时空网络和因果等范畴之下，世界变得易于理解并更富有秩序，因此也更易于为我所控制和利用。然而，对于布伯而言，"我—它"关系只是发生在主体之内，而非人与世界之间，它在本质上是主观的。[5] 布伯说："经验者滞留在世界之外。经验'在他之中'，而非位于他和世界之间。"[6] "世界超然于经验之上。它容忍人对它产生经验，然则却与其毫无牵连……经验根本无从企及它。"[7] 这意味着，"我—它"关系所造就的经验世界局限于主体之内，它并未触及实在世界本身。与"我—它"之

1　马丁·布伯：《我与你》，陈维纲译，上海：三联书店，1986 年，第 2 页。

2　马丁·布伯：《我与你》，陈维纲译，第 54 页。

3　马丁·布伯：《我与你》，陈维纲译，第 6 页。

4　马丁·布伯：《我与你》，陈维纲译，第 4 页。

5　Martin Buber, *The knowledge of man*, trans. Maurice Friedman and Ronald Smith, New York: Harper and Row, 1965, p.12.

6　马丁·布伯：《我与你》，陈维纲译，第 4 至 5 页。

7　马丁·布伯：《我与你》，陈维纲译，第 4 页。

"我"不同，"我—你"之"我"是人格的主体，他将一切存在者视为人格，并用其"全部存在"（the whole being）与世界相遇。在这种关联中，人不以事物为对象，也不占有物，而是与世界处于关系之中。"我—你"关系创造出一个关系的世界。在这个世界中，与我相对的存在者不是人的经验之物和利用之物，也不是时空网络中与其它事物相区分的一个有限之物，而是人用其整个存在来接近和称述的"你"。也就是说，关系世界中的"你"不可被经验所认知，但却可以与人相遇。"我—你"关系发生在主体与世界之间，它使人成为自己并超越自己，从而与实在世界相联结。

根据布伯的描述，"我—你"关系具有直接性的特点。布伯说："与'你'的关系直接无间。没有任何概念体系、天赋良知、梦幻想象横亘在'我'与'你'之间。"[8]这意味着，在"我—你"关系中，人与世界处于密切的关联之中，没有任何中介横亘其间。中介是达至目的的手段，在"我—它"关系中，"它"就是"我"达至目的的手段，而不是目的本身，这种关系是一种间接的关系。然而，在"我—你"关系中，"我"与"你"之间不存在任何中介，"你"不是"我"达至某种目的的手段，而是与我直接相遇的他者，此种关系是一种直接的关系。"我—你"关系还具有交互性的特征，布伯说："关系是相互的，不可忽视这一点而使关系意义的力量减损。"[9]"关系是相互的，我的'你'作用于我，正如我作用于他。"[10]"我—你"关系的相互性意味着"我"称述"你"，以"我"的整个存在与"你"相遇，"你"也会以"你"的整个存在来回应"我"。与"我—它"关系中"我"对"它"的单向的经验与利用不同，"我—你"关系中的"我"与"你"是一种双向的相遇关系，它不仅发生在人与人之间，也发生在人与物以及人与上帝之间。此外，"我—你"关系还具有现时性的特征。与之不同，"我—它"之"我"活在过去，"我—它"之"它"是滞留于过去时光中静止且关系匮乏的存在。[11]

由上述可知，"我—它"关系是一种间接性、单向性和非现时性的关系，它使主体局限于内在的经验世界。"我—你"关系是一种直接性、交互性和现

8　马丁·布伯：《我与你》，陈维纲译，上海：三联书店，1986年，第10页。

9　Martin Buber, *I and Thou*, trans. Ronald Gregor Smith, Edinburgh: T. & T.Clark, 1950, p.8

10　Martin Buber, *I and Thou*, trans. Ronald Gregor Smith, Edinburgh: T. & T.Clark, 1950, p.15.

11　马丁·布伯：《我与你》，陈维纲译，第10至11页。

时性的关系，它使人突破经验自我的局限，成为人格的主体。人格主体承认一切存在者的唯一性和价值，并认可他者的他性，它向活生生的当下的实在世界敞开，用整个生命拥抱这个世界，接受与其相遇之物，从而形成一个无限的关系世界。值得注意的是，在布伯的思想中，"我—它"之"它"并非只是无生命的事物，也可以是包括人在内的存在者，人不仅可以将事物视为经验利用的对象，也可以将人视为经验与利用的对象。同样，"我—你"之"你"也并非只是有生命的人，也可以是无生命之物。人不仅可以与人进入直接的相遇关系，也可以与一朵花或一棵树相遇，这种相遇甚至可以发生在人与上帝之间。

"我—它"关系与"我—你"关系表达了真实人性的双重特征：一方面，为了生存，人不得不将世界与他人视为经验与利用的对象，"我—它"关系对于人的生存必不可少；另一方面，人又可以超越满足基本生存的层面，成为具有人性之人。"我—你"关系使人越出经验世界，进入与世界和他人相关联的关系世界，人在这个过程中实现并超越自身。布伯并没有简单地肯定或是否定人性的这两个基本维度，而是认为二者缺一不可，他说："人无'它'不可生存，但仅靠'它'则生存者不复为人。"[12]然而，布伯认为，"我—你"是一种更为原初的关系，"我—你"所造就的关系世界是本真的世界。正是在与一个个"你"的关系之中，人获得他的真实存在，成为一个本真的个体："人经由你成为一个我。"[13]"我—它"实际上不是一种真正的关系，它是关系枯竭或匮乏时"你"沦为对象的结果，"我—它"所造就的经验世界相较于关系世界来说是后起的和次生的。

布伯肯定关系的本体性地位，他说："起初是关系。"[14]与西方哲学本体论强调实体观念不同，布伯认为关系就是本体，关系先于实体，实体由关系而出，因此布伯的本体论被人们称为关系本体论。[15]布伯所说的关系实际上就是"我—你"关系。在原初词"我—你"中，关系是本源的与非派生的，本质上先于作为实体的"我"。布伯说："人通过'你'而成为我。"[16]这说明关系在自我之先，自我是在关系之中生成的。然而，当"你"被对象化之时，"我"就从"我

---

12 马丁·布伯：《我与你》，陈维纲译，上海：三联书店，1986年，第30页。

13 Martin Buber, *The Writings of Martin Buber*, ed. Will Herberg, New York, Meridian Book., 1956, p.5.

14 Martin Buber, *I and Thou*, trans. Ronald Gregor Smith, Edinburgh: T. & T. Clark, 1950, p.18.

15 孙向晨：《马丁·布伯的关系本体论》，载于《复旦学报》，1998年，第4期，第93页。

16 马丁·布伯：《我与你》，陈维纲译，第24页。

一你"中分离出来成为独立的实体,"我一你"便转换成"我一它"。[17]在"我一它"中,"我"与"它"先于关系,关系是派生的,因而"我一它"关系本质上不是真正的关系。从哲学的意义上来说,"我一你"是本真的关系,"我一它"是非本真的关系;由"我一你"所造就的关系世界是本真的实在世界,而由"我一它"所造就的经验世界是非本真的表象世界;"我一你"关系与其所造就的关系世界具有本体上的优先地位。

对于布伯,本真生存意味着人与世界步入"我一你"关系,即人敞开自身,用其全部存在与真实的实在世界相遇。非本真生存意味着人与世界陷入"我一它"关系,即人局限于自我的表象世界,从而与真实的实在世界相隔离。然而,对于布伯,每一个"我一你"关系都不可避免会转化成"我一它"关系,他说:"世间的每一个'你'都必定会变成一个'它'。在直接的关系中,'你'特别地呈现,一旦关系结束或是一个中介渗入,'你'就会变成众对象中之一对象。"[18]这就是说,人性的双重特征使得人不可能纯粹地生存于本真的关系世界,与每一个"你"的直接关系都不是常驻不变的,它随时都可能蜕变成"我"与"它"的对象性关系,人总是在本真生存与非本真生存二者之间徘徊,往返于本真的关系世界与非本真的经验世界之间。正如陈维纲先生所说,这也是人性的伟大之处。虽然人为了生存不得不停留于"它"之世界,但是人又可以超越与反抗"它"之世界的局限,达至本真的"你"之世界,正是这种反抗造就了人的精神、道德和艺术,使人成其为人。[19]

布伯的对话哲学将人视为一种关系性的存在,即人总是与另一个实体相关联的,他不是与自然、他人以及上帝处于"我一它"关系之中,就是处于"我一你"关系之中。这种观点突破了一些传统哲学家在理解人时存在的两个方面局限:一是一些还原论者将人仅仅视为一种自由的理性实体,如康德、笛卡尔等人;[20]二是一些哲学家认为人仅仅可与实在建立主客关系,这种观点充斥于现代认识论之中,在现代社会中具体表现为人对自然、他人的无情操控与利用。[21]布

17 马丁·布伯:《我与你》,陈维纲译,上海:三联书店,1986 年,第 19 页。

18 Martin Buber, *I and Thou*, trans. Ronald Gregor Smith, Edinburgh: T. & T. Clark, 1950, pp. 16-17.

19 马丁·布伯:《我与你》,陈维纲译,第 8 页。

20 Alexandre Guilherme, "God as Thou and Prayer as Dialogue: Martin Buber's Tools for Reconciliation," *Sophia*, 51(2012), p.368.

21 Alexandre Guilherme, "God as Thou and Prayer as Dialogue: Martin Buber's Tools for Reconciliation," *Sophia*, 51(2012), p.368.

伯认识到以上两种观点无益于理解真实存在着的人，也不利于社会的发展。他的对话哲学反对将人从具体的实在中抽离出来，倡导在人与具体实在的关系之中来理解人自身，并在主客关系之外寻求一种人与其他存在者之间相互尊重的"我—你"关系，这一主张为人更好地理解自身、建立与他者的本真关系提供了新的视角和方法。

二、永恒之你与上帝观的反思

在《我与你》中，布伯用了三分之一的篇幅来论述他的上帝观。在对上帝问题的理解上，布伯对话哲学的一个主要观点是，人与上帝的关系和人与人的关系存在着紧密关联。[22]这种观点在布伯哲学思考中占据着重要位置，可以说是其思想的精髓。晚年布伯说的一句话很好地说明了这一点："如果我自己必须指出什么是我'一生研究的核心'……正如哈西德思想研究以及独立的哲学论述一样，引领我圣经研究的一个基本观点是：与上帝的我—你关系和与人类同伴的我—你关系在本质上是相互关联的。"[23]在布伯的学术生涯中，人与上帝之间的关系是其一生探究的核心问题，只不过，在不同阶段，他对这个问题的理解是不同的。

在《我与你》中，布伯说："延伸的关系之线相会于永恒之你。每一个特殊的'你'都是对永恒之你的一瞥。"[24]布伯将上帝称为永恒之你，认为人只有在将一个个具体的存在者视为"你"，并与其步入直接的相遇关系时，才能与上帝相遇。也就是说，人是在每一个本真的"我—你"关系中与上帝相遇的。[25]在人与上帝的相遇中，作为永恒之你的上帝不可被对象化为一个"它"，[26]即人不可能获得有关上帝的任何知识。但是，人却可以感受到上帝的在场。布伯说，在"我—你"关系中，"人接收，然而他不接收一个特定的'内容'，而是一种在场，一种作为权力的在场。"[27]因此，布伯既反对哲学家和神学家将上

---

22 马丁·布伯：《我与你》，陈维纲译，上海：三联书店，1986年，第107页。

23 Kenneth P. Kramer, "Tasting God: Martin Buber's Sweet Sacrament of Dialogue," *Horizons,* vol.37, no.2（2010），p.227.

24 Martin Buber, *I and Thou*, trans. Ronald Gregor Smith, Edinburgh: T. & T.Clark, 1950, p.75.

25 Ronald Smith, *Martin Buber*, Atlanta Georgia: John Knox press, 1975, p.33.

26 Martin Buber, *I and Thou*, trans. Ronald Gregor Smith, Edinburgh: T. & T.Clark, 1950, p.94.

27 Martin Buber, *I and Thou*, trans. Ronald Gregor Smith, Edinburgh: T. & T.Clark, 1950, p.110.

帝视为认识的对象，又反对通过推理论证上帝的存在。对于布伯，人们无法获得有关上帝的任何知识：当人们用第三人称去言说（talk about/speak of）上帝之时，就会陷入"我—它"结构，此时，人只是站在上帝之外的一个客观立场来谈论上帝，与上帝之间没有任何实质的联系。对于布伯，上帝不是人们以第三人称的方式去谈论（talk about）的对象，而是可以与人说话（talk to）的"永恒之你"。上帝不仅不能作为知识的对象，上帝的存在也不能被证明，布伯说："我们不可……从自然界推出作为造物主之上帝，从历史推出作为宰制者之上帝，从主体推出作为自我之上帝。"[28]上帝的存在虽然无法通过推论而证实，但却可以从人与每一个具体的"我—你"关系中被经验到，"上帝即是我们直接无间，亲切厚挚，永永不灭之相遇者。他只可被称颂（addressed），不可被表达（expressed）"。[29]

上帝是在"我—你"关系中与人相遇的永恒之你，与永恒之你相遇，意味着人要在现实生活中以其全部存在来与整个世界相遇。布伯反对历史上的那些宗教虔敬者为了皈依"永恒之你"而抛弃现实生活的做法，他认为现实生活本身就是一种神圣的实在，人不应该在现实生活之外的彼岸世界或是在抽象的理念世界中寻求神圣，而是应该怀着神圣之心来关切和珍惜现实生活中一切与其相遇的存在者，布伯说："一个人只有信赖世界而后方可与它沟通，而致力于此者必与上帝同在。"[30]"那真正与世界相遇者必与上帝相遇。"[31]"执着于世界的人无法找到上帝，离弃世界者也不能找到上帝。唯有以其全部存在去相遇他的'你'，并将世间一切存在视为'你'时，人才可以接近那不可追寻的上帝。"[32]这就是说，进入与上帝的纯粹关系并不意味着要摒弃世界、漠视世间万物，而是要将世间万物视为浸润于上帝的在场之中的一个"你"。因此，唯有进入与世界的真实关系之中，人才能与上帝相遇。

在《对个体的追问》一文中，经由对克尔凯戈尔个体概念的批判，布伯强调了人与上帝的关系离不开人与人的关系这一观点。我们知道，在《恐惧与颤

28 马丁·布伯：《我与你》，陈维纲译，上海：三联书店，1986年，第69页。

29 马丁·布伯：《我与你》，陈维纲译，第69页。

30 Martin Buber, *I and Thou*, trans. Ronald Gregor Smith, Edinburgh: T. & T.Clark, 1950, p.94.

31 Martin Buber, *I and Thou*, trans. Ronald Gregor Smith, Edinburgh: T. & T.Clark, 1950, p.95.

32 Martin Buber, *I and Thou*, trans. Ronald Gregor Smith, Edinburgh: T. & T.Clark, 1950, p.79.

栗》一书中，克尔凯戈尔着重讨论了人如何才能成为一个真正意义上的基督徒的问题。在讨论基督教信仰问题时，克尔凯戈尔说："信仰就是这样一种悖谬，个体性比普遍性更高。"[33]这意味着，克尔凯戈尔将信仰划归到个体的私人领域，而不是普遍的公众领域，他认为信仰的特点在于它与个体性相关，与普遍性（the universal）无关，在信仰关系中，个体性高于普遍性。因此，克尔凯戈尔强调，要获得真正的信仰，个体必须在内心深处进行信仰的运动。他将这种信仰的运动称之为"无限的弃绝"（infinite resignation），认为人只有经由"无限的弃绝"才有可能拥有信仰。"无限的弃绝（infinite resignation）是信仰之前的最后阶段，因此不做这一运动的人就没有信仰，因为只有在无限的弃绝中，人们才能意识到自我永恒的有效性，只有经由信仰一个人才可以说把握了存在。"[34]这就是说，为了成为有信仰之人，个体必须舍弃对生活的爱，抛弃现世的一切有限存在，从而把握个体的存在。人之所以能在无限的弃绝过程中把握个体的存在，就是在于，无限弃绝运动是人对自身生存内容和意义作出的一种内在决断，并且这一运动无需假借外力，完全由自己完成。由此，我们可以看到，在克尔凯戈尔的思想中，真正意义上的个体存在是一个能够抛弃一切世俗存在的信仰之人。

在布伯看来，克尔凯戈尔的个体概念存在很多问题。他指出，在人与世界、人与他人，以及人与上帝的多重关系之中，克尔凯戈尔的个体概念只关注人与上帝的关系，他所理解的个体只与上帝有实质性的交往，而忽视与割裂了人与世界以及人与他人的关系。克尔凯戈尔虽然重申了人对上帝的责任，却忽视了个体对世界和他人的责任。与克尔凯戈尔不同，布伯认为，"上帝与人并非对手，""创造物并非通往上帝之路的障碍，他就是道路本身。"[35]这就是说，为了通达上帝，人无需抛弃整个世界，而是应该拥抱整个世界。布伯还特别强调，人与上帝之间的相遇离不开人与他人的关系，他说："上帝与人交流的唯一手段就是伦理。"[36]在布伯看来，爱邻人的意义就是在于，在对邻人之爱中，人发现了上帝；[37]上帝并非世间众对象中的一个对象，而是在人与世界遭遇、人对

33　Soren Kierkegaard, *Fear and Trembling*, ed. & trans. Howard V. Hong and Edna V. Hong, Princeton: Princeton University Press, 1983, p.55.

34　Ibid., p.46.

35　Martin Buber, *Between Man and Man*, trans. Ronald Gregor Smith, London, New York: Routledge, 2002, p.60.

36　Martin Buber, *Between Man and Man*, trans. Ronald Gregor Smith, London, New York: Routledge, 2002, p.66.

37　马丁·布伯：《论犹太教》，刘杰等译，济南：山东大学出版社，1992 年，第 184 页。

他人之爱中被发现和通达的永恒之你，因而不可通过舍弃其他的对象来通达。实际上，在对个体概念的理解上，布伯基本赞同克尔凯戈尔，认为个体是在与上帝的关系中获得真正的个体性的；但是，他认为克尔凯戈尔不应该将个体与上帝之间的信仰关系和个体与他人之间的伦理关系对立起来，因为这样易于使人忽视对他人的责任。在布伯的理解中，伦理和信仰之间不是对立的关系，而是一种相互依存的关系。这种关系主要表现为，信仰离不开伦理，信仰需要经由伦理来实现，同样，伦理也离不开信仰，伦理的最终根据在于信仰。而克尔凯戈尔却割裂了伦理和信仰之间的关系，这是布伯批判他的主要原因。

在布伯看来，哲学家和神学家将上帝视为认识的对象，因而无法使人们对上帝有真正的了解；宗教虔敬者否定世俗生活，同样也无法让人接近上帝；除此之外，他还批判了制度化的宗教。布伯指出，在制度化的宗教中，信徒被要求去相信某些宗教信条，参与一些程式化的宗教活动，这样，上帝就成了信徒所礼拜的对象，人与上帝之间的活生生的关系就被教条式的信条和程式化的礼拜所阻断。另外，由于教义和教仪方面存在的差异，不同的宗教组织之间往往会产生矛盾与隔阂，在这种状况下，信徒之间不仅很难达成相互理解与尊重，而且易于产生分歧与隔阂。

经由对鼓吹神人合一观点的神秘主义的批判，布伯也对早期通过私人的神秘宗教体验来通达上帝的做法进行了反思。布伯认为，存在两种神秘主义：第一种神秘主义以约翰派的"吾与天父为一"观点为根据，强调人融于神的观点，认为作为有限存在的人必须从这种有限性中解脱出来，变成无我的存在，从而与上帝融合为一；[38]第二种神秘主义以桑迪亚的"包容一切，此即吾心之自我"教义为根据，认为作为思考着的主体，自我本身就是神圣的，它揭示着一切，包容一切。[39]布伯对这两种神秘主义进行了分析，认为两种神秘主义的共同点在于，二者都承认神人合一的观点。不同点在于，前者为了合一而取消了人的自我，将人融于神之中："你"吞噬了"我"；后者为了合一而取消了神，人以神自居："我"吞噬了"你"。在布伯看来，由于二者都毁弃了关系，因而，在本质上，二者都是一种精神幻像。[40]

38 马丁·布伯：《我与你》，陈维纲译，上海：三联书店，1986年，第72页。
39 马丁·布伯：《我与你》，陈维纲译，第72页。
40 马丁·布伯：《我与你》，陈维纲译，第72页。

　　对话哲学将关系视为上帝启示自身之所，认为上帝是在每一个具体的"我—你"关系中被遭遇的。布伯将关系世界分为三个领域，一是与自然相关的领域，二是与人相关的领域，三是与精神实体相关的领域。[41]对于布伯，正是经由这三种关系，即人与自然、人与他人和人与精神实体的关系，人才可以遭遇上帝。正如布伯所说："在每一个关系之中，我们意识到永恒之你的气息；在每一个'你'中，我们呼唤永恒之你。"[42]"每一个你皆是对'永恒之你'的洞见。"[43]人之所以可以在"我—你"关系中遭遇作为"永恒之你"的上帝，就是在于：其一，在与他者遭遇的"我—你"关系中，他人、他物不是基于主体的欲求而建构的对象，而是主体之外具有独特价值和意义的存在，更为确切地说，在"我—你"关系中，人开始将关系中所遭遇的他者视为独一无二的上帝的造物；其二，上帝正是经由"我—你"关系将价值和意义启示给人，他是"我—你"关系的根据，也是"我—你"关系中人的更高层次的对话伙伴。[44]布伯研究专家弗里德曼指出，在对话哲学中，布伯不是要我们去认知上帝的本质，而是试图向我们展示如何与上帝相遇的道路。[45]布伯的上帝虽然在认识意义上是不可知的，但是，在生存意义上，他是可以与人相遇的。在布伯的哲学思考中，上帝经由人与世界的相遇关系进入世界，因而，当人对生命中所遭遇的他者敞开，用自己的全部存在对其作出回应，并与世界建立起爱、责任以及关怀的关系时，人就会与上帝相遇了，用布伯自己的话来说，"用你的整个存在去遭遇世界，你就会与上帝相遇，""如果你愿意信仰，那么去爱！"[46]

第二节　对话伦理与宗教[47]

　　以"我—你"为关系基础，布伯建构了他的对话伦理。对话伦理具有"呼唤"和"回应"的关系结构，它要求人敞开自身，经由对生命中所遭遇的他者

---

41 在之后的《人与人》一书中，布伯将第三种关系改为人与存在或上帝的关系。

42 马丁·布伯：《我与你》，陈维纲译，上海：三联书店，1986年，第88页。

43 马丁·布伯：《我与你》，陈维纲译，第64页。

44 Malcolm L. Diamond, *Martin Buber: Jewish Existentialist*, New York: Oxford University Press, 1960, p.39.

45 Maurice Friedman, *Martin Buber and the Eternal,* New York: Human Science Press, 1986, p.15.

46 Maurice Friedman, *Martin Buber and the Eternal,* New York: Human Science Press, 1986, p.16.

47 本节的主要内容发表在《道德与文明》杂志的《马丁·布伯的对话伦理》一文中。

的"呼唤"之"回应"来实现对他者的责任。布伯强调上帝在对话伦理情境中的在场，由此，对他者回应的对话伦理同时也是对上帝负责的宗教伦理。对话伦理将对他者的关怀与责任和对上帝的追求结合在一起，使得人们在凡俗中发现神圣，在当下遭遇永恒，在对有限他者的责任中实现对上帝的绝对责任。

一、关系本体论与对话伦理

　　布伯的对话伦理与他的关系本体论（relational ontology）密切相关，因此，要考察他的伦理思想，我们首先要对布伯的关系本体论有所了解。在其关系哲学中，布伯将关系视为本体，而不是像传统哲学那样将作为关系之结果的主体或客体视为最基本的实在。布伯说："起初就是关系。"[48]这意味着，具体的存在总是在关系之中的存在，没有一个独立存在的主体，也没有一个独立存在的客体，人或事物总是在关系中实存的，关系就是本体。在确立了关系的本体性地位后，布伯回答了主体如何产生的问题。与近代以来的西方哲学将主体视为独立的实在不同，布伯将主体视为关系之中的主体，即主体是在与另一个人格主体进入关系之后产生的："人通过'你'而成为'我'，"[49]"真正的自我仅在进入与他人的关系中才会出现。"[50]需要注意的是，布伯所理解的关系主体与康德的理性主体不同，关系主体只有在关系之中才可以存在，从逻辑上来说，关系在先，主体在后；而理性主体是先于一切存在的先验主体，从逻辑上来说，主体在先，关系在后。布伯的关系本体论将传统本体论对"实体"或"主体"概念的关注转向对"关系"概念的讨论，并将主体理解为关系之中的主体，这是其关系本体论对哲学史最为显著的贡献。

　　在布伯看来，关系可以分为"我—你"（I—Thou）关系和"我—它"（I—It）关系两种。"我—你"关系中的"我"是人格（person）主体，[51]人格主体将他人、他物视为平等的人格与其步入关系，如其所是地接纳他者的本来面目，并且承认他者的独特性和价值，如此，作为人格主体的"我"与同样作为人格主体的"你"之间便建立了一种直接的相遇（relation of meeting/encounter）

48　Martin Buber, *I and Thou*, trans. Ronald Gregor Smith, Edinburgh: T. & T.Clark, 1950, p.18.

49　Martin Buber, *I and Thou*, trans. Ronald Gregor Smith, Edinburgh: T. & T.Clark, 1950, p.28.

50　Martin Buber, *Eclipse of God: Studies in the Relation Between Religion and Philosophy*, trans. Maurice Friedman et al., NJ: Humanities Press International, 1996, p.97.

51　马丁·布伯：《我与你》，陈维纲译，上海：三联书店，1986年，第54页。

关系。"我—它"关系中的"我"是经验与利用之主体，[52]经验与利用之主体将他人、他物视为自我达成某种目标的工具，他者不再如其所是地对我呈现其本来面目，而是成为自我经验和利用的被动对象。在这两种关系中，"我—它"关系关涉到生命自身的维持与扩张的内在性维度，是人的非本真的生存模式；"我—你"关系关涉到人如何超越内在自我从而与世界相遇的超越性维度，是人的本真生存模式。对于布伯，"我—你"关系和"我—它"关系对于人的生存来说必不可少，但是，相较于"我—它"关系，"我—你"关系是更为原初和根本的关系，正是"我—你"关系使人成其为人。然而，布伯指出，每一个"我—你"关系都不可避免地会转化成"我—它"关系，即"每一个'你'注定要演变成'它'"，[53]但每一个"我—它"关系并却不必然地会演变成"我—你"关系。这表明了人性极为复杂的双重特征，人总是处于趋向"它"之运动和重返"你"之运动的双重运作之间。

在《我与你》中，布伯将"我—你"关系描述为一种具有直接性、交互性和在场性的相遇关系，此种关系不仅发生在人与人之间，也可以发生在人与一棵树、一只猫以及一件艺术作品之间。在之后的《人与人》一书中，布伯对他在《我与你》中所论述的思想作了更为细致的阐释。此时，他更为关注的是人与人之间"我—你"关系的对话性质。布伯将"我—你"关系的展开理解为对话（dialogue），这意味着，"我—你"关系是一种由呼唤（address）和回应（response）所构成的对话关系。[54]在此，对话不仅仅意味着语言的交换，真正的对话（genuine dialogue）也可以发生在无语的沉默之中，发生在两个人之间的交谈也可能是真正的独白。[55]对话不是与他人有大量的交往，而是与他人有真正的交往。[56]对话也不是与他人意见相同，意见相左的两个人也可能处于相互性的对话关系之中。[57]在布伯看来，对话的核心不在于语言的有无、交往数量的多寡以及意见是否相同，而是在于个体是否在对话中敞开自身，是否在当

52 马丁·布伯：《我与你》，陈维纲译，上海：三联书店，1986年，第54页。

53 马丁·布伯：《我与你》，第24页。

54 Manfred Vogel, "The Concept of Responsibility in the Thought of Martin Buber," *The Harvard Theological Review*, vol.63, no.2 （1970）, p.165.

55 Martin Buber, *Between Man and Man*, trans. Ronald Gregor Smith, London, New York: Routledge, 2002, p.XVI.

56 Martin Buber, *Between Man and Man*, trans. Ronald Gregor Smith, London, New York: Routledge, 2002, p.23.

57 Martin Buber, *Between Man and Man*, trans. Ronald Gregor Smith, London, New York: Routledge, 2002, p.24.

下的具体情境中以他的整个存在去回应（respond）他者的呼唤（address）。真正的对话要求人的内在生命处于一种"接受的"（receptive）与敞开的状态，经由"转向他者"（turning towards the other）的基本运动，"走出自我到他者中去"，[58]体验"他者和他者无限的他性"，[59]在持守自身的基础上接纳关系中的另一端，肯定生命中与我相遇的他者之所是。

以"我—你"关系为基础，布伯建构了他的伦理思想，他将伦理置于"我—你"关系的领域来讨论。[60]经由对责任概念的界定，布伯揭示了"我—你"关系的伦理意蕴。责任概念是布伯伦理思想中极为重要的概念，布伯赋予了责任概念以关系性质和对话的含义，他说："责任观念将被从特殊化的伦理学领域，从在天空中飘荡着的'应该'领域，带回到实际人生的领域当中。真正的责任（genuine responsibility）只存在于有真正回应（real responding）的地方。"[61]责任或回应"预设了一个本源呼唤（address）我的人，他从一个从独立于我的领域对我说话，我回应他以对他负责"。[62]这就是说，责任并非对普遍道德原则的遵循，它存在于当下具体情境中对他者的真切回应之中。责任就是个体在当下具体情境中对他者呼唤（address）的回应（response）。因此，我们看到，由呼唤和回应所构成的"我—你"关系的伦理意义便十分明晰："我—你"关系中的"我"不仅是一种本体意义上的本真的存在，同时也是一种伦理意义上的回应的或负责的存在。对于布伯，伦理是经由"我—你"对话关系来实现的，因此，学者们通常将布伯的伦理称之为关系伦理或对话伦理。

二、对话伦理的关系结构

对话伦理是一种回应的责任伦理，具有呼唤和回应的关系结构。在其著作中，布伯主要分析了对话伦理两方面的内容：一是谁在呼唤，即对什么回应或负责的问题；二是如何回应，即个体如何进行道德决断（moral decision）的问

58 Martin Buber, *Between Man and Man*, trans. Ronald Gregor Smith, London, New York: Routledge, 2002, p.25.
59 Martin Buber, *Between Man and Man*, trans. Ronald Gregor Smith, London, New York: Routledge, 2002, p.26.
60 Manfred Vogel, "The Concept of Responsibility in the Thought of Martin Buber," *The Harvard Theological Review*, vol.63, no.2 （1970）, p.164.
61 Martin Buber, *Between Man and Man*, trans. Ronald Gregor Smith, London, New York: Routledge, 2002, p.18.
62 Martin Buber, *Between Man and Man*, trans. Ronald Gregor Smith, London, New York: Routledge, 2002, p.52.

题。对于谁在呼唤或对谁回应的问题，布伯的回答是"具体的实在"（concrete reality）。"具体的实在"不是在现实世界之外超越的或抽象的存在，如非人格的理念、原则或真理等，而是人们在现实世界中每时每刻都能接触到的具体的他人、他物。布伯的责任概念预设了一个与我相对的人格主体，因为只有独立的人格主体才能要求我对其负责。[63]对"具体的实在"负责意味着将日常生活中遭遇的他者视为一个"你"（人格主体），对其要求作出回应。布伯用形象的例子对此作出了说明："一只狗看着你，你必须对它的眼神负责；一个孩子抓住你的手，你必须对他的触摸负责；一群人向你走来，你必须对他的需要负责。"[64]

布伯也将"具体的实在"理解为一种符号（signs）或言语（speech），认为真实的人生就是被符号或言语所呼唤的人生："符号不断涌向我们，活着就意味被呼唤。"[65]"具体的实在"作为符号和言语呼唤着人类，我们也在这种呼唤中意识到自己要时刻准备着对之作出回应，并在内心树立回应他者的责任意识。对于布伯，日常生活中所遭遇的"具体的实在"时刻都在对人发出伦理的要求，召唤人对其作出回应。布伯将作为符号和言语的"具体的实在"视为上帝的话语，[66]上帝经由具体的他人、他物对人说话，向人发出伦理的召唤。正如学者 Marvin Fox 所言，布伯的伦理思想包含着这样一个基本信念："上帝存在，上帝是价值和道德义务的根源，所有的人都对上帝负有责任。"[67]因而，从终极意义上来说，对他者回应的责任伦理同时也是对上帝负责的宗教伦理。

对于如何回应，即个体如何进行道德决断的问题，布伯认为，道德决断不在于普遍的道德原则，而是在于具体的情境。对话伦理强调的是个体在当下具体情境中而不是在外在的普遍的道德原则之下对他者作出回应。布伯十分明确地表达了此种观点，他说："我不知道任何体系。""我用'情境'反对'原

63 Manfred Vogel, "The　Concept of Responsibility in the Thought of Martin Buber," *The Harvard Theological Review*, vol.63, no.2 （1970）, p.162.

64 Martin Buber, *Between Man and Man*, trans. Ronald Gregor Smith, London, New York: Routledge, 2002, p.20.

65 Martin Buber, *Between Man and Man*, trans. Ronald Gregor Smith, London, New York: Routledge, 2002, p.18.

66 Martin Buber, *Between Man and Man*, trans. Ronald Gregor Smith, London, New York: Routledge, 2002, p.17.

67 Marvin Fox, "Some Problems in Buber's Moral Philosophy," in Paul Arthur & Maurice Friedman, eds., *The Philosophy of Martin Buber*, Series: Library of Living Philosophers, 1967, p.153.

则'，用'不纯粹的'实在去反对'纯粹的抽象'。"[68]布伯不满于一些传统哲学家用建构一套完备的理论体系来解答人类所关切的基本问题的做法。他认为这些哲学家实际上无法正视诸如意义和如何行动等真实的生存问题，对于此类问题，人们往往充满了不安和不确定性，而这些哲学家却取消此种不确定性，试图在他们的理论体系中寻求一种安全感。[69]在对待伦理问题上，特别是在对道德决断的分析中，布伯极力避免此种简单的确定性。在他看来，在进行道德决断之时，"每一个情境都是特别的，都需要一种特别的解决方式。"[70]"当一个人想去做正义之事时，他必须去冒险。"[71]这就是说，没有普遍有效的伦理原则可以确保我们的行为是正确的，每一个道德决断都是一种道德历险，人只有在承担起这种不确定性，根据具体的情境作出自己的道德决断，才不至于沦为只会遵循规则的机器。

　　根据布伯，伦理行为的依据和道德决断的标准在于行为自身是否具有价值。[72]那么，作为决定道德决断标准的价值从何而来呢？与尼采和萨特之类的生存哲学家不同，布伯认为价值并非源于主体自身的创造，而是在人与存在相遇的"我—你"关系中被发现的。[73]在布伯的思想中，作为"永恒之你"的上帝在每一个"我—你"关系中在场，因而，从根本上来说，真正的价值是在人与上帝的关系之中被发现的，价值的源头是上帝而非人自身。从这种意义上来说，行为的依据不在于该行为是否符合外在普遍的道德原则，不在于是否最大限度地实现和彰显主体的创造或主体的自由，也不在于是否为个人或社会带来何种益处，而在于行为自身是否遵循上帝的意志——行善即意味着根据上帝的意志行事。[74]

68　Charles W. Kegley, "Martin Buber's Ethics and the Problem of Norms," in *Religious Studies*, vol.5, no.2（1969），p.185.

69　Marvin Fox, "Some Problems in Buber's Moral Philosophy," in Paul Arthur Schilpp & Maurice Friedman, eds., *The Philosophy of Martin Buber*, La Salle, Illinois: Open Court Publishing Company, 1991, p.151.

70　Paul Arthur Schilpp & Maurice Friedman, eds., *The Philosophy of Martin Buber*, La Salle, Illinois: Open Court Publishing Company, 1991, p.719.

71　Paul Arthur Schilpp & Maurice Friedman, eds., *The Philosophy of Martin Buber*, La Salle, Illinois: Open Court Publishing Company, 1991, p.723.

72　Martin Buber, *Eclipse of God: Studies in the Relation Between Religion and Philosophy*, trans. Maurice Friedman et al., NJ: Humanities Press International, 1996, p.95.

73　Martin Buber, *Eclipse of God: Studies in the Relation Between Religion and Philosophy*, trans. Maurice Friedman et al., NJ: Humanities Press International, 1996, p.70.

74　Charles W. Kegley, "Martin Buber's Ethics and the Problem of Norms," *Religious Studies*, vol.5, no.2（1969），p.184.

接着，我们需要考察的是，既然伦理或道德的行为是依循上帝的意志而行事的行为，那么上帝的意志又是如何为人所知晓的呢？布伯的回答是，启示（revelation）。在犹太—基督教思想中，上帝的意志是上帝亲自启示给人的。圣经作为上帝在历史中启示给人的神圣文本，其中包含了传达上帝意志的道德诫命，按照这些道德诫命去行事的人就是遵循上帝意志的有道德之人。布伯摒弃了此种完成时意义上的启示概念，在他看来，启示并不局限于过去发生的某个特别的历史时刻，当下人类生存的每一瞬间都可能是一种启示。[75]布伯将启示置于具体的对话情境之中，认为启示在每一个"我—你"对话关系中发生着。"启示是一个事件、一种发生、一种生活，以及一种与永恒之你的动态相遇"，[76]它意味着人与上帝之间真实的相遇和对话。经由对启示概念的重新理解，布伯否定了将上帝的意志等同于宗教诫命的传统理解，而是认为上帝的意志是在每一个"我—你"对话关系中被启示给人的。

上帝的意志在对话的伦理情境中被启示给人，这并非意味着在此种伦理情境中人可以获知确切的行为规范或准则。布伯说："用正义的方式做正义之事，正义的行为源自与对我们作出要求的上帝的关系。"[77]"上帝拥有真理，但是他并不拥有一个体系……他的意志不是一种程序（program）。"[78]上帝在对话的伦理情境中在场，他启示给人的不是具体的行为规范或准则，而是对他人负责的一种伦理要求。此种伦理要求会使人发生一种精神上的转变，产生对他人负责的责任意识。"比获得具体如何去做的指示更为重要的是，人与上帝相关联时会发生转变。人虽然未被告知该去如何行动，但是他发现应该对所做的事负责。"[79]

由上述可知，一方面，对话伦理反对任何外在普遍的道德原则，肯定了个体在具体伦理情境中自主回应和自主决断的自由。另一方面，对话伦理将

---

75 Marvin Fox, "Some Problems in Buber's Moral Philosophy," in Paul Arthur Schilpp & Maurice Friedman, eds., *The Philosophy of Martin Buber*, La Salle, Illinois: Open Court Publishing Company, 1991. p.154.

76 Charles W. Kegley, "Martin Buber's Ethics and the Problem of Norms," *Religious Studies*, vol.5, no.2 （1969）, p.185.

77 Martin Buber, *Israel and the world*, trans. Creta Hort et al., New York: American Book-Stratford Press, 1948, p.145.

78 Martin Buber, *Israel and the world*, trans. Creta Hort et al., New York: American Book-Stratford Press, 1948, p.114.

79 Marvin Fox, "Some Problems in Buber's Moral Philosophy," in Paul Arthur Schilpp & Maurice Friedman, eds., *The Philosophy of Martin Buber*, La Salle, Illinois: Open Court Publishing Company, 1991, p.159.

上帝视为价值的源头和道德行为的最终依据，赋予伦理以绝对和神圣的意义。对话伦理由内外双重运动构成，外在的运动即是寓于伦理关系之中的上帝的召唤和启示，内在的运动即是个体在具体情境中的自主的回应和决断。对话伦理在宗教意义上意味着朝向上帝的生存，在哲学意义上意味着人的本真生存。前者强调的是经由对他者的责任来实现对上帝的责任；后者强调的是经由对他者的责任达成自我实现。根据布伯，个体之所以能够在伦理行为中达成自我实现，就是在于，只有在伦理决断中，人才能意识到"人之所是"（what one actually is）和"人之将成"（what one is intended to be）之间的区分，[80]在这种对自我的可能性和潜能的遭遇中，人能够作出对与错的抉择，从而在道德决断中将自身塑造为具有唯一性价值和意义的人性之人。朝向上帝的生存和本真的生存统一于对他者的责任，即对他人、他物以及存在或上帝的责任。

三、伦理与宗教

对话伦理与宗教有着紧密的关联。布伯在《宗教和伦理》和《论伦理的悬置》等文章中对伦理与宗教之间的关系进行了相对集中的论述。通过对布伯相关著作的分析，我们可以把伦理与宗教之间的关系总结为三个方面：一、宗教是伦理的源头和依据；二、伦理责任和宗教责任基本上是统一的；三、宗教关系需经由伦理关系来实现。

首先，伦理与宗教紧密关联，宗教是伦理的源头和依据。在《宗教与伦理》一文中，布伯论述了此观点。在他看来，伦理主要关涉到个体的道德决断，宗教主要关涉到个体与上帝的关系。[81]然而，道德决断的标准不是源于人自身，也不是外在的普遍原则，而是源于人与上帝的关系。"只有出于与绝对者的个人关系（personal relationship），伦理坐标的绝对标准才能够产生。"[82]布伯在此强调的是，伦理决断的标准源自人与上帝之间活生生的个人关系，它排斥任何一种僵化的原则。布伯指出，对于宗教传统中流传下来的一些绝对伦理原则，这些绝对原则的有效性也唯有在人与上帝之间的个人关系中被重塑后才能获

80　Martin Buber, *Eclipse of God: Studies in the Relation Between Religion and Philosophy*, trans. Maurice Friedman et al., NJ: Humanities Press International, 1996, p.96.

81　Martin Buber, *Eclipse of God: Studies in the Relation Between Religion and Philosophy*, trans. Maurice Friedman et al., NJ: Humanities Press International, 1996, p.97.

82　Martin Buber, *Eclipse of God: Studies in the Relation Between Religion and Philosophy*, trans. Maurice Friedman et al., NJ: Humanities Press International, 1996, p.98.

得。[83] "总是宗教给予,伦理接收",这句话表明布伯将宗教视为伦理的源头和依据。

布伯考察了伦理和宗教关系的历史变迁,认为伦理和宗教的关系经历了一个从相互融通到相互分离的过程。在原初以色列人那里,伦理和宗教是结合在一起的,伦理的根源和依据在于上帝,同时,伦理行为的最终目的也指向上帝。这主要表现为,以色列人的伦理规范主要源于上帝在西奈山上亲自授予的律法,上帝授予以色列人伦理相关的律法,是为了让他们遵循上帝指示的道路——行正义和爱人,以便以色列人成为上帝面前的圣洁之民(holy people)。[84]在以色列人的教导中,伦理是宗教的一种不可或缺的内在功能。然而,基督教却破坏了犹太教中伦理与宗教的原初关系,它在发展过程中逐步削弱了信仰中的伦理因素。基督教在希腊文化的影响下将犹太教圣洁之民(holy people)的概念转化成"个人的圣洁"(Personal holiness),[85]这样,基督教的个人主义将信仰划归到个人生活的领域,慢慢远离公共的伦理生活领域。宗教和伦理的逐渐分离在基督教历史上有多种表现形式:在保罗神学那里,表现为对个人信仰的强调和对事工的贬抑,在奥古斯丁和宗教改革者那里,表现为信仰被视为上帝的一种恩典,而此种恩典与个人的道德和伦理行为无关。经由以尼采为代表的一些现代思想家对宗教和道德的批判,现代思想基本实现了伦理和宗教的分离。然而,布伯指出,伦理和宗教的分离最终只会导向道德和价值的虚无主义,无益于现代人的生存。而对于此种虚无主义的克服,有待于二者原初关系的恢复。

其次,几乎没有高出伦理之上的宗教责任,伦理责任和宗教责任基本上是统一的。在《论伦理的悬置》一文中,布伯通过对克尔凯戈尔"伦理的目的论悬置"(teleological suspension of the ethical)概念的批判阐释了此种观点。我们知道,克尔凯戈尔在《恐惧与战栗》中解读亚伯拉罕献祭以撒的故事时提出了"伦理的目的论悬置"观点。他认为该事件的伦理含义是亚伯拉罕谋杀以撒,宗教含义却是亚伯拉罕献祭以撒,[86]其中存在着伦理和宗教之间的冲突。亚伯

83 Martin Buber, *Eclipse of God: Studies in the Relation Between Religion and Philosophy*, trans. Maurice Friedman et al., NJ: Humanities Press International, 1996, p.98.

84 Martin Buber, *Eclipse of God: Studies in the Relation Between Religion and Philosophy*, trans. Maurice Friedman et al., NJ: Humanities Press International, 1996, 104-105.

85 Martin Buber, *Eclipse of God: Studies in the Relation Between Religion and Philosophy*, trans. Maurice Friedman et al., NJ: Humanities Press International, 1996, p. 105.

86 Søren Kierkegaard, *Fear and Trembling*, trans. Howard V. Hong et al., Princeton: Princeton University Press, 1983, p.30.

拉罕的行为之所以被人们视为神圣而不是谋杀，就在于对他人的伦理责任之外还有一种对上帝的绝对责任。在伦理和宗教发生冲突之时，人们可以悬置伦理责任，履行更高的宗教责任，克尔凯戈尔将之称为"伦理的目的论悬置"。

　　布伯驳斥了克尔凯戈尔的"伦理的目的论悬置"观点。在他看来，"伦理的目的论悬置"可以应用到具体情境下的亚伯拉罕的身上，却不可盲目扩展到所有人。[87]对于一般的普通人，没有超越伦理责任之外对上帝的绝对责任，伦理责任和宗教责任是统一的。布伯指出，克尔凯戈尔在解读亚伯拉罕献祭以撒的故事时忽略了这样的问题——"信仰决断之前伴随着聆听这个问题。被听到的声音出自谁？"[88]"你真的被绝对者召唤了还是被他的一个模仿者召唤了？"[89]换言之，在实施伦理悬置之前，人们必须确保其所聆听到的声音确实出自上帝。布伯并没有质疑亚伯拉罕曾被呼召去献祭以撒，他认为，作为被上帝拣选之人（His chosen one），亚伯拉罕不可能将上帝的声音与其它的声音混淆。[90]但是，作为和你、我一样的普通人，在这样一个易于将绝对者和相对者混淆的时代，我们很难分辨上帝的声音和其他模仿者的声音。因此，当我们遭遇悬置伦理的外在要求时，我们一定要警惕，不可去做越出伦理要求之外的事。布伯在圣经《弥迦书》6 章 8 节[91]的教导中找到了相应的依据，根据此节的教导，上帝对每个人的要求无非是去爱人和行正义这样的伦理要求，"与上帝同行的人……几乎没有超越基本的伦理。"[92]

　　最后，宗教离不开伦理，宗教关系需经由伦理关系来实现。对于布伯，宗教既不是个体对外在教会组织权威的顺服，也不是个体私人的神秘经验，而是个体与上帝之间的关系。[93]宗教关系并不如同一些神秘主义者和禁欲主义者所

87　Martin Buber, *Eclipse of God: Studies in the Relation Between Religion and Philosophy*, trans. Maurice Friedman et al., NJ: Humanities Press International, 1996, p.118.

88　Martin Buber, *Eclipse of God: Studies in the Relation Between Religion and Philosophy*, trans. Maurice Friedman et al., NJ: Humanities Press International, 1996, 117-118.

89　Martin Buber, *Eclipse of God: Studies in the Relation Between Religion and Philosophy*, trans. Maurice Friedman et al., NJ: Humanities Press International, 1996, p.119.

90　Martin Buber, *Eclipse of God: Studies in the Relation Between Religion and Philosophy*, trans. Maurice Friedman et al., NJ: Humanities Press International, 1996, p.118.

91　该节的内容是"世人哪，耶和华已指示你何为善。他向你所要的是什么呢？只要你行公义，好怜悯，存谦卑的心，与你的神同行。"——引自和合本圣经。

92　Martin Buber, *Eclipse of God: Studies in the Relation Between Religion and Philosophy*, trans. Maurice Friedman et al., NJ: Humanities Press International, 1996, p.118.

93　Martin Buber, *Eclipse of God: Studies in the Relation Between Religion and Philosophy*, trans. Maurice Friedman et al., NJ: Humanities Press International, 1996, p.96.

认为的那样排斥世俗生活，它恰恰经由人与具体存在着的他人、他物的关系来实现的。布伯通过爱邻人和爱上帝的关系来说明伦理关系对于宗教关系的重要意义，他说："对造物主的爱和对其所造之物的爱归根到底是同一种爱。"[94]"爱邻人的真正意义在于……通过它并在它当中我们与上帝相遇。"[95]在爱邻人的伦理责任中，人遭遇上帝并实现了对上帝的责任。在解析信仰这个词的原初含义时，布伯也强调了伦理关系对于宗教关系不可或缺的作用。根据布伯的分析，希伯来圣经中 Emunah（信仰）这个词包含忠诚和信任两层含义，Emunah不只是一种内在的精神状态，而且也需要外在的实现，即需要在生命中具体的人与人之间的忠诚和信任关系中实现出来。[96]经由对信仰一词原初含义的追踪，[97]布伯强调的是，人与上帝之间的信仰关系离不开人与人之间的伦理关系，宗教关系是在伦理关系中实现的。

由上述可知，布伯极为强调伦理和宗教之间的紧密关联，这与他的犹太身份和对犹太教传统的认同不无关联。在犹太教的经典中，伦理一直是拉比们所论述的核心问题。犹太教的信仰离不开具体的伦理实践，而伦理生活的依据和旨归又是宗教。因此，布伯对伦理和宗教关系的论述无疑是重申和激活了犹太教思想中的某些原则，这为我们在当代的语境下重新思考伦理和宗教的关系提供了新的视角。

作为二十世纪的一位重要的存在主义哲学家，布伯与其他的存在主义哲学家——克尔凯戈尔、尼采、海德格尔以及萨特等人——最大的不同在于其对伦理的强调。他的对话伦理表明，本真生存不是孤独的个体的生存，而是一种在关系之中对他者负责的伦理式的生存。对话伦理强调上帝在伦理情境中的在场，并将上帝视为伦理行为和伦理价值的最终依据，它将本真生存与朝向上帝的生存结合到了一起，使得人们在对他者的伦理责任中遭遇上帝并实现对上帝的责任。我们看到，当现代生存哲学家在倡导个体的自由和价值之时，布伯却孜孜不倦地提醒现代人，不要忘记对我们生存其间的这个世界的责任，不要忘记对与我们共处的他人的责任，不要忘记对我们所渴慕的上帝的责任——这是

---

94 马丁·布伯：《论犹太教》，刘杰等译，济南：山东大学出版社，1992 年，第 183 页。

95 马丁·布伯：《论犹太教》，刘杰等译，第 185 页。

96 Martin Buber, *Two Types of Faith*, trans. Norman P. Goldhawk, New York: Harper and Brothers, 1961, p.29.

97 具体可参见本章第三节的相关论述。

布伯的与众不同之处，也是其思想的可贵之处。关于布伯伦理思想的价值和意义，我们或许可以从刻在布伯墓碑上的那句话——"我永远与你同在"（and I am always with Thee）——中得到启示。[98]

第三节　两种信仰的比较研究

作为一个宗教思想家，布伯最关心的问题是信仰问题。正如 Walter Kaufman 所言，"与克尔凯戈尔一样，布伯本质上是一个宗教思想家而不是一个哲学家……他最主要的关切可以用一个问题明确表达：我父辈的宗教对我今天有什么意义？"[99]布伯对哈西德主义的阐释、对圣经的研究，以及在其最著名的著作《我与你》中的思考，都与信仰这个核心问题密切相关。[100]布伯的著作《两种类型的信仰》是研究信仰问题的专门著作。此书中，布伯区分界定了两种信仰，并对这两种信仰进行了比较研究。《两种类型的信仰》的副标题是"犹太教与基督教的阐释研究"，因而，布伯所区分的两种信仰也就是犹太教信仰和基督教信仰。布伯的信仰比较研究在基督教学者那里具有一定的争议性。本节首先阐述布伯所界定的两种信仰的基本含义，其次讨论这两种信仰之间存在的差异，最后讨论基督教学者对布伯两种信仰研究的回应，并对布伯的信仰研究做出自己的评价。

一、理解信仰：承认关系与信任关系

在《两种类型的信仰》的前言中，布伯区分界定了两种信仰，他指出，信仰的具体内容虽然缤纷繁多，但是信仰只有两种基本的形式，第一种信仰以早期犹太教信仰 Emunah 为典型代表，第二种信仰以早期基督教信仰 Pistis 为典型代表。两种信仰都可以从具体的生存事实中得到理解。对于第一种信仰，布伯认为我们可以从与他人的信任（trust）关系来理解。从生存层面的信任关系来理解信仰的思路，与布伯的对话哲学思想是一致的，二者都强调从作为关系

98　Paul Mendes-Flor, ed., *Martin Buber: A Contemporary Perspectives*, Jerusalem: Syracuse University Press, 2002, p.90. 布伯在耶路撒冷的碑文 "我永远与你同在" 是希伯来文，对此句话布伯自己的德文翻译是 und doch bleibe ich stets bei dir。

99　Paul Arthur Schilpp & Maurice Friedman, eds., *The Philosophy of Martin Buber*, La Salle, Illinois: Open Court Publishing Company, 1991, p.666.

100　布伯晚年说，人们对《我与你》的阐释与批评往往没有抓住其核心要义，"在人与上帝的关系和人与人的关系之间存在密不可分的关系，"可见，信仰问题在《我与你》中具有重要意义。参见《我与你》第 107 页。

的人性（humanity）角度来理解信仰。在《我与你》中，布伯认为，人性是在关系之中被塑造的，即人是在与世界的"我—你"关系中形成其自我的，与将其他的存在者视为经验与利用对象的"我—它"关系不同，"我—你"关系是一种具有直接性与交互性特征的相遇关系。人与世界中每个具体的存在者之间的"我—你"关系——特别是人与人之间的"我—你"关系——在布伯那里不仅具有生存层面的含义，而且具有深层的宗教意义。布伯将上帝称为"永恒之你"（the eternal Thou），作为永恒之你的上帝是在人与每一个具体的"你"的相遇关系中被遭遇的，布伯说："与人的关系是与上帝关系的一个适当的摹本。"[101]也就是说，人与人类同伴（fellowman）的"我—你"和人与上帝的关系在根本上是相关的，真正的信仰与真正的人性是交织在一起并且彼此相互渗透的，布伯说："我们的信仰是以人性为根基的，我们的人性是以信仰为根基的。"[102]据此，在布伯看来，对信仰的理解是离不开对作为关系的人性的探究的，对人性的理解也离不开对信仰的理解。布伯对于第一种信仰的界定承继了以上的思路，即从横向人与人之间的信任关系来透析纵向神与人的信仰关系。我们知道，信仰关涉到作为有限存在者的人与作为无限者的上帝之间的关系，布伯没有将信仰视为教会组织垄断的私有物，也没有将信仰变成个体内在的主观现象，而是在具体的生存现实中探寻信仰的真实内涵，他强调信仰与现世人生不可分离，信仰可以从最简单的生存现实中得到阐释与理解。

布伯具体地从人与人的信任（trust）关系来阐释第一种信仰：当我们信任某人的时候，其实我们并不是理性上给出了足够的理由再去信任他人，恰恰相反，通常我们信任他人，却往往在理性上不能给出足够的理由。同时，如果我们信任某人，那么我的整个存在必然和所信任之人之间建立了一种联系（contact），[103]信任之中建立的联系同时也使我们接受自己所信任之人。第一种形式的信仰即是如此，它是一种信任关系，此种信任关系"依赖于我的整个存在和被信任者之间的联系"，[104]强调的是人的整个存在与被信任者之间的生

---

101 Martin Buber, *I and Thou,* trans. Ronald Gregor-Smith, Edinburgh: T. & T.Clark, 1950, p.102.

102 Maurice Friedman eds., *Martin Buber and Human Science*, Albany: State University Press, 1996, p.95.

103 Martin Buber, *Two Types of Faith*, trans. Norman P. Goldhawk, New York, Harper and Brothers, 1961, p.8.

104 Martin Buber, *Two Types of Faith*, trans. Norman P. Goldhawk, New York, Harper and Brothers, 1961, p.8.

存联系（existent contact），而不是拥有足够的理由再去信仰的一种理性考量的行为。对于第一种信仰关系，联系的状态（a state of contact）是最重要的，它要求人与上帝有实实在在的联系，但这并不是说要切断与他人的联系而唯独与上帝相关，而是指通过与他人的联系来与上帝相联结。布伯说，他人"并非通往上帝之路的障碍，而是道路本身。"[105]在第一种信仰中，人从其个体的原初情境出发，展开他的生存，真诚地与另一个生命相遇，经由与另一个生命的相互性的关系将自己与上帝联系起来，生存的意义也便在此种"活的具体性"之中找到。[106]在这里，上帝不是一个被动的认知对象，也不是与一个孤独个体相关的至高存在，而是在现实中经由人与人的关系可以被遭遇的他者。

　　布伯将早期犹太教信仰视为第一种信仰的典范，并对早期犹太教信仰进行具体的研究，他指出，犹太教经典中表示信仰的词是 Emunah，"Emunah 生存意义上也被称为信任（trust）"，它表达了人与神之间的原初关系。根据布伯对犹太教信仰的解读，神与人之间的信任关系和人与人之间的信任关系存在着密切的关联，人对神的信任关系是在人对人的信任关系中实现的，布伯说："唯有在人与人之间实现忠诚和信任，一个人才可以既是忠诚与可信任的。"[107]这意味着，犹太教信仰 Emunah 不仅包含纵向的神与人的关系，它还蕴含于横向的人与人的关系之中，人与人之间的信任关系的实现是人与上帝之间的信仰关系的具体体现。相较于受希腊哲学影响的基督教，布伯认为早期犹太教信仰 Emunah 是从犹太人的生存现实中所孕育出来的，它才是真正的犹太教信仰的体现。纵观布伯的一生，他不仅辛勤地为我们阐释犹太教信仰的真实内涵，也对基督教信仰抱有很强的学术兴趣，他对耶稣充满敬意，并称其为"伟大的兄弟"。布伯强调耶稣与犹太教信仰的承继性与一致性，将耶稣视为践行犹太教信仰——第一种信仰——的典型代表，并将耶稣与保罗对峙起来，认为保罗是耶稣所坚守的犹太教信仰的背离者，他的信仰是基督教信仰——第二种信仰——的典型代表。

---

105 Martin Buber, *Between Man and Man*, trans. Ronald Gregor Smith, London and New York: Taylor & Francis e-library, 2002, p.60.

106 Martin Buber, *Eclipse of God: Studies in the Relation Between Religion and Philosophy*, trans. Maurice Friedman et al., Atlantic Highlands, NJ: Humanities Press International, 1996, p.7.

107 Martin Buber, *Two Types of Faith*, trans. Norman P. Goldhawk, New York: Harper and Brothers, 1961, p.29.

对于第二信仰，布伯认为我们可以从与某事件的"承认关系"（relationship of acknowledging）来理解：当我们承认某事件为真的时候，往往并不是因为我们给出了足够的理由，而是因为我们的整个存在接受了我承认为真的事件。事件是通过命题来表达的，因而，当我们承认和接受某事件是真实的时候，也意味着我们接受和承认了表达该事件的相关命题。第二种信仰即是如此，它是一种承认关系，强调的是我们对一个命题真理的"接受行为"（act of acceptance）。[108]与强调生存联系的第一种信仰不同，在第二种信仰中，已经实现了的接受行为是最重要的，而人与被接受的命题所宣扬之人的联系却是次要的。[109]布伯将以保罗为代表的基督教的信仰 Pistis（belief/faith）视为第二种信仰的典范，他对新约圣经进行细致的分析，指出 Pistis 这个词的意思就是"承认某事是真实的"，[110]它是一种承认与接受命题真理的心灵姿态。布伯指出，早期基督教信仰之所以将承认与接受视为首要的信仰原则，就在于浸润于希腊文化氛围的约翰与保罗接受了希腊哲学的思考方式。希腊哲学开始于原初的抽象活动，它将具体的感官对象变成思想的对象，这个思想的对象是高于现实的普遍实在，与活生生的具体实在无关。[111]同样，哲学思考的主体也是抽离了肉身存在的心灵，超脱于具体的现实世界之外。哲学思考通过一般的概念来理解思想的对象，试图在概念中发现绝对，它是一种脱离具体情境与具体实在的心灵活动。早期基督教接受了希腊思想的因素，将信仰视为接受与承认的一种心灵活动，它抛弃了信仰的生存含义，背离了耶稣所坚守的犹太教信仰的原初内涵，将犹太教信仰 Emunah 转变成另一种形式的新型宗教——基督教信仰 Pistis。布伯认为犹太教信仰与受希腊思想影响的基督教信仰极为不同，在犹太教信仰中，"上帝站在人的面前，世界作为对话发生着"，[112]上帝是与人相对的面对面的存在，人可以在生存中与其相遇，在呼唤与回应中与其建立一种相互性的对话关系。而在基督

---

108 Martin Buber, *Two Types of Faith*, trans. Norman P. Goldhawk, New York: Harper and Brothers, 1961, p.8.

109 Martin Buber, *Two Types of Faith*, trans. Norman P. Goldhawk, New York: Harper and Brothers, 1961, p.8.

110 Martin Buber, *Two Types of Faith*, trans. Norman P. Goldhawk, New York: Harper and Brothers, 1961, p.26.

111 Martin Buber, *Eclipse of God: Studies in the Relation Between Religion and Philosophy*, trans. Maurice Friedman et al., Atlantic Highlands, NJ: Humanities Press International, 1996, p.123.

112 Martin Buber, *Eclipse of God: Studies in the Relation Between Religion and Philosophy*, trans. Maurice Friedman et al., Atlantic Highlands, NJ: Humanities Press International, 1996, p.125.

教信仰中，信仰变成了一种心灵的活动，它意味着承认和接受一些宗教信条，并相信这些信条是真实的，而人与上帝之间是否有真正意义上的联系却是次要的。从犹太教信仰 Emunah 到基督教信仰 Pistis，信仰的生存含义明显消失了。

两种信仰虽然存在着差异，也存在着如下的一些共同特征：其一，两种信仰都可以从生存事实中得到理解，前者关涉到人与人之间的信任关系，后者关涉到人与某事件之间的承认关系。其二，在这两种信仰关系中，理性都不能为信仰提供充足的理由，也就是说，理性不能完全说明第一种信仰关系中人为何信任他人，也不能完全解释第二种信仰关系中人为何承认其他事物为真。但这并不意味着在信仰关系中人的理性存在缺陷，而只是说明信仰关系本质上不是根源于理性，也不取决于理性，理性虽然使信仰得到一定程度的理解，它却从不能使信仰得到完全说明。也就是说，无论是信仰关系还是信仰的对象，都是超出理性解释的范围的。其三，信仰不是一种非理性的现象。对于布伯而言，信仰关涉到人的"整个存在"（entire being）和"人的本性整体"（totality of my nature），[113] 在信仰关系中，人的整个存在和本性的整体都参与其中，理性作为人之本性的一部分功能，也必然参与到信仰关系之中，因而理性思考是信仰关系中的一个部分，信仰不是一种非理性的现象。在对信仰与理性关系的理解上，布伯深受康德思想的影响，但是他没有像康德一样将信仰划出认识的范围之外，而是将理性视为信仰的一个不可或缺的组成部分。[114]

二、从犹太教信仰到基督教信仰

布伯对犹太教信仰和基督教信仰作了比较研究，他首先从词源学上考察信仰一词在犹太教与基督教中的含义变化。布伯发现，表示信仰的希伯来单词 Emunah 在翻译成希腊语 Pistis（belief/faith）时，其原本的词义已经发生了变化。在希伯来圣经中，与 Emunah 相关的两个动词 haaminu（trust）与 teamenu（entrust）根源于同一个含义：坚定不移（stand firm）。希伯来圣经中先知对它的解释是："唯有你坚守（stand firm）生命的根本关系，你才具有本质的稳固性。"[115] 也就是说，一个人存在的基础在于人与产生他的存在力量之间的根

---

113 Martin Buber, *Two Types of Faith*, trans. Norman P. Goldhawk, New York: Harper and Brothers, 1961, p.8.

114 Paul Arthur Schilpp & Maurice Friedman, eds., *The Philosophy of Martin Buber*, La Salle, Illinois: Open Court Publishing Company, 1991, p.12.

115 Martin Buber, *Two Types of Faith*, trans. Norman P. Goldhawk, New York, Harper and Brothers, 1961, p.28.

本关系，人对上帝的信仰在于人对自己与上帝关系的坚守。Emunah "是一种坚守的状态，它在生存意义上也被称为信任（trust）"。[116]具体地说，Emunah 在生存意义上包含忠诚（fidelity）与信任（trust）两个方面的含义，布伯提醒我们不要仅仅从心理意义上来理解这两个词，更为重要的是，要在人与人之间实现忠诚与信任的关系，信仰不仅仅是一种灵魂的态度，它更需要 "在生命的整体性中实现出来"。[117]因此，Emunah 不仅包含对人与上帝关系的坚守，也包含在人与人之间实现忠诚与信任关系的生存意义上的含义。但是，Emunah 在翻译成希腊语 Pistis 时，其含义变成 "承认某事为真实的"，即一种在思想上去承认和接受的行为。这样，Emunah 原本所包含的生存意义上的含义就被取消了。不仅如此，希伯来圣经中表达对上帝之转向的词 Teshuvah（turning）在新约中被翻译为希腊单词 metanoia，前者表示人的整个存在在具体的时间和情境中对上帝的转向，后者仅仅表示 "一种思想的转变"（a change of mind），也丢失了前者所具有的生存层面上的含义。[118]

根据布伯，犹太教信仰 Emunah 在对观福音中耶稣的教诲那里得到了延续和巩固。作为一个信仰之人（person of faith），耶稣与上帝之间的关系正是犹太教信仰关系的真实体现，他在现世生活中实践了此种信仰，这从耶稣与其门徒以及他人在具体情境下的言行中可以体现出来。与之相对的是，受希腊文化影响的约翰和保罗把信仰变成了一种作为承认关系的基督教信仰 Pistis。《罗马书》中保罗说："这就是我们所传信主的道，你若口里认耶稣为主，心里信神叫他从死里复活，就必得救。因为人心里相信，就可以称义；口里承认，就可以得救。"（Romans 10：9-10）基督教的 Pistis 核心在于相信被钉在十字架上死而复生的耶稣是他们的救世主，换句话说，也就是去承认有关信仰对象的命题是真实的，不仅内心承认，而且口头上向世界宣告这个命题，"我相信它如此"（I believe it is so）。[119]

犹太教和基督教的差异不仅体现在对信仰概念含义的认识上，而且还体

---

116 Martin Buber, *Two Types of Faith*, trans. Norman P. Goldhawk, New York, Harper and Brothers, 1961,p.170.
117 Martin Buber, *Two Types of Faith*, trans. Norman P. Goldhawk, New York, Harper and Brothers, 1961,p.29.
118 Martin Buber, *Two Types of Faith*, trans. Norman P. Goldhawk, New York, Harper and Brothers, 1961,p.26.
119 Martin Buber, *Two Types of Faith*, trans. Norman P. Goldhawk, New York, Harper and Brothers, 1961,p.172.

现在对具体信仰问题的理解上。以两种信仰的代表人物耶稣与保罗为例，二者在信仰的对象、信仰关系中的神人关系以及信仰关系中人的地位的理解上都存在很大差异。在关于信仰谁的问题上，布伯指出，耶稣教导门徒去信仰的是上帝，不是他自己，"对于耶稣，最重要的是坚守与上帝的直接关系"。[120]而保罗教导人们去信仰耶稣基督，认为基督是救赎之道，保罗取消了人与上帝之间的直接关系。布伯在马可福音十章十七至十八节中注意到，当一个人问耶稣："良善的夫子，我当作什么事才可以获得永生？"耶稣回答道："你为什么称我是良善的？除了一位神之外，再没有良善的。"布伯对这个故事的解读是：耶稣不认为自己是上帝，而只是将自己看作受到了上帝的启示，对上帝的教诲身体力行并将上帝之道传授给他人之人。布伯说，"耶稣将自己视为教授良善主人（good Master 这里即是指上帝）意愿的合理手段，但他不愿自己被称为良善的：除了上帝之外，没有人是良善的。"[121]这明显与保罗的教导不同，在保罗看来，亚当因违背了上帝的意愿而被定了罪，他的罪行致使所有的人都遭到了上帝的谴责，上帝定了所有人的罪，而唯有耶稣基督可以解救所有的罪人，人通过信仰耶稣基督才可以修复与上帝的关系。保罗教导人们要去信仰耶稣基督，这在布伯看来不是教导人们去信仰上帝，而是去信仰一个人，因而保罗取消了人与上帝的直接关系。[122]

　　通过对罪的问题的理解，布伯认为我们可以看出基督教和犹太教中神人关系的差异。布伯指出，关于罪的问题，犹太经典中对它的理解与保罗有很大差异。在犹太教的学说中，"罪是上帝与人之间的根本关系被扰乱，人从而不配再为上帝的造物"。[123]但是，罪并没有阻断人与上帝的直接关系，上帝的宽恕一直是在场的，人若可以主动向上帝回转，上帝的宽恕便可以修复此种根本关系，因而人与上帝的直接关系从未被取消。同时，这也意味着人在神人关系的修复中具有积极主动的作用，正如耶稣所言："你们祈求，就给你们；寻找，就寻见；叩门，就给你们开门。"（Matthew 7：7）与之不同的是，保罗强调罪

---

120 Maurice Friedman, *Encounter on the Narrow Ridge: A life of Martin Buber*, New York: Paragon House, 1991, p.316.

121 Martin Buber, *Two Types of Faith*, trans. Norman P. Goldhawk, New York: Harper and Brothers, 1961, p.115.

122 与基督教对耶稣身份的复杂界定不同，布伯虽然强调耶稣的重要性，但只是将耶稣视为一个人。信仰耶稣基督对他而言是去信仰一个人，而不是去信仰上帝，因而在他看来取消了人与上帝的直接关系。

123 Martin Buber, *Two Types of Faith*, trans. Norman P. Goldhawk, New York: Harper and Brothers, 1961, p.158.

人要通过转向耶稣，并承认基督为救世主才可以修复神人关系。此种观点在布伯看来实际上取消了神人之间的直接关系，也贬低了人在神人关系修复中的积极作用。

在对信仰关系中人的理解上，犹太教与基督教的观点也大相径庭。布伯认为，在希伯来圣经与耶稣的教导中，只有践行和不践行信仰之人的区分，没有信与不信之人的区分，而在二元倾向明显的保罗那里，人被划分为信与不信之人。根据布伯的分析，以色列人的世界根源于它与上帝的契约关系，上帝的存在是他们的首要生存经验，"无论这个人承认上帝的规则还是拒绝它，无论这个人对上帝回应还是顽固不化，无论他如何生活，他都生存于上帝存在的事实之中"。[124] "生存于上帝存在的事实之中"意味着上帝在人的生存中在场，并且上帝是关涉人间之事的上帝，他不是在现实之外与人无关的上帝的观念，人的使命就在于在生存中实现与上帝的关系。因而，以色列人没有信与不信之人的区分，只有践行信仰之人与不践行信仰之人的区分。与之不同的是，在保罗和一些早期新约作者的论述中，人并没有感受到上帝的这种临近，而是被教导去相信（believe that）一些信条。例如，《希伯来书》的作者说："到神面前来的人，必须相信（believe that）神存在，并且相信（believe that）神会奖赏那些寻求他的人。"（Hebrews 11：6）《罗马书》中保罗也教导人们去相信上帝使耶稣从死里复活。这样，基督教的信仰就变成了去接受一个命题真理，而不接受该命题之人就变成了无信仰之人。在保罗与一些早期新约作者那里，存在明显的信与不信之人的区分，他们同时也否定不信之人："信他的人，不被定罪；不信的人，罪已经定了。"（John 3：18）此种思考方式与做法已经背离了犹太教信仰对人类整体的肯定态度。

保罗不仅在人与人之间做出了二元区分，而且也贬低人的自主性，这主要体现在对爱的观念的理解上。根据布伯，希伯来圣经与耶稣的教导一样，都承认人有爱上帝的自主性，希伯来圣经将"你要尽心、尽性、尽力爱耶和华你的神"（Deuteronomy 6：5）视为最重要的爱的诫命。同样，耶稣也将爱上帝视为首要的诫命。保罗却极少提到人对上帝的爱，他否定人有爱上帝的自主性。[125]

---

124 Martin Buber, *Two Types of Faith*, trans. Norman P. Goldhawk, New York: Harper and Brothers, 1961, p.38.

125 基督教神学家 Anders Nygren 在其著作 *Agape and Eros* 中论述过保罗如何理解人对上帝的爱，他的基本观点和布伯一样，都指出保罗否定人有爱上帝的自主性，Nygren 从中解读出保罗强调神人关系中神的主导地位的肯定含义，布伯解读出保对于保罗，人是不知爱为何物的罪人，爱是上帝经由十字架上的基督启示给人的，人经由对上帝的信仰，回应了上帝对人的爱，但这并不代表人有主动爱上帝的自主性，人无法像基督一样展现此种主动性的爱，对上帝的爱只是人对上帝之爱的非自主的回应。

经由以上的论述，我们看到，布伯站在耶稣一边反对保罗，他将对观福音中耶稣的教导与保罗和其他新约作者的教诲对立起来，认为前者是强调信任关系的犹太教信仰的代表，而后者是强调承认关系的基督教信仰的代表。布伯从生存神学视角出发来解读犹太教信仰，赋予了犹太教信仰浓厚的生存内涵，他强调犹太教信仰中神人之间的直接关系、犹太教信仰对人性整体的肯定，以及犹太教信仰对人的自主性的认同。布伯强调基督教的基本原则、精神与希腊文化的关联，他认为基督教在承袭希腊思想因素的同时取消了信仰的生存内涵，基督教信仰贬低整体的人性，也否定了信仰关系中人的自主性。

三、基督教神学家的回应

布伯的宗教思想对基督教学者产生了广泛的影响，他的两种信仰比较研究也是比较有争议性的。总的来说，基督教学者对待布伯的信仰研究主要有三种不同的态度。

其一，一些基督教学者比较认同布伯的信仰比较研究，新教学者 James Muilenburg 就是此类学者之一。Muilenburg 认为，布伯不仅是最重要的犹太思想家之一，也是与基督教团体对话的犹太代言人，布伯以其独特的希伯来思考方式向基督徒展示了旧约圣经所要向人们传达的真切含义，他是"基督徒的伟大犹太导师"。布伯对新约的解读以及对耶稣的欣赏也是 Muilenburg 所认同的，在 Muilenburg 看来，布伯的信仰研究对基督教的自我认识以及解决基督教自身所面临的问题都有一定的指导作用，"布伯给予基督教问题以犹太教的答案，基督徒如果想要了解其自身，此类答案他们必须要知道"。[126]

其二，一些学者部分赞同布伯的观点，也对布伯提出了一些批评，新教学者 Ronald Smith 就是此类学者之一。Smith 认同布伯将耶稣置于犹太传统之中，从信任关系的角度来解读耶稣的信仰，他也认同保罗的信仰中存在承认命

罗贬低神人关系中人的地位的否定含义。参见 Anders Nygren 的 *Agape and Eros*, p.125.

126 Paul Arthur Schilpp & Maurice Friedman, eds., *The Philosophy of Martin Buber*, La Salle, Illinois: Open Court Publishing Company, 1991, p.382.

题式真理的成分，但是，他不满布伯将两种信仰截然分开的做法。在他看来，无论是耶稣还是保罗，二者的信仰都是布伯所说的两种信仰的结合。也就是说，作为承认关系的信仰并不排除信任关系，同时，作为承认关系的信仰也并不排除信任关系。Smith 说："承认某事件为真的信仰并不排除一种信任关系的可能……两种信仰是结合在一起的，我相信有关耶稣某些方面的事是真实的，同时我也信任他，也就是说，信任这指示道路之人。"[127]

其三，最后一类基督教学者对布伯的信仰比较研究基本上是持否定态度的。例如，新教学者 Emil Brunner 将《两种类型的信仰》视为对基督教的攻击，他将布伯的信仰比较研究视为一个不信仰基督教的犹太人给出不接受基督教的理由。[128]天主教学者 Hans Urs Von Balthasar 也不认同布伯的信仰比较研究，他对布伯提出了几个方面的批评：一方面，Balthasar 指出，犹太教和基督教信仰都根源于亚伯拉罕的信仰，布伯却没有弄清此种关系，将犹太教视为基督教的源头，并将基督教内部创造性的因素视为犹太教的，而将基督教内部没有创造性的部分视为与犹太教无关。[129]在 Balthasar 看来，事实上，很多新教学者将天主教内部没有活力的因素，诸如科层制、教条主义和律法主义等，都视为旧约圣经影响的遗迹。[130]另一方面，Balthasar 不满布伯的还原倾向与自认为有超越的立场的态度。在 Balthasar 看来，圣经所记载的古代人类历史实际上是纷繁复杂的，布伯却试图在这复杂的现象中抓住一个本质，将圣经还原为犹太人信仰经验的一种纯粹表达，并将这种还原视为超越自由派和正统犹太教的客观立场。同样，布伯从一个单一的立场来看待基督教新教和天主教，简单地界定基督教的本质，并将自己置于一个审判官的立场来裁断基督教，这都是 Balthasar 所不认同的。Balthasar 也清晰地表明了他的立场，他认为人类的生存问题只有在基督教提供的三位一体的答案中才能找到。[131]

布伯与同时代的新约学者布尔特曼一样，从生存的角度来解读信仰，他将此种视角应用到对犹太教信仰的解读上，强调犹太教信仰的生存内涵，关注人

127 Ronald Smith, *Martin Buber*, Atlanta Georgia: John Knox Press, 1975, p.40.
128 Grete Schaeder, *The Hebrew Humanism of Martin Buber*, trans. Noah J. Jacobs, Detroit: Wayne State University, 1973, p.407.
129 Paul Arthur Schilpp & Maurice Friedman, eds., *The Philosophy of Martin Buber*, La Salle, Illinois: Open Court Publishing Company, 1991, pp.345-346.
130 Paul Arthur Schilpp & Maurice Friedman, eds., *The Philosophy of Martin Buber*, La Salle, Illinois: Open Court Publishing Company, 1991, p.358.
131 Paul Arthur Schilpp & Maurice Friedman, eds., *The Philosophy of Martin Buber*, La Salle, Illinois: Open Court Publishing Company, 1991, p.357.

的存在如何与上帝相关联，认为人对上帝的信仰要经由现实中人与人的信任关系来实现。布伯对犹太教信仰生存含义的阐释获得了很多基督教学者的认同，这有益于推动基督教学者对犹太教信仰的认识与理解，促进两种宗教之间的交流与对话。与此同时，布伯强调犹太教信仰与基督教信仰之间的根本差异，他将耶稣与保罗对峙起来，站在犹太教信仰的立场指出基督教信仰存在的问题，这虽然为基督教学者认识基督教信仰中存在的问题提供了新的视角，但也遭到了一些基督教学者的反驳。总之，布伯的信仰比较研究是犹太教信仰与基督教信仰对话的一种尝试，为犹太教与基督教之间的相互理解与对话提供了可能性。

第四章　隐匿的上帝

在布伯的对话哲学中，上帝是于个体生存中在场的"永恒之你"，人与上帝之间是一种直接的对话关系。然而，奥斯维辛中上帝的缺席与沉默揭示了上帝对人类的疏离以及对人类苦难的漠不关心。这样，对话哲学所主张的神人之间的紧密关联与奥斯维辛中神人之间的疏离就处于一种紧张的关系之中。为了缓和二者的矛盾，布伯提出了"上帝之蚀"与"隐匿的上帝"的思想。由此，布伯的上帝观也出对话哲学中的"永恒之你"转变为奥斯维辛之后的"隐匿的上帝"。布伯将上帝隐匿的缘由主要归之于人与人之间的对话危机，以及现代思想对上帝实在性的消解，他较为详细地分析了现代思想在对上帝隐匿过程中所起到的作用。针对大屠杀中上帝为何沉默的问题，布伯之后的犹太思想家和基督教学者从不同视角做出了回应，拓宽了对此问题思考的深度和广度。除了布伯所揭示的一个隐匿的上帝形象之外，犹太思想家约纳斯提出了非全能的上帝观念，犹太思想家列维纳斯提出了上帝的踪迹观念，基督教神学家朋霍费尔与莫尔特曼提出了受难的上帝观念。

第一节　从永恒之你到隐匿的上帝[1]

一、大屠杀与上帝问题的反思

自二十世纪后半叶以来，现代神学一直笼罩在大屠杀的历史情境之中。大屠杀不仅粉碎了人们对人性所抱有的任何理性主义和浪漫主义的幻想，同时

1　本节主要内容发表在《基督教学术》杂志第 18 辑。

也动摇了传统神学理论构架下的上帝观。面对大屠杀这一不可抹灭的事实，后奥斯维辛时代的许多宗教思想家都直接或间接地对大屠杀作出了神学上的回应。从犹太思想到基督教神学，大屠杀引发了宗教思想家们有关上帝问题的一系列反思。作为一个犹太思想家，布伯属于后奥斯维辛时代反思上帝问题的重要人物之一。布伯对大屠杀事件中有关上帝问题的思考在其晚期思想中占据着重要的位置，同时也极大地改变了他对话哲学中的上帝观。针对大屠杀对布伯上帝观的影响，学者 David Forman-Barzilai 说："大屠杀改变了布伯对话思想的基础，尤其是他的上帝概念以及他将人类存在视为上帝对话同伴的思想。"[2]我们知道，布伯在其对话哲学中着力强调上帝在个体生存中的在场以及人与上帝之间直接的对话关系，这在其著名的著作《我与你》中可以体现出来。在此书中，布伯将生存区分为"我—你"与"我—它"两种基本的模式。前者以自我为中心，将世界与他人视为经验与利用的对象，后者走出狭隘的自我，将世界与他人视为人格的主体并寻求与其相遇和对话。布伯将上帝称为"永恒之你"，认为作为"永恒之你"的上帝不是人们认识与利用的对象，而是人们在走出内在自我和世界相遇之时被遭遇的他者。布伯说："那真正走出自我相遇世界者也必相遇上帝。"[3]可见，布伯的上帝没有被禁锢于教会组织提供的信条和仪式之中，也没有被化约为在主客关系中被认知的对象，而是在一个个具体的"我—你"的对话关系中被遭遇的活生生的上帝。在对话哲学中，布伯极其强调上帝在个人生存中的在场，即上帝与世界相关联的内在性维度，而不是人与上帝之间相分离的超越性的维度。

然而，当大屠杀这样残酷的事件嵌入犹太人的生存经验时，它向世人揭示的是上帝在面对人类苦难时的缺席与沉默。面对这种强烈的疏离感，一些人选择放弃原有的宗教信仰，而那些没有选择放弃的人将不得不经受内心的煎熬，试图对大屠杀中上帝的缺席与沉默寻求合理的解释。作为一个宗教思想家，布伯不仅与许多人一样承受着大屠杀残酷事实的冲击，他还遭遇到了理论上的困境——对话哲学中的上帝观与大屠杀残酷事实之间的矛盾。此种矛盾可以用这样的问题来表述：如果上帝真如布伯对话哲学中所说的那样，他与人有密切的关联并且是在对话关系中在场的，那么，上帝为何在大屠杀中缺席与沉默？

2　David Forman-Barzilai, "Agonism in Faith: Buber's Eternal Thou after the Holocaust," *Modern Judaism*, vol.23, no. 2（2003）, p.157.

3　Martin Buber, *I and Thou,* trans. Ronald Gregor Smith, Edinburgh: T. & T.Clark, 1950, p.95.

　　布伯对大屠杀的回应以及对以上问题的反思经历了一个漫长而复杂的过程，我们首先来看看布伯最初是如何回应大屠杀的。布伯在纳粹统治时期于1938 年离开德国至耶路撒冷，之后任教希伯来大学人类学与社会学系教授，他与其家人都没有遭到纳粹大屠杀的迫害。20 世纪 40 年代初，波兰犹太人被屠杀的消息传至耶路撒冷，布伯的一个朋友也在集中营中被杀害，此时布伯并不完全相信相关的屠杀报道，他更愿意将犹太人的死亡归之于战争，而不愿意相信有政治目的的大屠杀。[4]在很长一段时间内，布伯都不相信也不愿接受大屠杀这样残忍的事实。直至 1945 年至 1946 年，大屠杀的报道在耶路撒冷被普遍接受，布伯此时才相信这些报道，即便此时"他仍然无法理解这令人不可思议的恐怖"。[5]

　　学者们对布伯在很长时间内没有接受与认识到大屠杀残酷事实的原因给出了不同的解读。一些学者认为这是由于大屠杀残酷事实与布伯的基本信念相悖而造成的：布伯浸润其中的圣经、哈西德思想以及启蒙思想对人性持有相对高的评价，而大屠杀残酷的事实无疑展露了人性最黑暗与残忍的一面，二者有不可调和的矛盾；另一些学者则认为布伯不能内含大屠杀残酷事实的他性，正是大屠杀不能为布伯所理解的他性使布伯的余生都被大屠杀所占据。[6]对于布伯何以难以接受大屠杀，除了以上两种原因以外，其实还与我们提到的大屠杀与布伯对话哲学的上帝观之间的矛盾相关。布伯与同时代的奥托以及巴特不同，后两位学者强调上帝的超越性，布伯则更关注个体生存如何与上帝相关，因而他更强调上帝的内在性与此世性的特征。然而，纳粹集中营中人们并没有看到上帝的踪影，很多人在绝望与无助中死去。大屠杀所揭示的上帝对人的疏离与抛弃在某种程度上否定了布伯对话思想中对上帝的相关论述，这也是布伯迟迟不愿接受大屠杀事实的重要原因之一。

　　当大屠杀成为不可否认的事实为布伯所接受时，其对话哲学思想中的上帝观与大屠杀残酷事实之间的矛盾也更加尖锐地凸显出来。David Forman-Barzilai 说："布伯不得不调和大屠杀中上帝的不作为与沉默和其著名的假设之

4　Jerry D. Lawritson, "Martin Buber and the Shoah," in Maurice Friedman, eds., *Martin Buber and Human Science*, Albany: State University of New York Press, 1996, p.297.
5　Jerry D. Lawritson, "Martin Buber and the Shoah," in Maurice Friedman, eds., *Martin Buber and Human Science*, Albany: State University of New York Press, 1996, p.298.
6　Jerry D. Lawritson, "Martin Buber and the Shoah," in Maurice Friedman, eds., *Martin Buber and Human Science*, Albany: State University of New York Press, 1996, p.298.

间的关系，此假设即上帝与人之间被永恒的对话紧紧联接起来，人与人之间的'我—你'关系根源于人与上帝的对话，并且在人与上帝的对话中得到完满。"[7]布伯对其对话哲学中的上帝观存在的问题不仅有清晰的认识，而且也一直在思考与回应此问题，这从其晚期名为《天国与人间的对话》的演讲论文中可以看出。布伯在此文中说出了他晚年一直思考并试图回应的问题，他说："在一个具有奥斯维辛的时代，与上帝同在的一种生命如何可能？""人们仍然能够信仰允许此事发生的上帝，但是人们仍然能够与他说话吗？人们仍然能够听到他的话语吗？作为一个个体和人，人们能够进入与上帝的对话关系吗？"[8]从布伯的问题可以看出，布伯深切地认识到这样的事实：奥斯维辛之后，对于那些信仰之人而言，不丧失对上帝的信仰是极为不易的。更为艰难的是，在不丧失信仰的状况下仍然去相信一个可以与人对话的活生生的上帝。即便信仰这样的上帝，人们在目睹大屠杀中上帝的缺席与沉默之后也很难再相信人与上帝之间还可以继续对话。对于仍然坚守上帝信仰的布伯而言，他首先要着力解决大屠杀中上帝的缺席和沉默与其对话哲学中的上帝观之间的矛盾。

二、上帝之蚀与隐匿的上帝

面对大屠杀与其对话哲学中上帝观之间的内在矛盾，布伯并没有否定其对话哲学思想，而是对大屠杀进行了严肃的神学反思，他用"上帝之蚀"与"隐匿的上帝"思想对大屠杀作出了回应。20 世纪 50 年代初，布伯在欧美发表了一系列的演讲，这些演讲论文可以看作是对大屠杀直接回应的最重要文献。在这些文献中，出现了大屠杀之前的作品中所没有的"上帝之蚀"（eclipse of God）、"隐匿的上帝"（the hidden God）、"隐藏面容的上帝"（God's hiding His face），以及"天国对我们沉默了"（Heaven is silence to us）等词汇。其中，"上帝之蚀"概念是布伯自己提出的，"隐藏面容的上帝"与"隐匿的上帝"等概念是布伯从希伯来圣经中借用的。"上帝之蚀"这一观念极为重要，可以说是把握布伯晚期思想的一个核心概念。著名的布伯研究专家 Maurice Friedman 说："布伯的信仰根植于他的信仰经验……'上帝之蚀'一直萦绕于

7　David Forman-Barzilai, "Agonism in Faith: Buber's Eternal Thou after the Holocaust," *Modern Judaism*, vol.23, no. 2（2003）, p.157.

8　Martin Buber, *On Judaism,* trans. Eva Jospe, New York: Schochen Books Inc., 1967, p.224.

他的后大屠杀岁月。"[9]在《先知的信仰》一书中，布伯在分析约伯的受难问题时较早地提到了类似的概念，他说："此种隐匿，神圣光辉之蚀（eclipse of the divine light），是其深渊般绝望的根源。"[10]在回应第二次世界大战的著作《为了天国》一书中，布伯第一次使用了"上帝之蚀"这一术语。1951 年十一月与十二月份布伯在美国高校发表了一系列的演讲，其中《宗教与实在》一文也出现了"上帝之蚀"这一概念。布伯在此文中说："天国光辉之蚀，上帝之蚀（eclipse of the light of heaven, eclipse of God）——这事实上正是世界正在经历的历史时刻的特征。"[11]不仅如此，布伯在此次访美期间所作的演讲论文以"上帝之蚀"为书名编辑出版，"上帝之蚀"这一概念的含义也在此书中阐释得最为明晰。

　　"上帝之蚀"思想是布伯对大屠杀事件最为深刻的回应，[12]也是布伯用来描绘其所处的后大屠杀时代特征的词汇，这一概念对于理解布伯的后大屠杀岁月的上帝观极为重要。布伯用"上帝之蚀"来描绘奥斯维辛以及后奥斯维辛时代的神人关系，他用日蚀现象形象地解释了其含义：日蚀现象是发生在太阳与人眼之间的事，太阳本身并没有变化。[13]与之相似，上帝之蚀是发生在上帝与人之间的事，上帝本身并没有消亡，"上帝之蚀"现象中变化的是人与上帝之间的关系。对于布伯，大屠杀的苦难让人们深切地意识到"上帝之蚀"这样残酷的事实：神人关系已经发生了变化，上帝已经由一个在生存中与人对话的"永恒之你"转变为从个体生存和历史中抽身离去的"隐匿的上帝"。由此，我们可以看出布伯对大屠杀事件的神学回应：上帝之所以在大屠杀中缺席和沉默，就在于人们处于这样的时代，在这个时代中，神人对话关系破裂，上帝从个体的生命和历史中抽离，也不再干预历史与人间之事，上帝变成了一个"隐匿的上帝"。

　　"隐匿的上帝"这一概念出自希伯来圣经。希伯来圣经中的先知们在经历

9　Maurice Friedman, *Martin Buber and the Eternal*, New York: Human Science Press, Inc., p.149.

10　Martin Buber, *The Prophetic Faith*, New York: Harper & Row, Publishers, 1960, p.193.

11　Martin Buber, *Eclipse of God: Studies in the Relation Between Religion and Philosophy*, Atlantic Highlands, NJ: Humanities Press International, 1996, p.23.

12　Jerry D. Lawritson, "Martin Bubcr and the Shoah," in Maurice Friedman, eds., *Martin Buber and Human Science*, Albany: State University of New York Press, 1996, p.301.

13　Jerry D. Lawritson, "Martin Buber and the Shoah," in Maurice Friedman, eds., *Martin Buber and Human Science*, Albany: State University of New York Press, 1996, p.23.

犹太人的流散之苦时曾经说过,"上帝对雅各家隐藏他的面容,"(Isaiah 8: 17)
"救主,以色列的上帝,你是自我隐匿的上帝(God that hideth Himself)。"(Isaiah
45: 15)布伯受到上述话语的启发,认为圣经中的上帝是一个自我启示同时又
自我隐匿的上帝。布伯说,"现在先知们知道并且承认:上帝是自我隐匿的上
帝,更确切地说,上帝启示自身同时也隐匿自身。"[14]布伯吸纳了希伯来圣经
中"隐匿的上帝"这一观念,与"上帝之蚀"观念一起用以回应大屠杀。奥斯
维辛之后,布伯对希伯来圣经的解读不仅强调人与上帝之间的对话关系,而且
还经常提到上帝从历史中隐匿以及神人联系中断的状况。此时的布伯不再相
信历史中人与上帝的对话是一个连续的过程,而是认为上帝在历史中的启示
是一个非连续的间断的过程。[15]布伯也在圣经中找到相应的依据,他指出圣经
中记载过两种神人对话关系中断的时代,其一他称之为"上帝之道隐匿"(God's
way is being hidden)的时代,其二为"上帝隐匿面容"的时代(times of the hidden
face)。[16]两种时代中神人关系中断的原因都在于人的罪恶(sin)与罪行
(crimes)。[17]不同的是,在前一个时代中,人可以通过自身的努力来修复神人
之间的联系;而在后一个时代中,人无法通过自身的力量恢复神人之间的联
系,因此,历史中充满了缺乏上帝主导的混乱。[18]布伯认为奥斯维辛与后奥斯
维辛时代中人们的处境类似于以上的第二种时代,他将之称为"上帝之蚀"的
时代。

三、大屠杀之后人的未来

布伯认为,在现代人身处其中的"上帝之蚀"的时代中,上帝从个体的生
存中抽身离去,也不再关涉人间之事,上帝从与人对话的"永恒之你"转变成
对人沉默的"隐匿的上帝"。面对此种神人对话关系破裂的状况,布伯没有像
尼采一样用超人来替代上帝,以应对上帝之死后可能陷入的虚无主义的绝望。

---

14 Martin Buber, *On Judaism,* trans. Eva Jospe, New York: Schochen Books Inc., 1967,
   p.223.
15 Martin Buber, *On Judaism,* trans. Eva Jospe, New York: Schochen Books Inc., 1967,
   p.221.
16 David Forman-Barzilai, "Agonism in Faith: Buber's Eternal Thou after the Holocaust,"
   Modern Judaism, vol.23, no. 2(2003), p.174.
17 David Forman-Barzilai, "Agonism in Faith: Buber's Eternal Thou after the Holocaust,"
   Modern Judaism, vol.23, no. 2(2003), p.174.
18 David Forman-Barzilai, "Agonism in Faith: Buber's Eternal Thou after the Holocaust,"
   Modern Judaism, vol.23, no. 2(2003), p.174.

他也没有像萨特一样，通过否定上帝的存在来张扬人的自由。在布伯看来，神人对话关系的破裂并不必然导向人的绝望，也不像萨特所言的那样导向人的重生与解放，而是指向了人与上帝的对话关系得以修复的一种可能。他说："此时如它之所是地忍受它，生存上朝向一个新的开端，朝向天堂和人间的对话被重新听到的事件，这更有价值。"[19]这意味着，现代人虽然活在阴霾与黑暗之中，经受着大屠杀的阴影以及上帝隐匿所带来的意义缺失感，但如果人们此时仍能坚守对上帝的信仰，并且使整个存在向上帝敞开，那么，此种坚守与敞开便蕴含着意义重现的可能。布伯反对尼采与萨特经由创造新的价值来填补意义缺失的做法，他说："如同尼采和萨特所做的那样，试图通过一种幻想出来的自由的'价值创造'来克服意义虚空的做法是行不通的。人们必须忍受这种无意义感，直至到它的终结，人们必须勇敢地与这种无意义斗争，直至越出这种在冲突与痛苦中所经验到的矛盾，直至意义的重现。"[20]与尼采和萨特否弃上帝，寄希望于人自身创造出新的意义和价值不同，布伯认为意义和价值不是人主动创造的结果，而是在人与存在相遇的过程中被启示给人的。[21]因而，布伯不满尼采和萨特用人自身这个偶像来替代上帝，以便逃避神人关系破裂后意义缺失的状况，而是希望现代人能够勇敢地承受起此种无意义感，在对无意义的经受中期待意义的重现。

不仅如此，布伯还要求现代人认清自身的处境，如实地接纳上帝之所是。在一封回复有关奥斯维辛问题的信件中，布伯用爱者与被爱者之间的关系来解说奥斯维辛之后人与上帝之间的关系。在这封信中，布伯把上帝比作我们的爱人，然而，奥斯维辛之后人们发现自己所爱的人一生都在欺骗自己，这个爱人不是我们所设想的来自天堂的天使，而更像是一个恶魔，人们对此不知所措。布伯的回应是，设若我们接受自己所爱之人就是真理，那么我们会接受这个人的一切，"我的全部愿望就是你是你之所是，你成为你想成为的那样"。[22]人对上帝的信仰也是如此，人之所以信仰上帝，并非由于上帝做了人所认为的

19 Martin Buber, *Eclipse of God: Studies in the Relation Between Religion and Philosophy*, Atlantic Highlands, NJ: Humanities Press International, 1996, p.68.

20 Maurice Friedman, *Martin Buber and the Eternal*, New York: Human Science Press, Inc., p.150.

21 Martin Buber, *Eclipse of God: Studies in the Relation Between Religion and Philosophy*, Atlantic Highlands, NJ: Humanities Press International, 1996, p.70.

22 David Forman-Barzilai, "Agonism in Faith: Buber's Eternal Thou after the Holocaust," *Modern Judaism*, vol.23, no. 2（2003），p.172.

正义之事，而是基于人相信上帝所做的事都是公义的这样的事实。奥斯维辛之后，有信仰之人不能期待上帝像一个满足人的愿望的偶像一样来澄清苦难的原因，而是要认识到"上帝的创造是令人害怕的，并且他的行为是粗暴的"。[23]布伯虽然没有给奥斯维辛之后的生命如何可能提供一个确切的图景，但他相信人的未来仍在于坚守对上帝的信仰，犹太人的生命与犹太教的未来也在于坚守对上帝的信仰。他说："犹太教只有当它复活了犹太人与上帝、世界和人类最初的关系时，才会生存下来。"[24]

第二节　布伯对上帝之蚀原因的分析

布伯不仅用"上帝之蚀"与"隐匿的上帝"来回应大屠杀，同时也从人与人、人与上帝的关系，以及上帝自身这三个层面考察了"上帝之蚀"与"上帝隐匿"现象产生的根源。在人与人关系的层面，布伯将上帝隐匿的缘由归之于人与人之间的对话危机。对于布伯，正是人与人之间的对话危机造成人丧失与上帝对话的能力。在人与上帝关系层面，布伯认为现代思想在将上帝内化为主体所有物的过程中消解了上帝的实在性，这使得人们无法再与具有独立实在性的上帝相遇、对话。综合以上两个方面，上帝的隐匿是上帝对人类背离他的一种回应。从上帝自身这方面来说，上帝之所以隐匿，就是在于，上帝与人之间的关系不是单向的，而是相互的，人的行为能够影响上帝，上帝也能够对人的行为作出回应，上帝是一个具有回应性的上帝；同时，上帝既能对人启示自身，又能对人隐匿自身，上帝本身是一个自我隐匿的上帝。

一、人与人：对话危机

在布伯看来，"人与上帝之间的关系和人与人的关系之间存在密不可分的联系"，[25]人与人之间的关系直接影响人与上帝之间的关系，反之亦然。因而，在分析"上帝之蚀"现象产生的根源时，布伯首先从人与人之间关系的层面来考察这个问题，他将"上帝之蚀"与"上帝隐匿"归因于人与人之间的对话危机。

---

23 David Forman-Barzilai, "Agonism in Faith: Buber's Eternal Thou after the Holocaust," *Modern Judaism*, vol.23, no. 2（2003），p.173.

24 马丁·布伯：《论犹太教》，刘杰等译，济南：山东大学出版社，1992 年，第 186 页。

25 马丁·布伯：《我与你》，陈维纲译，上海：三联书店，1986 年，第 107 页。

早在 1923 年出版的《我与你》中，布伯就对此种对话危机有所警觉。在目睹了第一次世界大战对人类的摧残与破坏之后，布伯在此书中谈到历史与文化中"它"之世界的延伸扩展以及"你"之世界的消退减弱。[26]"它"之世界是一个缺乏关系并将人与其他存在者物化的封闭的世界，"你"之世界是一个进入关系并且聆听与回应他者的对话的世界。布伯揭露了其所处时代的弊病：人们沉溺于由经济与国家所构架下的"它"之世界而不能自拔，将经验与利用视为人生的最高准则。这就排除了任何相遇与对话关系的可能性，人们与其本真生存也越来越远。布伯认识到，"本真的对话"（gcnuine dialogue）在当时的世界已经变得非常艰难。[27]在 1929 年名为《对话》的文章中，布伯对此种对话危机也有所阐述，他区分了"对话的人生"与"独白的人生"两种生命状态，[28]并且用"独白的人生"这一概念来描绘对话危机时代中人们的生存状况。布伯认为，与对话的人生转向他人并且承认他人的他性不同，独白的人生不接受另一个人的特殊性，而只是将他人视为可以为自我的生存所利用的工具，由此使得人与人之间真实的相遇与对话变得不可能。[29]

在 1952 年撰写的名为《此刻的希望》一文中，布伯用"生存的信任缺失"（existential mistrust）来描述对话危机在现代社会的体现。他指出，现代的"信任缺失"（mistrust）与以往时代存在着根本的差异。在以往的时代中，信任缺失只是人与人之间存在的一种可能现象，而在现代，信任缺失已经"内在于人的存在"，成为一种基本的生存状况，它极大地破坏了人与人之间的生存基础，[30]致使人与人之间很难再建立相互理解与尊重的对话关系。对话危机造成了人与人之间的疏离与异化，它使人与人之间相互的肯定与本真的交流变成虚妄，人们逐渐丧失了与另一个人建立本真对话关系的能力，也很难再对上帝称述"永恒之你"。对话危机在历史上产生了一个没有对话的空场，此空场被第二次世界大战以及希特勒恶魔般的行为所填充。在承受战争与大屠杀的苦果时，人们也在上帝的缺席与沉默中经历到"上帝之蚀"与"上帝隐匿"这样残酷的事实。

---

26 Martin Buber, *I and Thou*, trans. Ronald Gregor Smith, Edinburgh: T. & T.Clark, 1950, p.37.

27 Martin Buber, *Pointing the Way*, New York: Harper & Brother, 1957, p.222.

28 马丁·布伯：《人与人》，张健等译，北京：作家出版社，2002 年，第 186 页。

29 马丁·布伯：《人与人》，张健等译，第 37 页。

30 Martin Buber, *Pointing the Way*, New York: Harper & Brother, 1957, p.223.

二、人与上帝：上帝实在性的消解

在人与上帝关系的层面，布伯将"上帝之蚀"与"上帝隐匿"现象的产生归因于人对上帝实在性的消解。布伯指出，在宗教关系中，上帝是独立于人的实在，并且"与人处于活生生的关系之中"。[31]然而，现代思想将上帝视为主体的构造物，上帝的实在性以及人与上帝关系的实在性被消解，这是"上帝之蚀"与"上帝隐匿"现象产生的最为重要的原因。布伯晚期的演讲论文集《上帝之蚀》是考察"上帝之蚀"现象的重要文献。该书中，布伯指出，在不同的时代中，人与上帝的关系是不同的。在一些时代，信仰者所信仰的是独立于人的活生生的实在，在这种宗教关系中，上帝是完全独立于信仰者的实在，他与人处于一种活生生的关系之中，人可以遭遇上帝，但是不可以据有（have）或是操控上帝。[32]

布伯认为斯宾诺莎的实体概念很好地表达了上帝的独立实在性。我们知道，在《伦理学》中，斯宾诺莎将实体界定为"在自身内通过自身而被认识的东西。换言之，形成实体的概念，可以无需借助于他物的概念"。[33]上帝和实体概念一样，他是一种自我持存的实在，自身是自身存在的依据。布伯说，作为实在的上帝"是人类在各种观念和形象化描述中所拥有的东西；但这些观念和形象化描述并不是自由创造的产物，它们是神人相遇的结果"。[34]也就是说，上帝不仅是独立实存的实在，也是与人处于活生生关系之中的上帝，神人之间的相遇产生了上帝的观念或对上帝形象化的描述，但是有关上帝的观念和形象不是上帝这种实在本身，它们是上帝与人相遇过程中的显现和结果，作为上帝之显现的观念和形象可以发生变化，但是上帝本身不会改变，上帝是有关上帝的观念和形象的根源。因而，上帝"不是一种形而上学的理念，也不是指一种道德的理想，不是指一种心理的投射或社会的形象，也并非指任何由人类创造或在人类中间发展起来的东西"，[35]它是与人处于活生生关系之中的独立的实在。

---

31 Martin Buber, *Eclipse of God: Studies in the Relation Between Religion and Philosophy*, Atlantic Highlands, NJ: Humanities Press International, 1996, p.13.

32 Martin Buber, *Eclipse of God: Studies in the Relation Between Religion and Philosophy*, Atlantic Highlands, NJ: Humanities Press International, 1996, p.13.

33 斯宾诺莎：《伦理学》，贺麟译，商务印书馆，2015 年，第 1 页。

34 马丁·布伯：《论犹太教》，刘杰等译，济南：山东大学出版社，2002 年，第 4 页。

35 马丁·布伯：《论犹太教》，刘杰等译，第 4 页。

在布伯这里，上帝的实在性有两个方面的含义：其一，上帝是独立于人的存在，他是自身存在的依据，而不是人的创造物，如人的概念，想象、投射或是精神原则等；其二，上帝不是与人无关的上帝，而是在生存中与人有活生生联系的上帝。然而，布伯又揭示了这样的现状：在现代思想中，上帝的实在性已经被人们所消解。现代思想虽然试图通过保留上帝的观念作为宗教关怀，但是，它在保留上帝观念的同时，不仅摧毁了上帝观念的实在性，也摧毁了人与上帝关系的实在性。在现代思想中，作为独立实在的上帝被上帝的表象或是上帝的概念所替代，从而成为人可以据有和操控之物，上帝仅仅存在于人的精神之中，变成了仅仅在精神内实存的精神原则。[36]对现代人而言，宗教关系不再发生在神人之间，上帝也变成了依赖主体而存在之物，由此丧失了他的独立实在性。现代思想中的某些学派甚至直接宣称"上帝死了"。布伯不认为具有独立实在性的上帝真的死了，他赋予"上帝死了"这句话以全新的含义。他说："这种宣称仅仅意味着人已经不能理解独立于其自身的一个实在，也不能与这样的实在有联系，而且，不能富有创造力地感知这种实在，也不能在形象中将其表达出来。"[37]

那么，上帝是如何从独立的实在变成非实在的呢？布伯着重从思想层面来揭示上帝从实在到非实在的转变过程。他考察了从斯宾诺莎到萨特以来的哲学在消解上帝实在性过程中所起到的作用。在布伯看来，斯宾诺莎的实体概念较好地表达了上帝的独立实在性，也表达了上帝与人之间的活生生的联系。我们知道，在斯宾诺莎的思想中，实体等同于自然，也等同于神，作为实体的神是独立存在的，自身是自身存在的依据。作为神圣实在的神有无数的性质，但是为人们所知的仅有思维与广延两种。在《伦理学》中，斯宾诺莎还讨论了人的幸福和自由问题。斯宾诺莎认为，不正确的观念所引发的情感使人产生欲望和痛苦，人要获得幸福和自由，就要对情感加以了解，以获取正确的观念，从而用理性来克服情感对人的奴役。斯宾诺莎说："我们对情感理解得越多，则我们越能控制情感，而心灵感受情感的痛苦也愈少。"[38]然而，人的心灵要真正认识情感就必须认识神，"心灵能够理解的最高的东西就是神，所以心灵

---

36 Martin Buber, *Eclipse of God: Studies in the Relation Between Religion and Philosophy*, Atlantic Highlands, NJ: Humanities Press International, 1996, p.13.

37 Martin Buber, *Eclipse of God: Studies in the Relation Between Religion and Philosophy*, Atlantic Highlands, NJ: Humanities Press International, 1996, p.14.

38 斯宾诺莎：《伦理学》，贺麟译，北京：商务印书馆，2015 年，第 241 页。

最高的德性就是理解神或是认识神"。[39]人对自身情感以及神的认识必定产生人对神的爱："凡是清楚明晰地了解他自己和他的情感的人，必定爱神，而且他愈了解他自己和他的情感，那么他便愈爱神。"[40]由于人的心灵对神的理智之爱与神对人类的爱是同一的，因而，人的自由和幸福最终源于人对神的理智之爱或是神对人类的爱。[41]

布伯认为斯宾诺莎的思想在两个方面值得赞赏：其一，斯宾诺莎有关神圣属性的理论肯定了上帝的独立实在性，上帝是一个独立于人的自我持存的实在，而不是依赖于人而存在的精神的原则；其二，斯宾诺莎的阐述和思考虽然是严格概念式的，但是他将爱这个元素置于他的思考之中，基于经验的爱使他从抽象思考的领域中抽身，将其置于与实在相联系的现实关系之中，因而，斯宾诺莎的思考不是从一个概念出发，而是从人爱上帝并且上帝爱人这样一个具体的事实开始，斯宾诺莎的理智之爱的概念表达了神人关系的实在性。[42]布伯认为斯宾诺莎的上帝观念是本真的上帝概念，它一方面肯定了上帝的实在性，另一方面也并没有损害具体的宗教关系，作为实体的上帝与活生生的经验联系在一起，充分表达了神人关系的实在性。斯宾诺莎的上帝虽然不完全是布伯意义上与人对话的上帝，但是他对上帝独立实在性以及人与上帝关系实在性的肯定都是布伯所赞同的。

在布伯看来，康德是反斯宾诺莎的，因为康德并不承认上帝的独立实在性。我们知道，康德在《纯粹理性批判》里考察了思辨理性试图证明上帝存在的三种方式，即本体论证明、宇宙论证明和自然神学的证明。他认为理性只能认识现象范围内的事物，上帝是否存在超出理性认识的范围，因此，以上三种在理性范围内证明上帝存在的方式既不能证明上帝存在，也不能证明上帝不存在。就这样，康德驳斥了传统关于上帝存在的证明。在《实践理性批判》中，康德解决了以上理性不能论证上帝存在的困境，他将宗教道德化，认为理性虽然不能证明上帝存在，"但人对上帝的信仰，却可在理性的实践内获得验证，人以理性实践善行，便自然要求上帝存在"。[43]上帝的存在是理性实践运用的

---

39 洪汉鼎：《（伦理学）导读》，成都：四川教育出版社，2002年，第67页。

40 斯宾诺莎：《伦理学》，北京：商务印书馆，2015年，第249页。

41 洪汉鼎：《（伦理学）导读》，成都：四川教育出版社，2002年，第68页。

42 Martin Buber, *Eclipse of God: Studies in the Relation Between Religion and Philosophy*, Atlantic Highlands, NJ: Humanities Press International, 1996, p.16-17.

43 具体可参见陈佐人《康德与基督教》一文的相关论述。

条件，[44]唯有上帝存在这样的公设才能使人的道德生活成为可能。对于康德而言，"上帝不是外在的实体，而仅仅是在我们之中的一个道德条件。"[45]

布伯不满康德将上帝还原为一个道德条件，认为康德的上帝是一个满足哲学家"实践理性假定"的上帝，是作为道德义务来源的上帝。这种上帝仅仅是一个理性的观念，它仅有观念上的意义，不具有实存的意义。根据布伯，康德在取消上帝的实在性方面走出了重要一步，同时，黑格尔进一步取消了人与上帝关系的实在性。黑格尔不像康德那样将上帝还原为一个道德的条件，而是将上帝视为只有理性可以通达的精神原则和唯一的实在。这虽然在一定程度上肯定了上帝的实在性，但是，黑格尔的上帝取消了与人的具体生存意义上的联系。因此，康德与黑格尔思想的特征在于，他们通过哲学或形而上学的语言摧毁了上帝的实在性，同时也摧毁了人与上帝关系的实在性。

布伯对新康德主义者科恩的上帝观念也进行了剖析。他指出，作为康德的弟子，科恩与其老师一样将上帝视为一个观念，他是在继康德之后消解上帝实在性的重要人物之一。在科恩的思想中，上帝不具有位格。科恩反对古代的信仰将上帝视为具有位格的上帝，认为位格的上帝只有在神话里才存在，真正的虔诚不是将上帝视为有位格的上帝，而是将上帝视为观念。[46]在科恩那里，上帝既然是观念，它就不可能是实存的，因为实存的概念与观念的概念在科恩看来是不可能并存的。在科恩的思想体系里，上帝观念与一般的观念是不同的，它是所有观念的中心，是真理的观念。上帝观念在科恩的伦理思想中有一定的位置，它作为真理的观念，起到了统一自然知识和道德的作用。[47]布伯批评了科恩将上帝视为观念的做法，他认为，上帝观念只是科恩思想体系中的一个工具，对于其构建理论体系有一定的作用。科恩将上帝视为观念，上帝观念是其理论体系中一个有益的组成部分，但这实际上将上帝活生生的实在性消解在他的概念体系之中。科恩将上帝视为观念并置于其思想体系中，这样的做法在一定程度上避免了一个活生生的上帝会质疑他的体系的完善性与权威性的危险，维护

---

44 参见康德：《实践理性批判》，邓晓芒译，北京：人民出版社，2004 年，序言第 3 页。

45 Martin Buber, *Eclipse of God: Studies in the Relation Between Religion and Philosophy*, *Atlantic Highlands*, NJ: Humanities Press International, 1996, p.17.

46 Martin Buber, *Eclipse of God: Studies in the Relation Between Religion and Philosophy*, *Atlantic Highlands*, NJ: Humanities Press International, 1996, p.54.

47 Martin Buber, *Eclipse of God: Studies in the Relation Between Religion and Philosophy*, *Atlantic Highlands*, NJ: Humanities Press International, 1996, p.54.

了他的思想体系，为哲学家找到了一个安置上帝之所。然而，这种作为观念的上帝只是为人类所用的工具，丧失了活生生的上帝的实在性。

在现代思想史上，尼采对以基督教为代表的宗教进行了无情的批判。他认为基督教起源于被迫害的下等人对上等人的怨恨情感：基督教的"原动力仍是怨恨、民族造反和败类造反"。[48]基督教否定人的自然本能和生命，将生命本身的价值和意义颠倒到另外一个彼岸的精神性世界，实际上是一种虚无主义的宗教。因此，尼采喊出"上帝死了"[49]的口号。布伯认同尼采"上帝死了"的呐喊，他认为尼采"上帝死了"的呐喊是对其自身所处时代思想状况最确切的陈述。尼采之后，海德格尔对这句话作出了解读，他认为"上帝死了"意味着人消除了自我持存的超感官世界。[50]布伯同意海德格尔对尼采这句话的解读，但"上帝死了"的命题在布伯那里并不意味着具有独立实在性并且与人有活生生关联的上帝死了，他认为海德格尔所指的超感官世界不包含这样的上帝。布伯说："在实在生活的情境中，临近与呼唤一个个体的活的上帝不是此超感官世界的组成部分。"[51]也就是说，正如海德格尔所说的那样，人建构出来的上帝以及形而上学意义上的任何形式的绝对者都死了，但是布伯所理解的在实存中与人对话的上帝并没有死。

"上帝死了"在布伯那里还有另一层含义，即"人将上帝从客观存在的领域转向'主体性的内在'"。[52]现代思想从主体的角度来理解上帝，把原本独立实在的上帝化约为主体的构造物，以致于现代人"已经不能理解独立于其自身的一个实在，也不能与这样的实在有联系"。[53]布伯将这种神人之间关系的转变看作是"上帝之蚀"现象产生的思想根源，将"上帝的隐匿"看作是上帝对人的背信弃义以及人拒斥和消解其实在性的惩罚性回应。现代人对上帝实在性的消解导致人与上帝之间活生生的对话关系中断，人们由此进入了"天堂之

---

48 参见尼采：《反基督》，陈君华译，河北教育出版社，2003年，第200页。

49 愈吾金老师曾对尼采"上帝死了"这句话的含义作出比较详细的解读，可参见其文《究竟如何理解尼采的话"上帝死了"》。

50 Martin Buber, *Eclipse of God: Studies in the Relation Between Religion and Philosophy*, Atlantic Highlands, NJ: Humanities Press International, 1996, p.22.

51 Martin Buber, *Eclipse of God: Studies in the Relation Between Religion and Philosophy*, Atlantic Highlands, NJ: Humanities Press International, 1996, p.22.

52 Martin Buber, *Eclipse of God: Studies in the Relation Between Religion and Philosophy*, Atlantic Highlands, NJ: Humanities Press International, 1996, p.21.

53 Martin Buber, *Eclipse of God: Studies in the Relation Between Religion and Philosophy*, Atlantic Highlands, NJ: Humanities Press International, 1996, p.14.

光消失"的时代。这里，布伯虽然在一定程度上赞同海德格尔将这个时代描述为没有神圣之光的黑夜，但他并不认同海德格尔所主张的经由一种精神的转向就能使"上帝与诸神"重现的观点，而是认为人的整个存在要转向上帝，以期待上帝的重现。

将上帝的实在性消解得最为彻底的是以萨特为代表的无神论的存在主义哲学。在布伯看来，尼采的观点"上帝死了"是萨特的哲学起点。萨特在其著作中说："上帝死了，""他对我们说话，但是现在沉默了，我们现在能触碰到的是她的尸体。"布伯认为，萨特所说的上帝之死和上帝的沉默并不是圣经意义上上帝自我隐匿的含义。对于萨特来说，上帝之死是人自身的一种解放，它意味着人将归之于上帝的创造性和自由重新归还于人。虽然现代人一如既往地有着宗教需求，但是萨特认为，作为存在主义者要努力放弃对上帝的追求，以便更好地发现人的自由。世界之于萨特是主体性的世界，它经由人的表象而实存，他说："除了一个人的宇宙，一个人的主体性的宇宙之外没有任何一个宇宙。"萨特的哲学强调了主体的自由，摒弃诸如上帝等一切压制人的自由的力量，个体的存在对萨特而言无需以上帝的存在来作为担保，人是在另一个注视我的他人那里获得存在的，上帝的存在在萨特那里是多余的。布伯指出，在萨特的人与他人的关系中，我只是他人的一个客体，他人也是我的一个客体，主客关系是最基本的关系。萨特在主客关系之外没有意识到他人不仅仅只是我的一个对象，我的一个"它"，也是我的一个"你"，"我—你"关系才是最源初的关系。萨特同样也没有意识到，在所有可以被转化成自我的一个客体的他人之外，还有一个永远不会变成我的对象的绝对他者，这个绝对他者就是上帝。

现代思想消解上帝实在性的另一重要体现是，现代心理学将上帝视为心理活动的内容。现代心理学家弗洛伊德在其《图腾与禁忌》一书中分析了宗教的起源。他从精神分析的角度考察了原始人图腾祭礼与父子关系之间的内在联系，指出腾图崇拜产生于为了争夺性权利与统治权力的儿子杀死了父亲后的悔恨与赎罪情感，而图腾正是父亲的替代物，儿子通过与父亲的替代物图腾的关系来减轻自己弑父的罪恶感，以请求获得父亲的原谅，改善与其父亲的关系。图腾崇拜与宗教信仰有着密切的关系，宗教产生于图腾崇拜，它"是罪恶感及附于其上的懊悔心理所产生"。[54] 宗教信仰中的神与图腾崇拜中的图腾一

---

54 参见弗洛伊德：《图腾与禁忌》，文良文化译，中央编译出版社，2005 年，第 157 页。

样，实际上都是根据父亲形象构造的，"神只不过是父亲影像的一种投射罢了"。[55]弗洛伊德在父亲的形象里找到了宗教信仰中上帝的根源，在他看来，上帝只不过是父亲形象的心理投射物。与弗洛伊德一样，荣格在其之后也将宗教视为心理现象，不过，与弗洛伊德将上帝视为父亲形象的心理投射物不同，荣格将上帝视为集体潜意识的原型，这是一种基本的心灵事实存在，从心理学上来说是不可否认的真实。[56]

布伯批评了以荣格为代表的现代心理学家对宗教和上帝的理解。他指出，荣格将宗教与心理现象联系在一起，将上帝视为依赖于人的心灵并且无法独立于人而存在的"自主的心灵内容"，[57]这实际上是无法理解独立于主体之外的绝对者的表现；荣格认同现代意识对信仰的摒弃，否定超越于主体之外的上帝，不将上帝视为向心灵启示并与其对话，同时又超越于心灵的存在，而是将所有的期望寄托于心灵，将心灵视为神圣者唯一的庇护所，于是，上帝被荣格内化为一种心理学意义上的心灵内容。[58]布伯对哲学将上帝观念化以及心理学将上帝内化为心理内容的批评，实际上与其之后的犹太思想家亚伯拉罕·海舍尔（Abraham Heschel）的观点不谋而合。亚伯拉罕·海舍尔曾经说过，圣经中上帝按照自己的形象造人，现代人按照自己的形象造神。现代人从主体自身的观念、情感以及心理活动等多维度来解释宗教现象，将上帝视为主体自身的产物。这实际上是对宗教现象中人的因素的强调，同时也是对圣经中作为创造者、启示者与救赎者的上帝的一种颠倒。传统意义上的上帝被人杀死了，上帝又在主体内重生。

布伯对以上哲学家和心理学家的分析表明，现代思想已经不能容忍一个独立实存的上帝。现代思想用各种方式将上帝的独立实在性消解于不同的理论构架之中，虽然消解的具体方式和途径不同，但就都把上帝视为主体的构造物这一点而言，他们是一样的。因此，布伯指出，上帝之所以隐匿自身，就在于，在这样一个理性化和世俗化的现代社会之中，人们颠倒了人与上帝的关系，将上帝创造了人转变为人创造了上帝，上帝的隐匿正是上帝对现代人消解他的实在性的一种回应。

---

55 参见弗洛伊德：《图腾与禁忌》，文良文化译，中央编译出版社，2005 年，第 158 页。
56 梁恒豪：《信仰的精神性进路》，北京：社会科学文献出版社，2014 年，第 102 页。
57 Martin Buber, *Eclipse of God: Studies in the Relation Between Religion and Philosophy*, Atlantic Highlands, NJ: Humanities Press International, 1996, p.81.
58 Martin Buber, *Eclipse of God: Studies in the Relation Between Religion and Philosophy*, Atlantic Highlands, NJ: Humanities Press International, 1996, p.83.

三、上帝自身：上帝的回应和自隐

布伯对上帝何以隐匿问题的分析主要集中在人自身这一维度，他的问题的核心可以转换为：在上帝隐匿的问题上，人究竟做了什么？但这并不意味着布伯并未从上帝自身这一维度来思考这一问题。从后大屠杀岁月的相关著作中，我们可以看到布伯对上帝自身这一维度的思考。对于布伯，上帝隐匿自身方面的原因可以归结为两点：其一，上帝和人之间是相互影响的，因而，他会对人的行为作出回应，上帝是一个具有回应性的上帝；其二，上帝不仅对人启示自身，而且，他也会对人隐藏自身，上帝是一个自隐的上帝。

对话哲学时期，布伯坚持上帝与人之间紧密关联。在他的代表作《我与你》中，布伯将人与上帝之间的关系视为"我—你"对话关系。对于布伯而言，人与上帝之间的这种对话关系可以在希伯来圣经中所描述的人与上帝之间的关系中得到理解。在希伯来圣经中，上帝对其选中的先知等人说话，人可以自由地回应上帝；同样，当先知等人对上帝说话时，上帝也会对人作出回应；在希伯来圣经中，人与上帝之间是一种平等的对话关系。在已经被祛魅和世俗化的现代社会，我们无法断定布伯是否承认现代社会中的某些人是否会像亚当或摩西等人那样与上帝说话，但是，对话哲学中，布伯坚信人与世界、特别是人与人之间的"我—你"对话关系和人与上帝之间的关系是紧密关联的，认为人可以经由与他者的对话关系而遭遇上帝。并且，此种对话关系是一种相互影响的关系，布伯说："关系是相互的，我的'你'作用我，正如我影响他。"[59]这意味着，人能作用于上帝，上帝同样也会对人的行为作出回应，从而反作用于人，人与上帝之间可以相互影响。

布伯在之后的《人与人》一书中对人与上帝之间的对话关系进行了更为细致的阐述。对于何以人能够在与他者的对话关系中遭遇上帝，布伯给出了解答：上帝用话语创造了整个世界，一切具体的存在从某种意义上来说都是上帝的话语；上帝经由人们日常生活中所遭遇的事件每时每刻都在对人说话，因此，人若是以其整个存在去回应生命中与其相遇的存在者，也就意味着他在以他的整个存在与上帝相遇与对话。从这种意义上来说，"宗教即是对上帝召唤的聆听与回应。"[60]我们看到，在对话哲学中，布伯的上帝不像哲学家的上帝

---

59 马丁·布伯：《我与你》，陈维纲译，上海：三联书店，1986年，第13页。
60 Paul Arthur Schilpp, eds., *The Philosophy of Martin Buber*, Amarica: the Library of living Philosophy, Inc, 1991, p.189.

那样高高在上、冷漠无情，上帝的超越性特征并不妨碍他与人之间的亲密关联，上帝在人与他者的"我—你"对话关系中在场，他与人之间是一种相互性的对话关系，这种关系与哲学家、神学家所描绘的人与上帝之间的"我—它"关系形成鲜明对比。

对话哲学表明了人与上帝之间并非一种单向的关系，而是一种相互作用、相互影响的关系。希伯来圣经对人与上帝之间关系的相互性特征描述得最为明晰。在希伯来圣经中，上帝引领他的选民去实现他的意志，并会直接干预人的行为，同时，人的行为也会影响上帝的作为，上帝会对人的行为作出回应。例如，先知书中曾记述过这样的状况，上帝因人们崇拜偶像等行为而愤怒，并对人们施以相应的惩罚。在后大屠杀岁月，面对上帝在人类苦难中的隐匿和不在场，布伯继续坚持对话哲学中人与上帝之间相互影响的观点，他认为，上帝的不在场在某种意义上来说是对人类行为的惩罚性回应，人应该承担起背离上帝的后果，并为自身制造的灾难承担起责任。正是基于对人与上帝之间可以相互影响观点的坚持，布伯才会得出这样的结论。

上帝之蚀与上帝隐匿自身的另一个重要原因在于，上帝本身就是一个自我隐匿的上帝。在对话哲学时期，布伯更多地强调上帝的内在性特征，具体表现为布伯强调对话关系中上帝的在场，以及人与上帝关系的直接性、相互性特征。在这一时期，布伯虽然认为上帝既具有内在性特征，又具有超越性特征，但是，上帝的超越性特征不是他强调的重点。在后大屠杀岁月，为了缓和对话哲学时期所强调的上帝的在场（内在性）与大屠杀中上帝的缺席之间的矛盾，布伯此时更为强调上帝的超越性特征。隐匿的上帝这一概念的提出是布伯对上帝超越性维度论述得最为明显的表现。隐匿的上帝这一概念源自希伯来圣经，布伯从这一概念中得到启发，并用这一概念解答了上帝在人类苦难中为何不在场的问题。

对于现代人而言，人们更易于接受哲学家眼中超越的上帝，或是更易于将上帝视为一个历史文化中的遗迹，而不是将上帝视为与人的生存密切相关的上帝。然而，这种状况在布伯那里恰好相反，对于根植于希伯来文化精神的布伯，让人难以接受的不是去理解一个与人的生存密切相关的活生生的上帝，而是去理解和接受一个不再关涉人事、与人无关的隐匿的上帝。因而，对于布伯，理解一个隐匿的上帝并不是一件容易的事。不过，布伯在希伯来圣经中得到很大的启发。在希伯来圣经中，上帝以各种方式启示自身，同时，上帝也隐匿自身，上帝本身就是自我启示和自我隐匿的上帝。上帝的自隐性特征使得上帝在面对人自身造成的灾难时可以采取一种回避的态度和方式。希伯来圣经中的上帝对人类犯下的过错有两种基本的处理方式：一是上帝对人类的过错施以相应的惩罚，让人类知错悔错，这种方式表达了上帝可以积极干预和影响人类的行为；二是上帝对人类犯下的过错不闻不问，任凭人类自生自灭，这种方式表达了上帝也可以消极地退出对人类行为的影响。布伯无疑受到第二种思想的影响，认为上帝在现代人的苦难中抽身而退的原因就在于上帝是一个可以自我隐藏的上帝，上帝通过他的隐匿促使人能对其自身的过错承担起责任。

综上所述，面对大屠杀中上帝的缺席与对话哲学中上帝观之间的矛盾，布伯用"上帝之蚀"与"隐匿的上帝"的思想来加以调和。由此，布伯的上帝观也由对话哲学中的"永恒之你"转变为后大屠杀时代的"隐匿的上帝"。对于"上帝之蚀"与"上帝隐匿"的原因，布伯主要将之归因于人自身和上帝这两个方面。就人这方面而言，布伯将"上帝之蚀"与"上帝隐匿"归因于人与人之间的对话危机以及现代思想对上帝实在性的消解，主张通过重建对话关系以及将人的整个存在转向上帝来修复神人之间的关系；就上帝这方面而言，布伯受到希伯来圣经"隐匿的上帝"观念的启发，认为上帝本身就是一个自我隐匿的上帝，他的隐匿是对人类背离他的一种惩罚性的回应。上帝是一个对人具有回应性的上帝，也是一个具有自我隐匿特征的上帝。因此，布伯认为人自身应该对人的苦难和上帝的隐匿担负起责任。在后奥斯维辛时代，布伯坚信人的未来仍在于对上帝的信仰，并主张通过恢复人与人、人与上帝之间本真的对话关系来践行这一信仰。我们且不管布伯所坚信的上帝是否真的隐匿，未来能否真的重现，布伯的这种胸怀信仰、敢于担当及其现世关怀精神还是十分值得我们学习和借鉴的。

第三节　布伯之后思想家对大屠杀的回应[61]

对上帝和苦难关系问题的思考在犹太历史中并不罕见。从希伯来圣经的记载，到后圣经时代犹太人在历史上的遭遇，我们看到，犹太民族是一个多灾多难的民族。当苦难降临时，那些具有虔诚信仰的犹太人并没有抛弃他们

---

61 本节的部分内容发表在《基督教文化学刊》中的《大屠杀之后现代犹太思想中的上帝观》一文中。

的信仰，而是在苦难和荒谬中寻找信仰的意义。《圣经》中的约伯记就是犹太人在经历苦难时对上帝的呐喊，它成为犹太人在苦难中理解上帝问题的原型。作为现代犹太民族生存经验中苦难中的苦难，以及人类历史中重要的创伤经验，大屠杀激发了以布伯为代表的现代思想家的深入反思与广泛讨论。本节主要考察布伯之后现代犹太思想家约纳斯、列维纳斯，以及基督教思想家莫尔特曼对大屠杀的回应，并着重探讨他们在回应大屠杀时上帝观所发生的变化。

一、约纳斯：非全能的上帝

汉斯·约纳斯（Hans Jonas,1903-1993）比布伯小 25 岁，他的思想成熟于后大屠杀岁月，因而，他的上帝观不像布伯那样存在大屠杀前后两个时期的转变。与布伯及其家人在大屠杀中未曾受到纳粹迫害不同，约纳斯可以说是大屠杀的间接受害者。作为一个德国犹太人，约纳斯于 1940 年加入英国对抗纳粹德国的军队，战争胜利后，约纳斯才得知包括他的母亲在内的亲友死于奥斯维辛集中营。"他的母亲在奥斯维辛被谋杀；朋友和亲戚在毒气室中死亡；老师和同学戴着纳粹袖章满怀热情地将希特勒视为德国精神的救主。"[62]基于这个背景，我们可以理解约纳斯为何在 80 多岁的高龄仍不忘奥斯维辛，发表了名为《奥斯维辛之后的上帝观念》的著名演讲。

在《奥斯维辛之后的上帝观念》[63]（1984）演讲论文中，约纳斯深刻认识到传统犹太教神学无法对大屠杀作出合理的回应。他指出，传统犹太教神学在历史上对苦难的阐释无益于人们理解大屠杀。在对苦难问题的理解上，传统犹太教神学有各种解读。在希伯来圣经的先知那里，上帝与作为上帝子民的犹太民族是一种契约关系，苦难被先知们理解为犹太人违反上帝圣约（covenant）罪行的一种惩罚。[64]在之后的马加比时代，人们用"见证"（witness）的观念来取代早期对苦难理解中的罪行与惩罚解读模式。苦难不再被视为对罪行的惩罚，而是被理解成为上帝作见证。这意味着，无辜者和义人的受难一方面可以

---

62 James M. Glass, "A Mortality and Morality: A Search for the Good After Auschwitz. by Hans Jonas and Lawrence Vogel," *Ethics*, vol.108, no. 3（1998）, p. 627.

63 《奥斯维辛之后的上帝观念》一文目前已被南京大学张荣教授翻译成中文，在该问题上，张老师给予本人很多启发和帮助，在此表示感谢。

64 Hans Jonas, "The Concept of God after Auschwitz: A Jewish Voice," *The Journal of Religion*, vol.67, no. 1（1987）, p. 2.

表明他们对信仰的忠贞，另一方面也可以圣化上帝之名。因此，那些无辜受难的殉道者被人们奉为圣人。[65]约纳斯认为以上两种对苦难的解读方式都无法应用到对大屠杀的理解上。首先，大屠杀是无辜者白白受难，无法用罪行和惩罚的模式去理解；其次，大屠杀中被谋杀的人也不是为了信仰而死，因而也不能用见证的解读方式将大屠杀合理化。在约纳斯看来，不仅传统犹太教神学对苦难的理解无法使人理解大屠杀，而且传统犹太教中的上帝观也很难对大屠杀作出合理的解释。我们知道，在犹太教信仰中，上帝是一个创造、正义和拯救的上帝，它是历史的主宰。[66]说这样仁慈的上帝会允许大屠杀如此残酷的事件发生，这岂不是悖论！

面对传统犹太教信仰中的上帝观遭遇的冲击，约纳斯认为有必要反思奥斯维辛之后的上帝观，以便身处后大屠杀岁月的现代人能够找到一个值得继续去信仰的上帝。根据约纳斯，在一个充满诸多罪恶的世界中，唯一值得人们侍奉的神是一个受难、生成和关怀的上帝（a suffering, becoming and caring God），并且这个上帝无法阻止罪恶的发生。[67]约纳斯对受难、生成和关怀的上帝内涵作出了解读：受难的上帝意味着上帝会为人和自己所做的事悲伤和懊悔，也会和人一起分担苦难；[68]生成的上帝意味着上帝会受到世间事物的影响，并会因为世界进程的实现而处于生成之中；[69]关怀的上帝意味着上帝没有自我封闭，没有疏离人和世界，他关怀着他所创造的人和世界。[70]经由对上帝的受难性、生成性和关怀性的论述，约纳斯强调了上帝与世界以及人的紧密关联。为了解决与世界、人处于紧密关联之中的上帝为何允许大屠杀发生的问题，约纳斯提出了非全能的上帝观念，他说："这不是一个全能的上帝（not an omnipotent God）。事实上，为了我们的上帝形象和我们与神圣者的全部关联，

65 Hans Jonas, "The Concept of God after Auschwitz: A Jewish Voice," *The Journal of Religion*, vol.67, no. 1（1987），p. 2.
66 Hans Jonas, "The Concept of God after Auschwitz: A Jewish Voice," *The Journal of Religion*, vol.67, no. 1（1987），p.3.
67 Sami Pihlström, "Jonas and James: The Ethics and Metaphysics of Post-Holocaust Pragmatism," *The Journal of Speculative Philosophy*, vol.28, no. 1（2014），p.38.
68 Hans Jonas, "The Concept of God after Auschwitz: A Jewish Voice," *The Journal of Religion*, vol.67, no. 1（1987），p.6.
69 Hans Jonas, "The Concept of God after Auschwitz: A Jewish Voice," *The Journal of Religion*, vol.67, no. 1（1987），p.7.
70 Hans Jonas, "The Concept of God after Auschwitz: A Jewish Voice," *The Journal of Religion*, vol.67, no. 1（1987），p.7.

为了可行的神学，我们认为，我们不能维护久负盛名的绝对、无限神圣权力的（中世纪）教义。"[71]

约纳斯主要从逻辑上和宗教意义上论证了全能概念的不可能性。从逻辑上来说，全能是一种绝对的权力，而权力是一个关系的概念，它意味着一方事物战胜或克服另一方异己的事物，权力的存在是以相互对抗事物之间的彼此存在为条件的，正如物理学中的力，作用力离不开反作用力。绝对权力意味着没有力可以与之对抗，而"权力仅仅在与具有权力本身的事物相关时才发挥作用"，[72]因而，绝对权力因其没有对象而变成"无力的、自相抵消"的权力与"无权力的权力"。所以，全能是个不可能的概念。全能不仅在逻辑意义上是个不可能的概念，从宗教意义上来说也是如此。约纳斯指出，上帝有全能性、全善性和可理解性三个基本的属性。鉴于大屠杀深刻地揭示了世间恶的真实存在，以上的三个属性就不可能共存，任何两个属性的结合都会排斥第三个属性，例如，全能全善的上帝允许大屠杀发生，这样的上帝必然是不可理解的。因而，必须排除上帝的一个相对次要的属性，从而使得上帝的属性和大屠杀之间不存在矛盾。在约纳斯认看来，全善是上帝不可缺少的一个属性，上帝在一定意义上也是可以理解的，唯有排除上帝的全能性属性，才可以将大屠杀的恶和全善的上帝协调起来。

由此，我们可以看出约纳斯对大屠杀的回应：上帝之所以允许大屠杀发生，不是因为他不愿意去阻止苦难发生，而是因为他没有能力去阻止，上帝不是一个全能的上帝，他不能干预大屠杀。约纳斯通过提出非全能的上帝观念来解答上帝为何允许大屠杀发生的问题，他的上帝更像是世界剧场的创造者，他在剧场的后座为世界剧场上演的剧目牵肠挂肚，但却不会主导剧目的演出和发展方向。

二、列维纳斯：上帝的踪迹[73]

列维纳斯（Emmanuel Levinas, 1905-1995）和约纳斯是同一时代的哲学家，他 1961 年才发表其最重要的著作《总体与无限》。因而，和约纳斯一样，他的

---

71 Hans Jonas, "The Concept of God after Auschwitz: A Jewish Voice," *The Journal of Religion*, vol.67, no. 1（1987），p.8.

72 Hans Jonas, "The Concept of God after Auschwitz: A Jewish Voice," *The Journal of Religion*, vol.67, no. 1（1987），p.9.

73 有关列维纳斯这一部分的撰写主要受益于导师王恒老师所开设的列维纳斯原著精读相关课程，王老师在帮助我总体上理解和把握列维纳斯思想起到重要作用。在此表示感谢。

哲学思想也是产生于大屠杀的历史背景之下的。从列维纳斯在二战期间的经历，我们可以看出大屠杀对列维纳斯的深刻影响。二战期间，列维纳斯作为法国犹太人参加了法国对抗德国的战争，战争的晚期他作为战俘被囚禁于德国的战俘营长达五年，列维纳斯的一些家人，包括他的父亲，在这一时期被残杀于集中营。[74]大屠杀不仅影响了列维纳斯的现实生活，而且也影响了他一生的思想。在《困难的自由》一书中，列维纳斯说，他的整个思想历程都被"纳粹恐怖的预感和记忆所主导"。[75]可见，列维纳斯的思想从某种意义上来说是以大屠杀为背景和底色的。

列维纳斯最早回应大屠杀的文章是 1955 年写的《爱托拉胜于爱上帝》，在这篇文章中，他评论了一篇名为《约瑟·拉克维尔对上帝说话》的短篇小说。该小说描绘了一位名为约瑟·拉克维尔的大屠杀幸存者对自身所遭遇苦难的反思以及对信仰问题的思考。拉克维尔的妻了和六个孩子全部惨死于纳粹之手，他也目睹了很多犹太同胞的死亡。在经历了诸多苦难之后，拉克维尔并没有丧失对上帝的信仰，而是继续坚守对上帝的信仰。经由对此篇小说的评论，列维纳斯表达了自己对大屠杀的看法。他认为大屠杀使人们意识到"上帝从世界中退出并隐藏了他的面容"，[76]用拉克维尔的话来说，"上帝对世界隐藏了他的面容，并且把人类交托给人自身野蛮的冲动和本能。"[77]在此种状况之下，上帝不会在苦难中出现并向人施以援手，个体在苦难中得不到上帝的任何帮助，也无法从上帝那里获得安慰。

列维纳斯认为，面对上帝在人的苦难面前的缺席，拉克维尔之所以仍旧信仰上帝，就在于他在苦难中对上帝有更深的领会，认识到"上帝已经隐藏了他的面容"，或者说，拉克维尔所信仰的上帝是一个"成人的上帝"（adult's God）。"成人的上帝"在苦难中不会像不成熟的孩童设想的那样惩恶扬善，而是"拒绝任何显现并诉求负责任之人的完全成熟"。[78]因而，拉克维尔在苦难中不再

74 Michael L. Morgan, *The Cambridge Introduction to Immanual Levinas*, New York: Cambridge University Press, 2011, p.1.

75 Emmanuel Levinas, *Difficult Freedom*: *Essays on Judaism*, trans. Sean Hand, Baltimore: The Johns Hopkins University Press, 1990, p. 291.

76 Emmanuel Levinas, *Difficult Freedom*: *Essays on Judaism*, trans. Sean Hand, Baltimore: The Johns Hopkins University Press, 1990, p.143.

77 Emmanuel Levinas, *Difficult Freedom*: *Essays on Judaism*, trans. Sean Hand, Baltimore: The Johns Hopkins University Press, 1990, p.143.

78 Emmanuel Levinas, *Difficult Freedom*: *Essays on Judaism*, trans. Sean Hand, Baltimore: The Johns Hopkins University Press, 1990, p.143.

寻求上帝的帮助，而是试图主动承担起上帝的全部责任。列维纳斯在《爱托拉胜于爱上帝》一文中使用了"疏离的上帝"（the distant God）、"隐藏面容的上帝"（God who hides His face）、"缺席的上帝"（a absent God）和"隐匿的上帝"（the hidden God）等词汇，这些概念明确表达了大屠杀后他对上帝的基本理解：上帝已经从世界中退出，他将人的命运交托到人自己的手上，人因此拥有了自由，但是，人也要为自由带来的一切可能性后果承担起责任。与布伯一样，列维纳斯认为大屠杀给现代人的重要启示是上帝已经从世界和历史中抽身离去，不再干预人间之事。但他并没有像布伯那样完全否认上帝和世界的关联，他借用拉克维尔"我爱上帝，但是我更爱他的托拉"这句话来表达后大屠杀岁月中人和上帝的一种可能的联结方式，认为只有托拉才能将人和上帝之间联结起来。[79]

我们看到，列维纳斯没有像布伯那样在大屠杀的冲击下过于强调人与上帝之间的疏离，也没有像约纳斯那样过于强调人与上帝之间的关联，而是在承认上帝的超越性特征的前提下肯定人与上帝之间的关联性。列维纳斯对大屠杀的理解和回应奠定了他对上帝的基本理解。在之后的哲学思考中，列维纳斯将上帝视为"绝对的他者"（absolutely other），[80]认为作为绝对他者的上帝在存在之外，并且超出主体的理解和认知，因而，上帝在存在论和认识论意义上是超越的。那么，这样一个超越的上帝如何与人相关？列维纳斯认为，上帝从其超越维度来说与人是分离的，但上帝与人并不完全隔绝，他在这个世界上留有"踪迹"（trace）。"上帝只出现于与他人的有限的关系之中，上帝的这些踪迹有待发展。因此，上帝是作为一种踪迹而不是作为一种本体论的在场显现自身。"[81]这意味着，上帝虽然不在这个世界直接在场，但他会通过在他人身上留下的踪迹来显现自身，因此，追随上帝便意味着要转向他人，在他人身上寻找上帝的踪迹。[82]

---

79 Emmanuel Levinas, *Difficult Freedom*: *Essays on Judaism*, trans. Sean Hand, Baltimore: The Johns Hopkins University Press, 1990, p.144.

80 Emmanuel Levinas, *Totality and Infinity*, trans. Alphonso Lingis, London: Martinus Nijhoff Publishers, 1979, p.49.

81 Richard A. Cohen, *Face to Face with Levinas*, Albany: State University of New York Press, 1986, p.31.

82 对于列维纳斯"踪迹"概念内涵的具体阐释，可参见孙向晨的《现代犹太思想中的上帝问题》和顾红亮的《作为他者的上帝》两篇文章。

列维纳斯将上帝的踪迹与他人之脸联系到一起，认为上帝的踪迹是在他人之脸上发现的。根据列维纳斯，人有一种将万物占为己有的本能倾向，但世间唯有他人具有不可被占有的他性，而他人的他性主要体现在他人之脸上。在我与他人的面对面的关系中，他人之脸非但不能被我表象为一个对象，而且会像主人一样对我发出"你不要杀人"这样的道德律令。[83]他人之脸发出的道德律令使得他人具有一种伦理上的"高度"（height），召唤我对其作出回应，并要求我对他人无条件地负责。脸所呈现的此种伦理含义的根源在于上帝，因而，"在接近脸时，自然也是对上帝观念的接近"。[84]经由将他人之脸与上帝的踪迹关联起来，列维纳斯实际上将人与上帝之间的信仰关系置于人与人之间的伦理关系中来理解，这样，伦理便具有了丰富的宗教意蕴。我们看到，在一个上帝缺席的后大屠杀岁月中，列维纳斯倡导在对他人的临近中接近上帝，并在对他人的伦理责任中实现对上帝的责任。

三、莫尔特曼：受难的上帝

莫尔特曼（Jurgen Moltmann, 1926-）是对犹太大屠杀进行回应的重要现代基督教神学家之一。与约纳斯和列维纳斯一样，他的神学诞生于奥斯维辛之后的特殊历史情境之下。莫尔特曼的神学思想主要受到朋霍费尔的影响，用莫尔特曼自己的话来说，"1951 年朋霍费尔的《狱中书简》将我们引出困境。在朋霍费尔所打开的视域中，我们发现了'真正的此世性'和'非宗教的基督教'。"[85]鉴于莫尔特曼与朋霍费尔之间思想的这种关联性，在考察莫尔特曼的上帝观之前，我们有必要首先对朋霍费尔的神学思想作一个大致的了解。

朋霍费尔神学思想的形成与其所处的时代有着直接的关联。纳粹统治时期，朋霍费尔因参与刺杀希特勒，不幸被捕入狱。期间，朋霍费尔撰写了《狱中书简》一书。书中，朋霍费尔阐释了他的非宗教的基督教与基督徒的此世性等重要神学观点。朋霍费尔认为，现代人已经成年并且身处于一个已经成年的世界之中，人们不再需要活在一个假设上帝存在的世界里，也不再需要求助一个宗教意义上的全能的上帝来帮助人们消除灾难。人与世界的成年使人摆脱

83 Emmanuel Levinas, *Ethics and Infinity: Conversations with Philippe Nemo*, trans. Richard A. Cohen, Pittsburgh: Duquesne University Press, 1985, p.89.
84 Emmanuel Levinas, *Ethics and Infinity: Conversations with Philippe Nemo*, trans. Richard A. Cohen, Pittsburgh: Duquesne University Press, 1985, p.92.
85 张旭：《上帝死了，神学何为？》，北京：中国人民大学出版社，2010 年，第 223 页。

虚伪的宗教和虚假的上帝概念，人们无需在这个不信神的世界中通过宗教来掩盖自己不信神的事实。那么，世界的成年与人不信神的事实是否意味着人们要彻底抛弃上帝信仰呢？对于朋霍费尔而言，世界的成熟与人的不信神使人否弃的是宗教意义上的上帝，而不是圣经中的上帝。这就是说，世界的成熟与人的不信神虽然使人与上帝的距离越来越远，但它却使人们回到圣经中所揭示的无力的与受难的上帝面前。[86]圣经中的上帝不是为了人的生活而设定的存在，也不是在苦难中及时出来解决问题或改变事态的救世主，而是一个与人同在并分担人的苦难的上帝。朋霍费尔这样描述他所理解的圣经中的上帝："上帝允许他自己被推出世界，被推上了十字架。上帝在这个世上是软弱而无力的，而且这正是他能够与我们同在并帮助我们的方式，唯一的方式。"[87]圣经使人转向一个软弱与受难的上帝，这一上帝通过自己的软弱征服了这个世界的强力，通过自己的受难而不是全能来帮助人。

对朋霍费尔而言，做一个基督教徒不是以一种特定的方式去做宗教徒，而是摆脱一切虚伪的宗教和义务，去过一种此世的生活，去做一个真正的人。这意味着基督徒要在世俗生活中参与上帝的受难，参与上帝的存在，过着为他人而活的生活。朋霍费尔说："我说的入世，就是指——好好地过日子——就在平凡的生活中，我们将自己全然交托在神的臂膀中，同时也分担他在世上的苦难。"[88]朋霍费尔强调人要从宗教与形而上学的虚假的抽象信仰中解脱出来，回到圣经中的上帝。圣经中耶稣对他人的关怀就是对超越者的体验，因而，人要通过与耶稣的相遇来规定自己的存在。具体地说，就是人要像耶稣一样做一个关怀别人的人，并在这种对他人的关怀中经验上帝。朋霍费尔提出的软弱与受难的上帝观念颠覆了宗教与形而上学意义上全能、全知、无时间性和无情感的上帝形象。在朋霍费尔看来，上帝不是一个可以救人于水火的强力者，而是一个在苦难中与人一同受难、共同分担人的苦难的上帝。朋霍费尔的这一受难的上帝思想为莫尔特曼进一步思考奥斯维辛之后的上帝观开启了新的视域。

出生于 1926 年的莫尔特曼比朋霍费尔小 20 岁，在朋霍费尔被处死的那年（1945），莫尔特曼，作为一个战败国（德国）的军人，在比利时被俘虏。

---

86 朋霍费尔：《狱中书简》，高师宁译，北京：新星出版社，2016 年，第 197 页。

87 朋霍费尔：《狱中书简》，高师宁译，第 192 页。

88 葛伦斯，奥尔森：《二十世纪神学评介》，刘良淑等译，上海：上海三联书店，2014 年，第 207 页。

在战俘营的 3 年中，莫尔特曼经历了信仰危机，精神几近崩溃。但就在此时，基督教信仰给他带来了活下去的希望，并奠定了他今后研究的方向：基督教神学。战后，以奥斯维辛为代表的大屠杀事件慢慢披露出来并进入公众的视野。面对奥斯维辛这一人类历史上的深重苦难，传统基督教神学与传统犹太教神学都无法对这种越出人的认知和想象的恐怖予以合理的解释。在这种情况下，一些神学家就开始质疑传统的神学观，认为传统神学对上帝属性的认知存在一定的问题。朋霍费尔有关受难的上帝思想就是对传统神学"不能受难的上帝"观念的一种突破，为基督教神学思考奥斯维辛之后的上帝观指引了一种可能性的方向。莫尔特曼承继了朋霍费尔受难的上帝的思想，他指出，奥斯维辛之后的基督教神学要接受"上帝的受难"的观念，[89]并且要弄清传统基督教神学所强调的"不能受难的上帝"观念的根源。

根据莫尔特曼，传统基督教神学之所以采用"不能受难的上帝"这一观念，是因为古代基督教接受了古典希腊哲学中的冷漠神学（apathetic Theology）。在现代语境中，漠然（apatheia）一词往往用来描述人的麻木、冷漠和疏离等特征，它意指人的僵化。[90]莫尔特曼考察了漠然一词在古希腊哲学中的含义，他发现这个词在古代和现代的差别是很大的。在古希腊哲学的语境中，漠然"意指不能为外界的影响所动，不能感觉——如死的东西那样——以及精神摆脱内在和外在的需要"。"在物理学上，'漠然'这个词意味着不可改变；在心理学意义上意味着不敏感；在伦理学意义上意味着自由"。[91]

在古希腊哲学中，漠然这个词与上帝的神性以及人的自由密切相关，"对上帝神性的崇拜和争取人的自由的努力都是围绕这个概念进行的"。[92]在莫尔特曼看来，漠然这个词之所以与神性相关，就在于，在古希腊哲学中，上帝被塑造为不可改变的、无情感的漠然者的形象。在柏拉图哲学中，作为最高存在的上帝等同于善，他本质上是完美的，而这一完美性就决定了他是不可改变的，因为任何改变在柏拉图那里都是一种缺陷，都是与上帝的完美本质相悖的。神性在柏拉图那里不仅是不变的，而且也是独立自足的，神性的独立自足性决定了上帝不可能像人类一样有需求，需要人的认同和爱，更不能像人类一

---

89 莫尔特曼：《被钉十字架的上帝》，阮炜等译，上海，上海三联书店，1997 年，第 328 页。

90 莫尔特曼：《被钉十字架的上帝》，阮炜等译，第 331 页。

91 莫尔特曼：《被钉十字架的上帝》，阮炜等译，第 329 页。

92 莫尔特曼：《被钉十字架的上帝》，阮炜等译，第 329 页。

样拥有爱、恨等情感。因此，柏拉图拒斥希腊史诗等经典中和人一样拥有喜怒好恶情感的诸神。同样，在亚里士多德那里，作为"纯粹的动者"的上帝也被视为完美的存在，这样一个完美的存在与任何情感都无关，他既不愤怒、仇恨与嫉妒，也不会去爱、同情与慈悲，更不会像软弱的人类那样去承担苦难和忧伤。因此，在莫尔特曼看来，无论是柏拉图还是亚里士多德，上帝对他们而言都是一个漠然的存在。

漠然之所以与人的自由联系在一起，就在于古希腊的智者与斯多亚学派都坚持一种漠然的伦理。在这些思想家看来，道德是对神性的参与和模仿，若人像上帝一样漠然，不为情欲所动，那么人便是拥有自由和道德之人。人的自由与道德是在漠然之中获得的。这正如莫尔特曼所言，"自柏拉图和亚里士多德以来，上帝的形而上学和伦理学完美一直被描绘为漠然。"[93]莫尔特曼指出，古代基督教由于接受了希腊哲学和伦理学的漠然理念，上帝因此就被理解为一个不能动情（pathe）的冷漠的上帝，人也变成了不能同情的冷漠之人。

经由对古代基督教与古希腊冷漠神学之间关系的理解、比较和反思，莫尔特曼为人们揭示了传统基督教不能接受"上帝的受难"观念的根源。面对奥斯维辛中"上帝在哪里"等问题，莫尔特曼认为，现代基督教神学应该摒弃古希腊哲学中冷漠神学的影响，突破"不能受难的上帝"观念的束缚。他说："对这样折磨的问题，不可能有其他基督教回答。在这里讲一个不受难的上帝会把上帝变成恶魔。在这里讲一个绝对的上帝会把上帝变成一种毁灭性的虚无。在这里讲一个麻木不仁的上帝就是宣布人是麻木不仁的。"[94]莫尔特曼从其十字架神学出发，通过被钉十字架的基督来解读上帝受难的神学内涵。他认为，"被钉十字架的基督"（受难的十字架中的上帝/被钉十字架的上帝）是基督教神学的核心，奥斯维辛之后的基督教神学只有从被抛弃与被钉十字架的基督出发才能谈论上帝。在莫尔特曼看来，由于上帝是在耶稣被钉十字架的事件中启示自身的，所以，上帝也是一位"被钉十字架的上帝"。当基督被钉十字架时，上帝自身也被钉在十字架上，去经历面对死亡时的软弱和痛苦，因此，在基督的受难中，上帝自身也在受难。莫尔特曼进一步指出，经由被钉十字架上的基督的受难，基督认同那些在压迫与奴役中受难的人，并通过自己的受难与死来

---

93 莫尔特曼：《被钉十字架的上帝》，阮炜等译，上海，上海三联书店，1997年，第329页。

94 莫尔特曼：《被钉十字架的上帝》，阮炜等译，第336至337页。

分担这些人的苦难。因此，基督并没有抛弃那些身处苦难中的人，而是与他们同在，他正是通过他的受难将上帝和救赎带给那些苦难之人。然而，被钉十字架上的基督里的上帝的受难并不是对苦难的肯定与纵容，而是揭示了基督信仰的这样一个真理："苦难要由苦难克服，创伤要由创伤治愈。"[95]莫尔特曼的十字架神学所揭示的受难的上帝思想为奥斯维辛之后的上帝观提供了一种可能性的解答。

在晚期的一篇文章《坑洞——上帝在哪里？》中，莫尔特曼专门讨论了奥斯维辛之后的上帝问题。当他提起早年参观集中营时所看到的场景时，毒气室以及堆积如山的童鞋和头发萦绕在他的脑海，惊恐并没有随着时光的流逝而消逝或淡化。莫尔特曼坦言，当人们正视大屠杀的暴行时，恐惧便无边无际地攫取试图撰写这段历史或是反思它的人，这种恐惧无法通过与其他灾难的比较而减轻。大屠杀的暴行将一直伴随着世人，面对曾经发生过的暴行，人们也要面临再次犯同样错误的可能。大屠杀不仅改变了人与其自身的关系，也改变了人与上帝的关系。作为一个基督教神学家，莫尔特曼认为自己有责任思考奥斯维辛之后的上帝问题。

莫尔特曼将奥斯维辛之后思考上帝的方式总结为三种：其一，一些人站在旁观者的角度，以理性的方式追问"为何上帝让此事发生"的问题；其二，受难的当事人在遭受苦难时提出"上帝在哪里"的问题；其三，上帝对那些活在阴影下的凶手提出"亚当，你在哪里？""该隐，你的兄弟亚伯在哪里？"和"你作了什么？"等问题。[96]莫尔特曼认为，第一问题预设了一个冰冷的、对人类痛苦无感，并且能够控制人的命运的上帝；第二个问题表明受难者试图寻求一个能分担人的苦难的上帝；第三个问题是关于凶手的罪行是否可以被赦免以及他们是否悔改的问题。

莫尔特曼还梳理了犹太教以及基督教几位重要神学家对奥斯维辛之后上帝问题的思考。根据莫尔特曼的分析，犹太神学家对上帝问题的思考主要质疑了以色列的上帝是"历史的主"这一传统信念。针对大屠杀中的上帝为何缺席和沉默等问题，一些犹太神学家认为上帝已经"隐藏他的面"；另一些犹太神

---

95 莫尔特曼：《被钉十字架的上帝》，阮炜等译，上海，上海三联书店，1997 年，第 51 页。

96 莫尔特曼：《俗世中的上帝》，曾念粤译，北京：中国人民大学出版社，2003 年，第 181 页。

学家认为上帝因对自己的全能加以限制而变得"软弱无能",(而这样做的目的是)为了让人类的历史得以实现;[97]还有一些犹太神学家则提出"同受苦难的上帝"观念,认为受难者在遭受苦难的时候上帝并没有抛弃他们,上帝会分担人的苦难,和人一起受苦。[98]以上三类犹太神学家在是否坚持上帝在世界中的在场这一观点上存在分歧,但在否定上帝是"历史的主"的这一观点上是一致的。

大屠杀不仅颠覆了传统的犹太教神学,也对基督教神学产生了重大影响。根据莫尔特曼,面对大屠杀,基督教神学家主要追问奥斯维辛中上帝在哪的问题,对这个问题的追问使得基督教神学家对上帝是"那位全能者"的观念产生了质疑。在传统的基督教信仰中,上帝是一个"全能者",这位全能者是一位冷漠的神,他站在胜利者一边,决定和主宰着一切,却不受任何限制。大屠杀事件迫使基督教神学家修正全能的上帝形象,进而提出了"受难的上帝"思想。[99]"受难的上帝"不是站在胜利者一边,而是站在受害者一边。他不是以他的全能来帮助人,而是以他的受难。这就是说,"受难的上帝"不是全能的,他无法拯救受难者于水火之中,但他却可以临在于受难者的身上,通过与受难者建立的团契来抚慰受难者。上帝之所以与人一同受难,正是基于神对人的爱。上帝爱人,他愿意成为受难者的一员,和人一同受苦,分担人的苦难。

莫尔特曼最后考察了大屠杀之后凶手该如何赎罪的问题。大屠杀之后,一些凶手希望自己的罪恶能够被赦免,而另一些凶手则试图通过销毁大屠杀的证据以掩盖自己的罪行。莫尔特曼认为,试图湮灭过去也就等于毁灭自己。为了减轻罪过,获得新生,人们需要赎罪,"只有当不义被'赎罪'时,人才能从这个压力中获得解放"。[100]莫尔特曼通过考察传统犹太教和基督教的赎罪方式,为活在阴暗中的凶手提供了三种可能的赎罪方式:一、耳朵的忏悔,即公开承认自己所犯的罪行;二、心的忏悔,即思想上发生转变;三、通过善行补赎。[101]我们看到,从《被钉十字架的上帝》(1972)到《坑洞:上帝在哪》(20

---

97 莫尔特曼:《俗世中的上帝》,曾念粤译,北京:中国人民大学出版社,2003 年,第 187 页。

98 莫尔特曼:《俗世中的上帝》,曾念粤译,第 190 页。

99 莫尔特曼:《俗世中的上帝》,曾念粤译,第 193 页。

100 莫尔特曼:《俗世中的上帝》,曾念粤译,第 198 页

101 莫尔特曼:《俗世中的上帝》,曾念粤译,第 200 页。

世纪 90 年代左右），大屠杀之后的上帝问题一直是莫尔特曼思考的重要问题。作为一个后起的基督教神学家，较之于约纳斯和列维纳斯，莫尔特曼在思考这个问题时吸收了犹太教和基督教神学资源，拓宽了人们思考大屠杀之后上帝问题的视域。

综上所述，现代思想家主要通过修正上帝形象的方式来协调大屠杀残酷事实和上帝信仰之间的矛盾，这在很大程度上颠覆了传统神学中的上帝观。我们知道，在哲学对犹太教和基督教神学几千年的影响下，上帝被塑造成全能、全知、全善的完美形象。然而，大屠杀给这种上帝形象以致命的一击：如此完美的上帝竟然容忍大屠杀发生！这是任何一个有理智的人都无法理解和想象的。在对人性彻底失望的同时，人们对上帝完美形象的幻想也破碎了。在对大屠杀的回应中，列维纳斯强调上帝与此世的分离，认为上帝不再干预历史和人间之事，换句话说，上帝不再是历史的主人。约纳斯更为直接地否定了上帝的全能属性，指出了上帝的非全能性。莫尔特曼也否定上帝的全能性，认为上帝不是通过他的强力，而是通过他的软弱来帮助人。以上几位现代思想家都将历史和人的命运从上帝的主宰中解放出来，将人的命运交托到人自己的手中，给人以充分的自主权和决断权。上帝的主导权从历史中的抽离并不意味着上帝与人的完全隔绝，现代思想家在取消上帝对历史和人的命运主权时，他们又在伦理等领域找到了上帝的栖身之所。此时上帝所发挥的作用不再像一位管制一切的严父，而是像一位陪伴、关怀的慈母。现代思想家取消上帝对历史和人的命运主导权的做法主要有两个方面的作用：其一，它排除了上帝在大屠杀中的责任，这在一定程度上避免了因对上帝的失望而造成的信仰危机；其二，它为人的自由留下了空间，让人成为自身命运的主宰。自此，人在面对苦难时不是被动地祈求上帝的帮助，而是必须为自身的行为承担起责任。现代思想在经历大了屠杀的洗礼后并没有为人们提供一种令人惬意的宗教，也没有寄希望于上帝来管理人间事务，而是力求通过人自身的道德自律以臻于生命的完善，这对于促进人类的道德成熟具有一定的意义。

结　语

　　在西方思想史上，上帝问题一直是思想家们讨论的核心问题之一。在康德之前，哲学家和神学家们曾试图通过理性论证上帝的存在，认识上帝的本质。康德将上帝划出了人类理性认知能力范围之外，他试图从道德领域来说明上帝的存在。康德之后，施莱尔马赫反对康德的道德神学，认为道德不足以设定上帝的存在，他进一步将上帝从道德领域中解放出来，并确立了宗教自身的独立性。施莱尔马赫将宗教定义为一种绝对的依赖感，他的情感神学从人自身的非理性的情感经验的角度来理解宗教信仰，实际上是将宗教奠基于宗教经验之上。在施莱尔马赫的影响下，狄尔泰也是从宗教经验的角度来讨论宗教信仰问题。早年布伯深受狄尔泰思想以及犹太教和基督教神秘主义的影响。这一时期，他在讨论上帝问题时极为强调神人合一的宗教体验，对上帝的理解并没有越出生命哲学和神秘主义的视域之外。直到对话哲学时期，布伯才提出了自己的上帝观。这一时期，布伯确立了关系的本体性地位，他将上帝称为"永恒之你"，认为人与上帝之间不再是早期所强调的神秘的合一关系，而是一种具有直接性、交互性和在场性的"我—你"对话关系。与之前的思想家从理性、道德、情感或个体宗教经验的角度来理解上帝不同，布伯从关系的领域来理解上帝，这使得他的上帝观在思想史上独树一帜。他所揭示的"永恒之你"以及人与上帝之间的"我—你"对话关系思想对宗教哲学、犹太教神学，以及基督教神学产生了重要影响。晚年布伯的上帝观受到大屠杀的冲击，但他并没有放弃对话哲学时期的上帝观，而是在其基础上予以修正和补充，提出了"上帝之蚀"和"隐匿的上帝"概念。这两个概念主要揭示了现代人的生存状况：现代人生存于上帝缺席的历史境遇之中，人们不得不承受上帝不在场所导致的意义和价值缺失的重负。布伯并没有为现代人的未来提供任何确切的图景，但是，他不同时期对上帝问题的追问一定程度上开启了我们对信仰问题、个体自身的存在问题以及意义和价值等诸多问题的思考。

在西方思想史上，布伯是一位思想较为庞杂的宗教哲学家。作为一个犹太人，布伯的思想与犹太宗教文化有着莫大的关联。作为一个求学并生活于欧洲的西方人，布伯的思想又深受现代西方文化的影响。所以，在布伯的思想中一直都交织着两种精神：宗教的虔敬精神和哲学的理性精神，并最终形成了布伯独特的精神气质和思想理念。然而，在对上帝的理解上，布伯却一直主张摒弃哲学家的上帝，倡导我们回到圣经中的上帝以及圣经中所揭示的人与上帝之间的原初关系。从这个意义上来说，布伯的上帝观是根植于犹太希伯来圣经文化的。

从布伯上帝观的发展和转变的历程来看，神秘主义时期（早期），布伯的上帝观主要受东西方神秘主义思想的影响。这一时期，布伯通过整理和阐释神秘主义思想间接地表达了他的上帝观，因而他对上帝的理解并没有越出神秘主义的范畴。直到对话哲学时期（中期或成熟时期），布伯才提出了自己特有的上帝观。与哲学家们从理性、道德、情感或个体宗教经验的角度来理解上帝不同，对话哲学时期的布伯主张从关系的领域来理解上帝，这使得他的上帝观在思想史上独树一帜。后大屠杀岁月（晚期），由于对话时期的上帝观受到大屠杀的极大冲击，布伯提出了"上帝之蚀"和"隐匿的上帝"思想。这一时期，布伯对大屠杀中的上帝问题的思考虽然并不能让所有的人满意，但其后的思想家是在布伯思考的基础上来反思这一问题的，因此，布伯后大屠杀岁月的上帝观为现代人思考上帝问题开辟了道路。

从布伯上帝观的内容来看，布伯的上帝观不在于向人们传授有关上帝本质的知识，而在于向人们揭示与上帝相遇的道路。人与上帝之间的关系是布伯上帝观考察的主要对象。布伯对人与上帝之间关系的理解是随着其思想的转变而发生变化的。布伯的上帝观可分为早、中、晚三个时期，这三个时期的神人关系经历了从"合一"到"对话"再到"分离"的转变过程。基于不同时期对神人关系的不同理解，布伯对上帝的称谓也极为不同：早期他将上帝视为在一种神秘的宗教体验中通达的"神秘的合一"，中期他将上帝视为在"我—你"关系中与人相遇与对话的"永恒之你"，晚期他将上帝视为与人相分离的"隐匿的上帝"。从表面上看，这三个对上帝的不同称谓所揭示的是神人关系从亲密到疏离的转变过程，事实上，它体现了布伯对修复神人关系所作出的努力，以及试图通过人与人的相遇来最终实现人与上帝相遇的思想路径。

　　总的来说，布伯上帝观的核心要义在于教导人们"因生活而称义"，倡导在日常生活中经由与他者的相遇和对话来遭遇上帝。这种上帝观指向的是一种注重现实关怀、现实价值的人本主义，体现的是对生活的热爱和对个体存在的肯定与颂扬。因此，布伯的上帝观在今天仍值得我们学习、吸收和借鉴。

参考文献

布伯著作中英文译本

1. 1948, *Israel and the world,* translated by Creta Hort et al., New York: American Book-Stratford Press.

2. 1950, *I and Thou*, translated by Ronald Gregor Smith, Edinburgh: T. and T. Clark.

3. 1956a, *The Tales of Rabbi Nachman*, New York: Horizon press.

4. 1956b, *The writings of Martin Buber*, edited by Will Herberg, New York: Meridian Books, inc..

5. 1957, *Pointing the Way*, translated by Maurice Friedman, New York: Harper & Brother.

6. 1958, Martin Buber, *Hasidim and Modern Man*, edited and translated by Maurice Friedman, New York: Horizon Press.

7. 1960a, The O*rigin and Meaning of Hasidism*, translated by Maurice Friedman, New York: Horizon Press.

8. 1960b, *The Prophetic Faith*, translated by Carlyle Witton-Davies, New York: Harper & Row, Publishers.

9. 1961, Martin Buber, *Two Types of Faith*, translated by Norman P. Goldhawk, New York, Harper and Brothers.

10. 1964, *Daniel: Dialogues on Realization*, translated by Maurice Friedman, New York: Holt, Rinehart and Winston.

11. 1965, *The Knowledge of Man*, translated by Ronald Gregor Smith and Maurice Friedman, New York: Harper & Row.

12. 1966, *The Way of Response: Martin Buber; Selections from his Writings*, edited by N. N. Glatzer. New York: Schocken Books.

13. 1967, *On Judaism*, edited by Nahum Glatzer and translated by Eva Jospe and others, New York: Schocken Books.

14. 1970a, *I and Thou*, translated by Walter Kaufmann, New York: Scribner's Sons.

15. 1970b, *Mamre: Essays in Religion*, translated by Greta Hort, Westport, Conn.: Greenwood Press.

16. 1973, *Meetings*, edited with an introduction and bibliography by Maurice Friedman, London, New York: Routledge, 2002.

17. 1985, *Ecstatic Confessions*, edited by Paul Mendes-Flohr, translated by Esther Cameron, San Francisco: Harper & Row.

18. 1991a, *Chinese Tales: Zhuangzi, Sayings and Parables and Chinese Ghost and Love stories*, translated by Alex Page, Atlantic Highlands, N.J.: Humanities Press International.

19. 1991b, *Tales of the Hasidim*, foreword by Chaim Potok, New York: Schocken Books, distributed by Pantheon.

20. 1992, *On Intersubjectivity and Cultural Creativity*, edited and with an introduction by S.N. Eisenstadt, Chicago: University of Chicago Press.

21. 1996a, *Eclipse of God: Studies in the Relation Between Religion and Philosophy*, translated by Maurice Friedman et al., NJ: Humanities Press International.

22. 1996b, *Paths in Utopia*, translated by R.F. Hull. Syracuse: Syracuse University Press.

23. 1996c, *The Letters of Martin Buber: A Life of Dialogue*, edited by Nahum Glatzer and Paul Mendes-Flohr, Syracuse: Syracuse University Press.

24. 1999, *The First Buber: Youthful Zionist Writings of Martin Buber*, edited and translated from the German by Gilya G. Schmidt, Syracuse, N. Y.: Syracuse University Press.

25. 2002a, *The Legend of the Baal-Shem*, translated by Maurice Friedman, London: Routledge.

26. 2002b, *Between Man and Man*, translated by Ronald Gregor-Smith, London, New York: Routledge.

27. 2002c, *The Way of Man: According to the Teaching of Hasidim*, London: Routledge.

28. 2002d, *The Martin Buber Reader: Essential Writings*, edited by Asher D. Biemann, New York: Palgrave Macmillan.

29. 2002e, *Ten Rungs: Collected Hasidic Sayings*, translated by Olga Marx, London: Routledge.

30. 1986，我与你，陈维纲译，上海：三联书店。

31. 1992，论犹太教，刘杰等译，济南：山东大学出版社。

32. 2002，人与人，张健等译，北京：作家出版社。

英文参考文献

1. Avnon, Dan, 1998, *Martin Buber: The Hidden Dialogue*, Lanham, Boulder, New York, Oxford: Rowman & Littlefield.

2. Burke, T. E., 1979, "The Eternal Thou," *Philosophy*, vol. 54, no. 207, 71-85.

3. Cohen, Arthur, 1957, *Martin Buber*, London: Bowes& Bowes.

4. Cohen, Richard A., 1986, *Face to Face with Levinas*, Albany: State University of New York Press.

5. David Forman-Barzilai, 2003, "Agonism in Faith: Buber's Eternal Thou After the Holocaust," *Modern Judaism*, 23（2）,156-179.

6. Diamond, Malcolm L., 1960, *Martin Buber: Jewish Existentialist*, New York: Oxford University Press.

7. Dilley, Frank B., 1958, "Is There 'Knowledge' of God," *The Journal of Religion*, vol. 38, no. 2, 116-126.

8. Flohr, Paul R. and Susser, Bernard, 1976 , "Alte und neue Gemeinschaft: An Unpublished Buber Manuscript," *AJS Review*, vol. 1, 41-56.

9. Friedman, Maurice, 1954, "Martin Buber's View of Biblical Faith," *Journal of Bible and Religion*, vol. 22, no. 1, 3-13.

10. Friedman, Maurice, 1955, *Martin Buber: The Life of Dialogue*, Chicago Illinois: The University of Chicago Press.

11. Friedman, Maurice et al. eds., 1996, *Martin Buber and Human Science*, Albany: State University Press.

12. Friedman, Maurice, 1986, *Martin Buber and the Eternal*, New York: Human Science Press.

13. Friedman, Maurice, 1985, "Martin Buber's Influence on Twentieth Century Religious Thought," *Judaism* ,vol.34, no.4, 417-432.

14. Friedman, Maurice, 1991, *Encounter on the Narrow Ridge: A Life of Dialogue*, New York: Paragon House.

15. Friedman, Maurice, 1997, "Paul Celan and Martin Buber: The Poetics of Dialogue and the Eclipse of God," *Religion & Literature*, vol. 29, no. 1, 43-62.

16. Fox, Marvin, 1991, "Some Problems in Buber's Moral Philosophy," in Paul Arthur Schilpp & Maurice Friedman, eds., *The Philosophy of Martin Buber*, La Salle, Illinois: Open Court Publishing Company, 152-170.

17. Glass, James M., 1998, "A Mortality and Morality: A Search for the Good After Auschwitz. by Hans Jonas and Lawrence Vogel," *Ethics*, vol.108, no. 3, 626-629.

18. Guilherme, Alexandre, 2012, "God as Thou and Prayer as Dialogue: Martin Buber's Tools for Reconciliation," *Sophia* , 51, 365-378.

19. Gordon, Haim, 1988, *The Other Martin Buber*, Ohio: Ohio University Press.

20. Guilherme, Alexandre, 2012, "God as Thou and Prayer as Dialogue: Martin Buber's Tools for Reconciliation," *Sophia* , 51, 365-378.

21. Jonas, Hans, 1987, "The Concept of God after Auschwitz: A Jewish Voice," *The Journal of Religion*, vol.67, no. 1, 1-13.

22. Hodes, Aubrey, 1972, *Encounter with Martin Buber*, London: Allen Lane Penguin Press.

23. Horwitz, Rivka, 1978, *Buber's Way to I and Thou*, *An Historical Analysis*, Heidelberg: Lambert Schneider.

24. Huston, Phil, 2007, *Martin Buber's Journey to Presence*, New York: Fordham University Press.

25. Kegley, Charles W., 1969, "Martin Buber's Ethics and the Problem of Norms," *Religious Studies*, vol.5, no.2, 181-194.

26. Kepnes, Steven, 1992, *The text as Thou: Martin Buber's Dialogical Hermeneutics and Narrative Theology*, Bloomington and Indianapolis: Indiana University Press.

27. Kierkegaard, Soren, 1983, *Fear and Trembling*, edited and translated by Howard V. Hong and Edna V. Hong, Princeton: Princeton University Press.

28. Kovacs, George ,1974, "Atheism and the Ultimate Thou," *International Journal for Philosophy of Religion*, vol. 5, no. 1, 1-15.

29. Kramer, Kenneth P., 2010, "Tasting God: Martin Buber's Sweet Sacrament of Dialogue," *Horizons*, vol.37, no.2, 224 - 245.

30. Lawritson, Jerry D., 1996, "Martin Buber and the Shoah," in Maurice Friedman et al., eds., *Martin Buber and Human Science*, Albany: State University of New York Press, 295-309.

31. Levinas, Emmanuel, 1979, *Totality and Infinity*, translated by Alphonso Lingis, London: Martinus Nijhoff Publishers.

32. Levinas, Emmanuel, 1985, *Ethics and Infinity: Conversations with Philippe Nemo*, translated by Richard A. Cohen, Pittsburgh: Duquesne University Press.

33. Levinas, Emmanuel, 1990, *Difficult Freedom: Essays on Judaism*, translated by Sean Hand, Baltimore: The Johns Hopkins University Press.

34. Mayhall, C.Wayne, 2004, *On Buber*, Wadsworth: a division of Thmson Learning, Inc..

35. Mendes-Flohr, Paul, 1986, "Martin Buber's Reception among Jews," *Modern Judaism,* vol. 6, no. 2, 111-126.

36. Mendes-Flohr, Paul, 1989, *From Mysticism to Dialogue: Martin Buber's Transformation of German Social Thought*, Detroit: Wayne State University Press.

37. Mendes-Flohr, Paul, ed. , 2002, *Martin Buber: A Contemporary Perspectives*, Jerusalem: Syracuse University Press.

38. Moore, Donald, J., 1996, *Martin Buber: Prophet of Religious Secularism*, New York: Fordham University Press.

39. Morgan, Michael L., 2011, *The Cambridge Introduction to Immanual Levinas*, New York: Cambridge University Press.

40. Ron Margolin, 2008, "The Implicit Secularism of Martin Buber's Thought," *Israel Studies*, vol. 13, no. 3, 64-88.

41. Oliver, Roy, 1968, *The Wanderer and the Way: the Hebrew Tradition in the Writings of Martin Buber*, Ithaca, N.Y.: Cornell University Press.

42. Pihlström, Sami, 2014, "Jonas and James: The Ethics and Metaphysics of Post-Holocaust Pragmatism," *The Journal of Speculative Philosophy,* vol.28, no. 1, 31-51.

43. Potok, Chaim, 1966, "Martin Buber and the Jews," *Commentary*, 41, 43-49.

44. Roemer, Nils, 2010, "Reading Nietzsche: Thinking about God Martin Buber, Gershom Scholem, and Franz Rosenzweig," *American Catholic Philosophical Quarterly*, vol.83, no. 2, 427- 439.

45. Schaeder, Grete, 1973, *The Hebrew Humanism of Martin Buber*, translated by Noah J. Jacobs, Detroit: Wayne State University Press.

46. Schilpp, Paul Arthur & Friedman, Maurice, eds.,1991, *The Philosophy of Martin Buber*, La Salle, Illinois: Open Court Publishing Company.

47. Scholem, Gershom, 1961, "Martin Buber's Hasidism", *Commentary*, 32, 305-316.

48. Schmidt, Gilya Gerda, 1995, *Martin Buber's Formative Years : From German Culture to Jewish Renewal, 1897-1909*, Tuscaloosa and London: The university of Alabama Press.

49. Silberstein, Laurence J., 1989, *Martin Buber's Social and Religious Thought*, New York & London: New York University Press.

50. Smith, Ronald, 1975, *Martin Buber,* Atlanta Georgia: John Knox press.

51. Streiker, Lowell D., 1969, *The Promise of Buber*, Philadelphia and New York: J. B. Lippincott Company.

52. Tillich, Paul, 1948, "Martin Buber and Christian thought," *Commentary*, 5, 515-521.

53. Vermes, Pamela, 1980, *Buber on God and the Perfect Man*, Providence: Scholars Press.

54. Vogel, Manfred, 1970, "The Concept of Responsibility in the Thought of Martin Buber," *The Harvard Theological Review*, vol.63, no.2, 159-182

55. Wood, Robert E., 1969, *Martin Buber's Ontology: An Analysis of I and Thou*, Evanston: Northwestern University Press.

56. Tamra Wright, 2004, "Beyond The "Eclipse of God": The Shoah in the Jewish Thought of Buber and Levinas," in Maurice Friedman et al., eds., *Levinas and Buber*, Pittsburgh, Pennsylvania : Duquesne University Press, 203-225.

57. Urban, Martina, 2008, *Aesthetics of Renewal: Martin Buber's Early Representation of Hasidism as Kulturkritik*, Chicago: University of Chicago Press.

中文参考文献

1. 奥托，1995，论神圣，成穷等译，成都：四川人民出版社。

2. 奥尔森，2003，基督教神学思想史，吴瑞诚等译，北京：北京大学出版社。

3. 傅有德等著，1999，现代犹太哲学，北京：人民出版社。

4. 弗洛伊德，2005，图腾与禁忌，文良文化译，北京：中央编译出版社。

5. 葛伦斯、奥尔森，2014，二十世纪神学评介，刘良淑等译，上海：上海三联书店。

6. 顾洪亮，2006，"统一·行动·未来：马丁·布伯对犹太教现代性的思考"，宗教学研究，第 3 期，147-151。

7. 汉斯·约纳斯，2002，奥施威辛之后的上帝观念，张荣译，北京：华夏出版社。

8. 何光沪，2010，多元化的上帝观，北京：中国人民大学出版社。

9. 何伙旺，2011，文化、宗教与精神：青年马丁·布伯的存在之思，南京大学博上论文。

10. 洪汉鼎，2002，《伦理学》导读，成都：四川教育出版社。

11. 卡尔·巴特，2005，罗马书释义，魏育青译，上海：华东师范大学出版社。

12. 康德，2003，实践理性批判，邓晓芒译，北京：人民出版社。

13. 康德，2004，纯粹理性批判，邓晓芒译，北京：人民出版社。

14. 库萨的尼古拉，2012，论隐秘的上帝，李秋零译，北京：商务印书馆。

15. 李毓章，2001，"论施莱尔马赫宗教本质思想的意义"，安徽大学学报，第 5 卷，第 6 期，74-79。

16. 李秋零，1992，上帝·宇宙·人，北京：中国人民大学出版社。

17. 李秋零，1999，康德何以步安瑟尔谟后尘，中国人民大学学报，第二期，33-39。

18. 刘杰，2000，"马丁·布伯论'东方精神'的价值"，文史哲，第 6 期，34-40。

19. 刘杰，2004，"布伯道德思想简论"，山东大学学报，第 3 期，14-19。

20. 刘精忠，2011，布伯宗教哲学的哈西德主义内在理路，世界宗教研究，第 2 期，127-137。

21. 刘平，2004，后奥斯维辛时代信仰生活是否可能？——布伯相遇神学简论，基督宗教研究，第 7 辑，219-232。

22. 刘小枫主编，杨德友等译，1991，二十世纪宗教哲学，上海：三联书店。

23. 卢云昆、朱松峰，2010，"以生命把握生命：狄尔泰哲学方法论初探"，世界哲学，第 4 期，132-141。

24. 孟振华，2013，波斯时期的犹大社会与圣经编纂，北京：宗教文化出版社。

25. 摩迪凯·开普兰，2002，犹太教：一种文明，黄福武等译，济南：山东大学出版社。

26. 莫尔特曼，1997，被钉十字架的上帝，阮炜等译，上海：上海三联书店。

27. 莫尔特曼，2003，俗世中的上帝，曾念粤译，北京：中国人民大学出版社。

28. 尼采，2003，反基督，陈君华译，石家庄：河北教育出版社。

29. 尼采，2012，悲剧的诞生，周国平译，北京：作家出版社。

30. 朋霍费尔，2016，狱中书简，高师宁译，北京：新星出版社。

31. 撒母耳·科亨，2009，犹太教：一种生活之道，徐新等译，成都：四川人民出版社。

32. 沙亚·柯恩，2012，古典时代犹太教导论，郑阳译，北京：中国社会科学出版社。

33. 施莱尔马赫，2011，论宗教，邓安庆译，北京：人民出版社。

34. 西美尔，2003，宗教社会学，曹卫东译，上海：人民出版社。

35. 西美尔，2003，现代人与宗教，曹卫东译，北京：中国人民大学出版社。

36. 斯宾诺莎，2015，伦理学，贺麟译，北京：商务印书馆。

37. 宋立宏、孟振华编，2013，犹太教基本概念，南京：江苏人民出版社。

38. 宋立宏，2015，罗马与耶路撒冷，杭州：浙江大学出版社。

39. 索伦，2000，犹太教神秘主义主流，涂笑非译，成都：四川人民出版社。

40. 孙向晨，1998，"马丁·布伯的关系本体论"，复旦学报，第 4 期，91-97。

41. 孙向晨，2002，"现代犹太思想中的上帝问题"，基督教学术，第 1 辑，108-125。

42. 孙向晨，2002，"不可或缺的上帝与上帝的缺席——论莱维纳斯哲学中被悬置的上帝"，学术月刊，第 6 期，18-24。

43. 王恒，2000，"虚无主义：尼采与海德格尔"，南京社会科学，第 8 期，8-12。

44. 王恒，2007，时间性：自身与他者——从胡塞尔、海德格尔到列维纳斯，南京：江苏人民出版社。

45. 谢地坤，2008，走向精神科学之路：狄尔泰哲学思想研究，南京：江苏人民出版社。

46. 徐新，2011，犹太文化史，北京：北京大学出版社。

47. 许志伟，2006，基督教神学思想导论，北京：中国社科院出版社。

48. 亚伯拉罕·海舍尔，2003，觅人的上帝，济南：山东大学出版社。

49. 叶秀山，2001，"何谓'超人'：尼采哲学探讨之二"，浙江学刊，第 5 期，5-11。

50. 约翰·希克，1998，宗教哲学，何光沪译，北京：三联书店。

51. 詹姆斯·利文斯顿，2014，现代基督教思想史，何光沪等译，译林出版社。

52. 张旭，2010，上帝死了，神学何为，北京：中国人民大学出版社。

53. 张世英，2002，"人与世界的两重性：布伯《我与你》一书的启发"，中国人民大学学报，第 3 期，28-33。

54. 张荣，2011，自由、心灵与时间：奥古斯丁心灵转向的文本学研究，南京：江苏人民出版社。

附录一　宗教与实在

[德] 马丁·布伯

王务梅　译

译者前言

"宗教与实在"一文选自布伯的《上帝之蚀》。虽然布伯将他的这本书命名为"上帝之蚀"，但事实上他只在"宗教与实在"一文中对"上帝之蚀"概念进行了相对集中的阐释。因此，"宗教与实在"一文对于理解"上帝之蚀"概念，以及把握《上帝之蚀》一书的主旨都具有十分重要的意义。在这篇文章中，布伯通过对宗教与实在的关系的考察，将"上帝之蚀"产生的原因归结为现代性的传统。他指出，理性主义将与人有着活生生关系的、独立实在的上帝转变为主体内在的所有物，一方面取消了上帝自身的实在性，另一方面也取消了人与上帝关系的实在性。

1

在一个宗教（religion）与实在[1]（reality）盛行的特定时代，宗教与实在的关系最能准确地反映这个时代的真实特征。在一些时期，人们所"信仰"之物是一种实在，并且这种实在完全独立于人类自身。尽管人们知道，他们只能就这个实在形成一个最不充分的表象，但他们却与这个实在处于一种活生生的关系之中。与此相反，在其他时期，这个实在被一个为人们所"拥有"并因此

1　布伯在这篇文章中所用到的"实在"概念，是指一种不依赖于人、具有独立实在性的存在。大多时候，此文中的"实在"概念等同于上帝概念。在布伯的思想中，一方面，上帝是独立于人的实在；另一方面，上帝可以与人建立起活生生的对话关系，这种关系具有直接性、交互性和在场性的特征。

可以操控的、处于变化中的表象所取代，或者只是被这种表象的残余，一个带有原初形象之模糊踪迹的概念所取代。

在这样的时代，那些仍然"笃信宗教"之人通常都没有认识到，虔敬关系已不再存在于他们和独立于他们的实在之间，而是存在于（人们的）心灵之中——这个心灵同时包含着实体化的形象和实体化的"观念"。

与此同时，或多或少明显地出现了这样一类人，他们认为这是宗教应该所是的那样：在这类人看来，宗教除了是一个内在于心灵的过程之外，什么也不是。这个过程的产物被"投射"在一个本身是虚构的，但被灵魂赋予了实在的平面上。这些人认为，人类文明可以根据这种投射的想象力来进行划分；但结果是，人们在获得清楚明白的知识后，他们必然会认识到，一切所谓的与上帝的对话只不过是一种自言自语，或者只不过是不同层级的自我[2]之间的对话。因此，正如我们时代中的一个学派的代表所说的那样，宣称上帝"死了"是必要的。实际上，这种宣示仅仅意味着人们已经不能理解一个完全独立于他们自身的实在，也不能与这个实在有关联——此外，也不能运用想象力感知这个实在，更不能在形象（images）中再现这个实在，因为这个实在不能被直接思考。人们所塑造的伟大的上帝形象不是源于想象，而是源于与真实的、神圣的力量和荣光的实际遭遇。随着人们在形象（images）中理解神圣者的能力的减弱，他们经验一个完全独立于自身的实在的能力同样也在减弱。

2

当然，以上所述并不意味着一个特定的上帝概念，即对神圣者所做的一种概念上的理解，一定会损害具体的宗教关系。一切都取决于上帝概念公正反映（do justice to）它所代表的实在所达到的程度，以及上帝概念在多大程度上将自身表现为一种实在。上帝概念越是抽象，它就越是需要活生生的经验证据来平衡这种抽象，因为上帝概念与活生生的经验而非一个知识体系息息相关。一个概念与神人同形同性论（anthropomorphism）差异越大，它就越是需要直接性（immediacy）和身体上的接近（bodily nearness）这样一种表达来使之完善。无论这种直接性和身体上的接近使人充满敬畏、欣喜若狂，还是仅仅给予人一些指示，它们都可以经由人类与神圣者的遭遇来征服人类。神人同形同性论通

---

2 "不同层级的自我"指构成自我的不同组成部分。例如，在精神分析学家弗洛伊德那里，自我或人格可以被划分为本我、自我、超我三个部分。

常反映了我们在遭遇中保持具体特性（concrete quality）的需求；然而，即便这种需求不是神人同形同性论的真实起源：正是在这种相遇中，我们面对着一些不可抗拒的拟人化的存在，一些要求彼此相互作用的存在，一个原初的你（Thou）。在日常生活中的那些真实的瞬间，我们会意识到那个完全独立于我们的实在，无论这个实在是作为一种力量，还是作为一种荣光。这些瞬间并不比那些由断断续续的记录传递给我们的伟大的启示时间少。

在斯宾诺莎的学说中，我们发现了一个在时间上略先于我们所处时代的十分重要的案例，它通过解释我们所经验到的事物来对一个真实的上帝概念进行必要的补充。斯宾诺莎在他的神圣属性理论中似乎作出了人类精神尝试反对神人同形同性论的最大努力。他指出，神圣实体的属性在数量上是无限的。然而，他只给这些属性中的两种属性命名，它们是"广延"与"思想"，或者说，宇宙与精神。因此，那些被给予我们的、源自于我们自身之内与之外的一切事物，总共只分有上帝无限多属性中的两种。此外，除了其它的含义之外，斯宾诺莎的这种主张意味着一种警告，它告诫人们不要将上帝等同于一种"精神原则"。而将上帝等同于一种"精神原则"，恰恰是我们的时代执意去做的事情；因为精神（spirit）是天使的唯一形式，也就是说，上帝在精神中呈现自身。尽管上帝概念极为抽象，上帝的伟大在这里还是被活灵活现地表现出来。

然而，如果斯宾诺莎没有将爱这个元素引入他的学说，那么上帝这个至高无上的概念就会被限制在推理思考的领域，从而与宗教现实相分离。尽管爱这个元素是纯粹"智性的"（intellectual），但它也得以经验为基础，因为从这种经验的本性上来看，它可以使人抽身于抽象思考的领域，与实在（the real）建立一种现实的关系。在这里，虽然斯宾诺莎的论述与其他地方一样是严格的概念式的，但斯宾诺莎实际上并没有从概念出发，而是从具体的事实开始。因为，离开了具体的事实，概念的论述是不可能的。而这个事实就是，有人爱上帝（不管爱上帝之人数量的多寡，斯宾诺莎从他自身的经验明确地知道有人爱上帝这个事实）。斯宾诺莎将人们对上帝的爱视为上帝对他自身的爱，这种爱通过上帝的创造来实现，它包括人对上帝的爱，以及上帝对人的爱。因此，上帝——这个上帝包含着无限的属性，自然与精神只是其中的两个属性——爱着。因为在我们对上帝的爱中，上帝彰显他的爱，所以神圣之爱与人之爱本质上是一致的。以这种方式，最极端的反神人同形同性论变成了崇高的神人同形同性论。在此，我们也最终承认我们曾遭遇过上帝的实在（the reality of God）；这确实是一种相遇，因为它就发生在这里，发生在上帝的爱与我们的爱相同一的现实之中，虽然作为有限的自然的和精神的存在，我们绝不等同于那无限的上帝。

3

斯宾诺莎从主张上帝存在开始，他认为上帝不是作为一种只存在于思考他的人的心灵中的精神原则，而是作为一种实在、一个完全独立于我们的生存的自我持存的实在而存在。斯宾诺莎在他的实体概念中表达了这一思想。但他得出的结论表明，这个上帝与我们处于活生生的关系之中，并且我们也与上帝处于活生生的关系之中。斯宾诺莎将这两方面纳入到上帝的智性之爱（God's intellectual love）这一概念中，并根据他的反神人同形同性论的倾向来理解"智性的"这个形容词，力图终结人类构思上帝形象的倾向。因此，斯宾诺莎计划在没有损害神人关系的实在性的前提下，赋予圣经的禁令以更强的说服力。然而，他未能避免这种损害，因为他只认识到这种关系的主要方面，而没有认识到它的核心，即神人之间的对话——神圣之音经由降临于人身上的事情来言说，人通过做事或不做事来回应。然而，斯宾诺莎清楚地说明了他的意图。

我们时代的思想主旨根本不同。一方面，它试图将神圣观念（the idea of the divine）作为真正的宗教关怀加以保留，另一方面，它试图摧毁上帝观念的实在性，从而也摧毁我们与上帝关系的实在性。这种思想的实现方式是多种多样的，它可以通过公开的或私下的方式、必然的或假设的方式，以及通过一种形而上学的或心理学的语言来实现。

在我们时代的初期，形成了一种反对斯宾诺莎的观点，这个观点长期不为人所知，即使在今天也没有被给予足够关注。这个主张（包括几种变体）出现在康德晚年所写的值得注意的笔记中："上帝不是一个外在的实体，而仅仅是一个内在于我们的道德的条件。"康德确实没有停止对这个主张的研究。在他持续的研究过程中，他在同一本笔记中提出了截然相反的观点。但是，那些没有从阅读的艰辛中退缩的读者，将会认识到康德试图努力去理解的上帝是这样的上帝——一个满足哲学家早期"实践理性假定"要求的上帝，一个能够克服无条件的绝对命令与任何有条件的内在的正当理由之间矛盾的上帝；一个作为"所有道德义务来源"的上帝。

事实上，让康德感到不安的是，上帝并不能满足这种要求，因为他除了是我们内在的一个条件之外，什么也不是，此外，唯有一个绝对者才能将绝对的品质赋予义务。通过用人类社会来代替个体的人，和相信社会的持续存在取决于道德准则，康德力图避开存在于他的道德哲学中的主要难题。但是，难道我们没有发现，在任何真实的孤独的深处——这种孤独甚至超越一切社会存在，而且，正是在这个领域中，存在着一种善与恶的斗争，存在着实现和未能实现内在于我们、内在于这个个体存在的目的之间的较量吗？然而，我本质上不能将我自身视为我在道德上赞成或反对的根源，也不能将我自身视为我本身不具有的这种绝对性的保证，虽然我们对这种是或否[3]（yes or no）充满敬意。与原初声音的相遇，即是或否的最初来源，不能被任何形式的自我遭遇（self-encounter）所取代。

4

可以理解，这个时代的思想，在努力使上帝失去实在性的过程中，并不满足于将上帝还原为一个道德原则。那些追随康德的哲学家都在努力恢复这个不"在我们之内"、或者至少不仅仅在我们之内的绝对者。"上帝"这个传统的术语因其深刻的内涵而得以保存，但以这种方式来保存"上帝"这个术语，会导致上帝与我们具体生活的任何联系变得没有意义，这种具体的生活是一种暴露在上帝之显现中的生活。对于诸如柏拉图和普鲁提诺，以及笛卡尔和斯宾诺莎这样的思想家来说，直接决定我们存在的视觉和触觉的实在是最根本的确定性，而这种实在黑格尔的世界里却没有位置（如果我们不考虑他年轻时的作品，那些作品具有完全不同的倾向）。"精神的原则，我们称之为上帝"，并且"唯一实在"之物，就其本质而言，只有理性可以通达，而存在于具体生活中的人类则无法通达。绝对的抽象（The radical abstraction），作为黑格尔哲学思考的起点，忽视了我、你，以及其他一切事物的生存现实。根据黑格尔的理论，绝对者——普遍的理性、观念，亦即"上帝"——将在自然和历史中存在和发展的一切事物，包括所有与人相关的事物，作为他的，亦即上帝的，自我实现和完美的自我意识的工具；但上帝从未和我们进入一种活生生的、直接的关系，也没有赐予我们与他（Him，即上帝）之间的这种关系。

3　"是或否"指道德判断。

但同时，对于斯宾诺莎的爱上帝（amor Dei）这个观念，黑格尔的态度极为含糊。他说："上帝和神圣元素的生命，可以被描述为对其自身的爱。"但他立刻又补充道："如果爱上帝这个观念不包含严肃性、痛苦、耐心，以及否定的努力，它就会退变成纯粹的教导，甚至变得枯燥乏味。"对于黑格尔而言，这个观念产生于这个极为正确的见解（诚然，这种见解根本不适用于斯宾诺莎的思想），即上帝自身必须进入辩证的过程，在这个过程中，否定为了被超越而出现。因此，上帝与其对立之物（the contradiction）之间的具体相遇，正如人类所记录的那种个人的和历史的相遇，被归类为虚构的领域。实体只向我们展示了其无限的属性中的两种属性，即自然和精神，并用其无限的爱照亮我们有限的爱。这个实体在此变成一个包含自然和精神的绝对过程的主体。并且，正是在这个过程中，实体在不可抗拒的推动力中，"获得它的真实性，以及关于它自身的意识"。这个过程运用普遍理性"调动对它自身目的的激情"，正如黑格尔所说的那样，"个体做出牺牲和让步"。一切宗教的基本主题——有限存在和无限存在之间的巨大冲突——消失了，即便所谓的无神论哲学也只能改变这一主题。因为这一主题被置换成普遍精神的唯一准则，并且这个普遍精神与它自己搏斗并为自己而战，它把所有的事物都视为工具并耗尽所有的事物。黑格尔想通过改变宗教的形式、修改"启示的"（revealed）宗教并将其转化成"显现的"（manifest）宗教来保留宗教，结果他在世纪末剥夺了宗教的实在性。"上帝不再有任何神秘性"，黑格尔将这一发展阶段视为最高阶段。事实上，对于人类而言，除了此时此地被称作上帝的事物之外，普遍精神[4]已经不是他们曾在绝望或狂喜中遭遇到的那个不可思议而又清楚明白的上帝。

5

尼采说，上帝死了，它是被我们杀死的。他的话有力地总结了这个时代的状况。尼采的这一格言用另一种口吻和在另一种意义上概括了黑格尔的主张[5]。但比这个格言更加意味深长的是，在这一视域内所做的努力都被判无效。在此，我只讨论两种最重要的尝试。

4　原文是"Nothing mysterious"，这里意指黑格尔的普遍精神（a universal spirit）。

5　海德格尔最近指出了这种联系。在1802年所写的"信仰与知识"一文中，黑格尔试图在如下这些话语中传达这种感受的本质："现代宗教所依赖的上帝"，"上帝死了"。在阐释中黑格尔提到帕斯卡尔"消失的上帝"这句话。但这三种表述实际上标志了这一道路上三个非常不同的阶段。（作者注）

　　柏格森的出发点事实上是生命所表现出的创造性努力，他说，这种努力"是上帝的努力，如果这种努力不是上帝自身（is of God, if it is not God Himself）"。这句话的第二部分是对第一部分的否定。如果没有取消上帝概念的全部含义，一种努力，亦即一个过程，或者一个过程的基本形式，就不能被称为上帝。而且，最为重要的是，人们的重要的宗教经验并非产生于创造性的能量在没有矛盾的情况下就能够运作的地方，而是产生于善与恶、绝望与希望，以及重生的力量与毁灭的力量并存的地方。人们在生活中实际遭遇的神圣力量，并不盘旋在邪恶之上，而是穿透邪恶。将上帝局限于一种生产的功能，就是将上帝从我们的生活世界中清除——一个为激烈的矛盾和救赎的渴望所充斥的世界。

　　海德格尔提出的是一种完全不同的概念。与柏格森不同，海德格尔不以一个新的上帝概念为目标。海德格尔承认尼采上帝之死这一声明，并对之作出解释。从一定程度上讲，他的解释无疑是准确的。海德格尔认为"上帝被杀死"这句话意味着现代人将上帝从客观存在的领域转向"主体的内在"。事实上，现代思想不能容忍一个不局限于主体、不只是"至高价值"的上帝。并且，正如我们所看到的那样，这种思想将我们引向一条虽然绝不平坦，但最终不会出错的道路。海德格尔继续说道："这种杀戮意味着人们消除自我持存的超感官世界。"同样，这句话就其本身而言是正确的，但它导致了一个尼采和海德格尔都没有察觉和认识到的严重问题——如果海德格尔向尼采正确地解释这句话的话。就"自我持存的超感官世界"而言，海德格尔意指的是"存在者的最高目的、基础和原则，理念，以及超感官者，亦即上帝和诸神"。但是，在真实的生活情境中，降临与呼唤个体的活生生的上帝并不是超感官世界的一个组成部分；较之于感官世界，上帝在超感官世界中的位置不复存在。然而，一旦人类将与上帝的相遇解释为自我遭遇（self-encounters），人类的结构就被破坏了。这正是当下可能发生的事。

　　海德格尔准确地将这一时刻视为黑夜。因此，海德格尔提到荷尔德林的诗句，他曾经把他的一些重要的阐释性著作献给这位伟人的诗人。荷尔德林说：
　　　　（哎！我们这一代，行走于黑夜，栖身于地狱，没有神圣。）
　　海德格尔确实怀有这样的希望，即通过一种智性的转变，黎明得以重现，然后"上帝（God）和诸神（gods）再次显现"，即使这种希望仅仅是一种可能性。但将一个绝对的单数与一个明显的复数连接在一起，这与一个半世纪前荷尔德林诗篇中所称赞的上帝以及他在自然的主动力量（亦即诸神）中的显现是不同的。今天，当我们面对我们命运的问题时，即关于所有的主体与超越主体的事物之间的本质差异问题，这个单数与这个复数的并置，表明在一个无形象的时代（imageless era）之后，一系列新的形象（images）可能会出现——上帝的形象和诸神的形象，上帝与诸神一起的形象——缺少了人类对于他与神圣者本身真实遭遇的再次经历和承认。但没有这些真实的相遇，所有的形象都是虚幻与自我欺骗。在当下，当所有的言语都变得极其严肃的时候，谁还敢将上帝与诸神置于真实相遇的层面？确实，曾经某个时期，人们诚心地侍奉上帝、依赖上帝，他们真正地欲求上帝本身，以及上帝的神性。上帝作为一种力量或一种形式，在那时那地，向世人显现自身。但今时已不同往日。即便荷尔德林，当将作为单数的神与作为复数的神连接在一起时说，"诸神之神"不仅是诸神之中最高的神，而且作为诸神之神，它也是诸神崇拜的对象。

6

天国之光之蚀，上帝之蚀（eclipse of God）——这是世界正在经历着的历史时刻的特征。但经由列举人的精神中所发生的变化，我们无法充分地解释上帝之蚀这一过程。日蚀（An eclipse of the sun）是发生在太阳和我们的眼睛之间的事，不是太阳自身的事，更不是哲学家所认为的那样——我们无法看见上帝的存在。哲学认为如今我们只是缺少精神的转向，而这种精神的转向可以使"上帝与诸神"以及一系列新的崇高形象（sublime images）的重现得以可能。但是，正如这个例子所说的那样，当天国与人间之间出现了问题，人们就会丧失一切。这时人们就会坚持在尘世的思想中寻找力量来打破这种神秘。人们因为拒绝服从与我们面对面的超验性本身的有效现实，因而他们对上帝之蚀负有责任。

假定"自我持存的超感官世界的消失"完全是由人造成的，并且使人成其为人的原则和理念不复存在。与原则和理念不同，真正面对面的人不能被描述为它（it），但可以作为你（you）被呼唤和接近。[6]对人而言，伴随"自我持存的超感官世界的消失"这一过程，真实的面对面关系可能会消失；然而，这种面对面的关系在黑暗之墙的庇护下却完好无损。人甚至可能会取消"上帝"这

---

6 这句话中的"它"（it）和"你"（you），在布伯的哲学中有着特定的含义，前者指客体或对象化的存在，后者指主体或人格的存在。

个名称，毕竟上帝这个名称暗含着一种占有。如果它的拥有者将之抛弃，即是说，"人的上帝"不复存在，那么，上帝这个名称就会丧失存在的理由：然而被这个名称所指代的他（Him，也即上帝）栖居于他的永恒之光之中。而我们"这些凶手"，仍然居于黑暗之中，把自己交托于死亡。

根据犹太传说，亚当和夏娃在被造之日背离上帝并因此被驱逐出伊甸园时，他们第一次看到太阳落山。亚当和夏娃感到害怕，因为他们只是这样解释这一现象——世界因为他们的犯罪行为陷于混乱。整个夜晚，他们面对面坐着、哭泣着，此时他们经历了心灵上的变化。天刚破晓，亚当起身抓住一只独角兽，用这只独角兽代替自己去献祭。

附录二　布伯论"上帝之蚀"

王务梅

内容提要："上帝之蚀"是布伯对西方现代人生存危机的诊断，他认为上帝在现代世界中缺席，现代人生活在没有神圣的世俗世界之中。从对话哲学视角出发，布伯将"上帝之蚀"归因为现代人本真生存方式的丧失、现代伦理价值的相对化，以及现代思想对上帝实在性的消解。面对现代人的生存状况，布伯希望通过恢复神人之间的对话关系来克服现代危机。

关键词：马丁·布伯　现代危机　上帝之蚀

Abstract: "Eclipse of God" is Buber's diagnosis of the existential crisis of modern man in the west. He thinks that God is absent in the modern world and modern people live in a secular world without holiness.From the perspective of dialogue philosophy, Buber attributed the "Eclipse of God" to the loss of modern people's authentic way of living, the relativism of modern ethical values, and the dissolution of god's reality by modern thought. Faced with the living conditions of modern people, Buber hopes to overcome the modern crisis by restoring the dialogue between god and man.

Key words: Martin Buber, modern crisis, Eclipse of God

"上帝之蚀"（Eclipse of God）是马丁·布伯晚年提出的一个重要概念，这一概念对于理解布伯晚期思想具有重要意义。[1]从词源上来说，"上帝之蚀"源自希伯来文短语"hester panim"[2]，意思是上帝隐藏他的面容。这个词最初是圣经术语，例如，在申命记中，上帝说："我也必离弃他们，掩面不顾他们（I will hide my face from them），以致他们被吞灭。"[3]"hester panim"为我们揭示了一个奖惩分明的上帝形象：上帝会奖励那些遵从他的命令的人，并会以隐藏面容的方式惩罚那些违背他的意志的人。布伯在用到"上帝之蚀"这一概念时，主要是用来描绘两次世界大战和犹太大屠杀之后西方现代人的生存危机：上帝在现代世界中缺席，现代人生活在没有神圣的世俗世界之中。布伯不仅对现代人的生存危机进行了诊断，而且还具体地阐释了"上帝之蚀"产生的根源。他将"上帝之蚀"归因为现代人本真生存方式的丧失、现代伦理价值的相对化，以及现代思想对上帝实在性的消解。

一、本真生存方式的丧失

早在 1923 年出版的《我与你》中，布伯就区分了两种基本的生存方式，即"我—它"（I—It）关系和"我—你"（I—Thou）关系。这两种关系类似哲学意义上的主客关系和主体之间的关系。"我—它"关系是一种将事物和他人视为对象而加以利用的工具性关系，"我—你"关系是一种将事物和他人视为人格而与之相遇的对话关系，这种关系具有直接性、相互性和在场性的特征。根据布伯，"我—它"之"我"与"我—你"之"我"不同。"我—它"之"我"是经验与利用的主体，这样的主体是作为一个孤立的个体而存在的，与他者没有相互性的关系；"我—你"之"我"是人格主体，人格主体与他者处于相互性的关系之中。[4]需要注意的是，"我—它"中的"它"不一定是事物，也可以是人，也就是说，人既可以利用事物，也可以将他人视为满足自身需求的工具；同样，"我—你"中的"你"不一定是人，也可以是事物，也就是说，人既可以与他人相遇

1　布伯研究专家莫里斯·弗里德曼说，"没有任何其它概念比'上帝之蚀'这个隐喻更能刻画布伯晚期的思想和态度。"参见（Maurice Friedman, "Paul Celan and Martin Buber: the Poetics of Dialogue and the 'Eclipse of God',"in *Religion and Literature*, vol. 29, no.1 （1997）, p.51.

2　希伯来文短语 hester panim（הֶסְתֵּר פָּנִים）意指"隐藏面容"（hiding of face）。通常，在谈论到自我隐藏和自我启示的上帝时会用到这个词。

3　参见《圣经》申命记 31 章 17 节。

4　马丁·布伯：《我与你》，陈维纲译，北京：商务印书馆，2013 年，第 58 页。

对话，也可以与一朵花、一棵树建立起一种相互性的关系。对于布伯，"我—它"关系涉及生命自身的维持与扩张的内在性维度，是人的非本真生存方式，"我—你"关系涉及人如何超越内在自我从而与世界相遇的超越性维度，是人的本真生存方式。之所以说"我—你"关系是一种本真生存方式，就是在于，较之于"我—它"关系，"我—你"关系使人突破以自我为中心的本能的生存方式，进入到一种以关怀和回应他者为中心的伦理与宗教的生存方式，进而使人成为真正具有人性之人。事实上，布伯并不排斥"我—它"关系，而是认为这两种生存方式对人而言都是不可或缺的。他说："人无'它'不可生存，但仅靠'它'则生存者不复为人。"[5]在此，布伯一方面强调了"我—它"关系对于人的生存的必要性，另一方面也强调了"我—你"关系对于塑造人性的重要性。

　　然而，让布伯担忧的是，现代社会中"我—它"关系急剧扩张，成为主导现代人的基本生存方式，侵蚀了作为人的本真生存方式的"我—你"关系。主要表现为"我—它"关系对现代公共生活的控制。例如，在构成现代公共生活的两个重要领域，即经济和政治生活中，"政治领袖和实业界领袖都把与其共创业绩的人们视为劳动工具而非'你'，他们本身的任务就是善于发现这些劳动工具的特殊能力以供自己驱使"。[6]这意味着，现代社会所创造的巨大财富，是建立在无视人的人性、将人物化和工具化的基础之上的；现代人的公共生活被功利意志和权力意志所控制，使得现代人背离了本真生存方式，丧失了存在的意义。对此，布伯叹息道："当我们的目光从领袖转向芸芸众生，难道我们没有发现现代的工作和占有方式几乎已把相遇人生和相遇关系之任何痕迹涤荡干净？"[7]在之后的相关论文中，布伯用"独白的人生"（the life of monologue）[8]和"信任缺失"（mistrust）[9]等概念来描述现代人背离本真生存方式后的生存状况。在他看来，"由于工具性的主宰、有用性的颂扬，人成为其它诸对象中的客体，所以上帝在现代世界中消逝了。"[10]也就是说，现代人不能再与世界、

5　马丁·布伯：《我与你》，陈维纲译，第34页。

6　马丁·布伯：《我与你》，陈维纲译，第46页。

7　马丁·布伯：《我与你》，陈维纲译，第46页。

8　Martin Buber, *Between Man and Man*, trans. Ronald Gregor Smith, London, New York: Routledge, 2002, p.22.

9　Martin Buber, *Pointing the Way*, Maurice Friedman, eds., New York: Harper & Brother, 1957, p.223.

10　Martin Buber, *Eclipse of God: Studies in the Relation Between Religion and Philosophy*, trans. Maurice Friedman et al., Princeton & Oxford: Princeton University Press, 2016, p.ix-x.

他人建立起本真的"我—你"关系，这不仅导致了"人性之蚀"，也导致了"上帝之蚀"。

需要注意的是，布伯的上帝不是哲学家经由理性推导出的形而上学的原则或理念，也不是神秘主义者所经验到的神秘"合一"，更不是宗教团体所礼拜的对象，而是在一个个具体的"我—你"关系中与人相遇的"永恒之你"（The Eternal Thou）。布伯说："唯有以其全部生命走出去与'你'相遇者，唯有把世界之一切存在者均视为'你'，方可接近那不可寻觅的他（上帝）。"[11]在晚年的作品中，布伯区分了"哲学家的上帝"（the God of Philosophers）和"亚伯拉罕的上帝"（the God of Abraham）。"哲学家的上帝"仅仅是一个理性的观念，以概念的形式包含在哲学家的思想体系中，这样的上帝观念对于哲学家建构思想体系具有一定的作用，但本质上没有实存，也不能和人打交道，从而无法与人建立活生生的个人关系。[12]与之不同的是，"亚伯拉罕的上帝"在任何思想体系之外，是具有位格的活的上帝，这样的上帝"是在特别的时间和地点与人相遇的在场"。[13]布伯用交谈（talk about）和谈论（talk to）来区分以上两种上帝观视角下的神人关系。[14]"谈论"上帝意味着人与上帝之间没有实质关系，上帝是与人的生存无关的认识对象；而与上帝"交谈"则意味着人与上帝之间有直接关系，上帝是站在人对面并与人对话的生存伙伴。

我们看到，无论是"永恒之你"，还是"亚伯拉罕的上帝"，布伯强调的是上帝的实存或在场，而不是上帝抽象的存在或本质。在布伯对出埃及记3章14节的翻译中，这一点很明显地体现了出来。圣经中，当摩西追问上帝的名字是什么时，上帝的回答是："我是自有永有的（I AM WHO I AM）。"在以往对这句话的翻译中，希腊文、拉丁文、德文等译文都将之视为对上帝的存在和永恒性的陈述。然而，布伯认为，这些翻译是对希伯来语原文的误解，"希伯来文中这句话不是关于上帝的本质（God's essence），而是关于上帝的在场（God's

---

11 马丁·布伯：《我与你》，陈维纲译，北京：商务印书馆，2013年，第73页。

12 Martin Buber, *Eclipse of God: Studies in the Relation Between Religion and Philosophy*, trans. Maurice Friedman et al., NJ: Humanities Press International,1996, p.49-50.

13 Martin Buber, *Eclipse of God: Studies in the Relation Between Religion and Philosophy*, trans. Maurice Friedman et al., Princeton & Oxford: Princeton University Press, 2016, p.x.

14 在被问及"你信仰上帝吗"这个问题时，布伯的回答是，"如果信仰上帝意味着以第三人称的方式去谈论他（talk about him），那么我不信仰上帝。如果信仰上帝意味着和他交谈（talk to him），那么我信仰上帝。"参见 Paul Arthur, Maurice Friedman, eds., *The Philosophy of Martin Buber*, Albany: The Library of Living Philosophers, Inc. 1967, p.24.

presence)"。[15]因此,在布伯与罗森茨威格合译的德文圣经中,这句话被译为"我将在那里,无论如何我都将在那里(I will be there, howsoever I will be there)"。布伯的翻译表明,这句话不是为了在哲学上澄清上帝的本质是什么或不是什么,而是为了让摩西知道上帝实际上与他以及以色列的了孙同在。实际上,在对上帝的理解上,布伯也深受犹太神秘主义哈西德派思想的影响。哈西德派教导上帝可以在一切事物中被发现,布伯将之解读为:人们要圣化当下的生命,而不是逃避它,上帝应该在生活的各个层面被崇拜,而不仅仅局限于形式化的宗教崇拜活动之中。在布伯看来,真正的虔敬在于,在日常生活中敞开自身,与世界上的一切存在者相遇对话,而这种"我—你"对话关系本质上就是与作为"永恒之你"的上帝的关系。然而,现代生活中"我—它"关系的扩张使得神人之间的这种直接关系不复存在,布伯将这种状况称之为"上帝之蚀"。

二、伦理价值的相对化

"上帝之蚀"不仅在于现代人本真生存方式的丧失,而且还在于现代伦理价值的相对化。在布伯看来,伦理意味着"人对可能发生在他身上的行为或活动作出是或否的判断",[16]而宗教意味着"人与绝对者的关系"。[17]在伦理情境中,判断行为对错的依据不在于行为是否对个人和社会带来益处,也不在于是否符合普遍的道德法则,而在于行为自身是否具有内在的价值。那么,在道德抉择中,人们如何知道行为是否具有内在价值呢?根据布伯,这取决于个体在道德抉择时与绝对者的现实关系。他说:"总是宗教施与,伦理接收,"[18]"只有出于和绝对者的个人关系,伦理坐标的绝对性才能产生。"[19]这意味着,伦

15 Martin Buber, *Eclipse of God: Studies in the Relation Between Religion and Philosophy*, trans. Maurice Friedman et al., Princeton & Oxford: Princeton University Press, 2016, p.xi-xii.

16 Martin Buber, *Eclipse of God: Studies in the Relation Between Religion and Philosophy*, trans. Maurice Friedman et al., Atlantic Highlands, NJ: Humanities Press International, 1996, p.95.

17 Martin Buber, *Eclipse of God: Studies in the Relation Between Religion and Philosophy*, trans. Maurice Friedman et al., Atlantic Highlands, NJ: Humanities Press International, 1996, p.96.

18 Martin Buber, *Eclipse of God: Studies in the Relation Between Religion and Philosophy*, trans. Maurice Friedman et al., Atlantic Highlands, NJ: Humanities Press International, 1996, p.98.

19 Martin Buber, *Eclipse of God: Studies in the Relation Between Religion and Philosophy*, trans. Maurice Friedman et al., Atlantic Highlands, NJ: Humanities Press International, 1996, p.98.

理和宗教有着紧密的关联，伦理价值的最终依据在于宗教，正是宗教为伦理价值的绝对性提供了保障。然而，在现代思想中，伦理脱离了与宗教的关系，伦理价值变得相对化，因此，作为价值源头的上帝被排除在伦理范围之外，这是"上帝之蚀"产生的一个重要原因。

布伯具体地考察了历史上伦理和宗教的关系，他认为，人类历史上出现过两种将善恶的区分和绝对者（the Absolute）联系在一起的模式。第一种模式是古代东方和希腊文化。在古代东方和希腊文化中，宇宙（存在者的整体）的秩序和道德秩序是一致的，宇宙具有统一的意义。这个统一的意义在古代中国是道（Tao），在古希腊是正义（Dike）[20]，道或正义作为一种秩序的力量支配着一切。[21]然而，这种将伦理和绝对者（the Absolute）关联到一起的学说无论在东方和希腊都遇到了危机。在古希腊，智者经由质疑宇宙的统一性来冲击伦理和绝对者之间的关联。智者将生命从宇宙中分离出来，认为宇宙（不包有生命的存在者）和有生命的存在者是由不同的法则所支配。一些极端个人主义的智者进一步认为，在人类社会中，决定善恶标准的是社会中的人。鉴于人类社会不是只有一个，而是有诸多社会形态存在，因此，善也不是唯一的，而是多重的。这意味着，只存在不断变化着的风俗、习惯和价值，不存在绝对的最高价值。普罗泰戈拉"人是万物的尺度"很好地总结了这种思想。我们看到，智者在将伦理价值相对化的过程中，摧毁了伦理和绝对者的关联，使得对一切存在者都具有约束力的最高价值不复存在。

历史上，将善恶的区分和绝对者联系在一起的第二种模式是犹太教信仰。在布伯看来，古代以色列人是由共同的上帝信仰所构成的契约意义上的统一部落（a covenantal union of tribes），他们与上帝所订立的契约是以上帝教导人们什么是善恶为基础的。作为整个世界的裁判者，上帝拣选了以色列人作为他的追随者，去实现他的正义，从而为其他人树立典范。在犹太教信仰中，作为万物主宰的上帝（而非具有绝对性的宇宙秩序）教导人们如何区分善恶。上帝以命令的形式授予以色列人律法，这些律法主要是用来约束人的行为的伦理规范。然而，律法的最终目标不是让人们成为"善良"的人（a "good" people），

---

20 在《荷马史诗》中，宇宙有一个单一的神的秩序，这个秩序就是正义，它制约着人和诸神。

21 Martin Buber, *Eclipse of God: Studies in the Relation Between Religion and Philosophy*, trans. Maurice Friedman et al., Atlantic Highlands, NJ: Humanities Press International, 1996, p.99.

而是成为"圣洁"的人（a "holy" one）。[22]因此，在这种信仰中，伦理是宗教内部必不可少的功能，每个道德要求最终是为了将人们提升至自身之外的神圣领域。也就是说，践行人类的伦理，去爱和行正义是引领人们通向上帝的必由之路。然而，布伯认为，伦理和宗教的这种关系在基督教那里遭到破坏。从保罗、奥古斯丁到宗教改革，基督教神学贬低事工，将信仰视为上帝的恩典，这无疑取消了伦理在信仰生活中的核心地位，也使得世俗规范获得更多人的肯定，因此，伦理和绝对者的关系遭到破坏。[23]

布伯指出，现代思想正经历着价值相对化的哲学运动，这使得伦理价值的绝对性遭到进一步瓦解。这一运动发端于费尔巴哈对宗教的批判，费尔巴哈将上帝视为人的本质的异化，[24]这种思想是他对普罗泰戈拉人是的万物尺度的发展。在费尔巴哈的基础上，马克思进一步将所有的宗教、道德、政治和哲学观念嵌入历史进程之中，使之只具有相对性的意义。对于马克思，在阶级社会，道德是阶级斗争的工具。它是统治阶级利益的表达，是统治阶级维护其权力的工具。在马克思之后，尼采也将历史上的道德理解为统治阶级和被统治阶级之间权力斗争的工具。不过，尼采区分了主人道德和奴隶道德，他认为传统的基督教道德就是奴隶道德，这种道德是一种衰弱的、与权力意志相对的道德，本质上是不存在的。[25]由于传统伦理价值根源于人与上帝的关系，当尼采否定了基督教道德，作为基督教道德源头的上帝自然也就没有存在的意义了。尼采将其所处时代描述为道德解释世界衰落的时代，即"最高的价值失去了它们的价值"。面对"上帝死了"以及以上帝为基础的传统道德价值的崩溃，尼采主张用超人替代上帝，认为超人是新的、肯定生命的标准。然而，布伯认为尼采所建立的新的价值是以生物学为基础的道德，他用强弱的价值代替了善恶的价值。尼采试图用他自己所建立的新价值来克服他自己所达到的虚无主义，但从

---

22 Martin Buber, *Eclipse of God: Studies in the Relation Between Religion and Philosophy*, trans. Maurice Friedman et al., Atlantic Highlands, NJ: Humanities Press International, 1996, p.104.

23 Martin Buber, *Eclipse of God: Studies in the Relation Between Religion and Philosophy*, trans. Maurice Friedman et al., Atlantic Highlands, NJ: Humanities Press International, 1996, p.107.

24 费尔巴哈：《宗教的本质》，王太庆译，商务印书馆，2018 年版，第 4 页。费尔巴哈说，"神的崇拜只不过依附在自我崇拜上面，只不过是自我崇拜的一个现象。"

25 Martin Buber, *Eclipse of God: Studies in the Relation Between Religion and Philosophy*, trans. Maurice Friedman et al., Atlantic Highlands, NJ: Humanities Press International, 1996, p.109.

根本上来说，强弱的价值范畴不是价值范畴，因此，尼采并没有克服虚无主义，也没有帮助现代人走出虚无主义的处境。

三、上帝实在性的消解

"上帝之蚀"最重要的原因在于现代思想对上帝实在性的消解。布伯认为现代思想颠倒了神人之间的关系，将上帝视为主体的产物，消解了上帝的实在性以及人与上帝关系的实在性。[26]在晚期的演讲论文《宗教与实在》（"Religion and Reality"）一文中，布伯考察了斯宾诺莎、康德、黑格尔等人的哲学在消解上帝实在性过程中所起到的作用。

布伯认为斯宾诺莎的上帝观念在一定程度上保留了上帝观念的真实内涵。在斯宾诺莎的思想中，实体等同于自然，也等同于上帝。斯宾诺莎将实体界定为"在自身内通过自身而被认识的东西。换言之，形成实体的概念，可以无需借助于他物的概念"。[27]他认为作为实体的上帝具有无数的属性，而人只能认识"广延"（extension）与"思维"（thought）两种属性。在谈论到人的自由和幸福问题时，斯宾诺莎认为，痛苦源于不正确的观念所引发的情感，因此，要获得自由和幸福，人就要获得正确的观念、了解情感，从而用理性来克服情感对人的奴役。[28]然而，人要真正认识情感就必须认识神，而理解情感和神的人也一定会爱神，[29]所以人的自由和幸福最终源于人对神的爱或是神对人的爱。[30]对于斯宾诺莎的这些思想，布伯评价道：斯宾诺莎的实体概念表明上帝是一个独立于人的自我持存的实在，而不是内在于人的心灵的精神原则；斯宾诺莎将爱这个元素引入他的学说，以经验为基础的爱使他从抽象思考的领域进入到与上帝的现实关系之中。[31]因此，斯宾诺莎的上帝虽然不完全是布伯意义上与人对话的上帝，但斯宾诺莎对上帝的实在性以及人与上帝关系实在性的肯定都是布伯所认同的。

在布伯看来，康德思想是对斯宾诺莎观点的反对，上帝的独立实在性在康

---

26 参见王务梅："从'永恒之你'到'隐匿的上帝'——论大屠杀之后布伯上帝观之转向"一文，载《基督教学术》，2018 年，第 137 页。

27 斯宾诺莎：《伦理学》，贺麟译，北京：商务印书馆，2015 年版，第 1 页。

28 斯宾诺莎：《伦理学》，贺麟译，第 241 页。

29 斯宾诺莎：《伦理学》，第 249 页。斯宾诺莎说，"凡是清楚明晰地了解他自己和他的情感的人，必定爱神，而且他愈了解他自己和他的情感，那么他便愈爱神。"

30 洪汉鼎：《〈伦理学〉导读》，成都：四川教育出版社，2002 年版，第 68 页。

31 Martin Buber, *Eclipse of God: Studies in the Relation Between Religion and Philosophy*, trans. Maurice Friedman et al., Atlantic Highlands, NJ: Humanities Press International, 1996, p.16-17.

德那里被取消。我们知道，康德在《纯粹理性批判》里认为上帝是否存在超出理性认识的范围。在之后的《实践理性批判》中，康德将宗教道德化，认为理性虽然不能证明或证否上帝存在，但人对上帝的信仰，却可在理性的实践内获得验证，人以理性实践善行，便自然要求上帝存在。上帝的存在是理性实践运用的条件，唯有上帝存在这样的公设才能使人的道德生活得到保障。[32]布伯认为康德的上帝不是外在于人的实体，而是一个道德条件，即一个满足哲学家"实践理性假定"（postulate of practical reason）的上帝，一个作为"道德义务来源"（the source of all moral obligation）的上帝。[33]这样的上帝仅仅是一个理性的观念，没有实存意义上的实在性。康德之后的哲学家虽然保留了上帝这个术语，但在这些哲学家看来，上帝与人在具体生活中的任何联系都没有意义。例如，黑格尔将上帝视为唯一的实在，这个实在是只有理性可以通达的绝对者。这个绝对者将自然和历史中的一切存在者作为自我实现的工具，然而，这样的上帝从未与人建立一种活生生的、直接的关系。在黑格尔的思想中，人类历史上所记载的人与上帝之间的个人的、历史的相遇只是一种虚构。因此，康德与其之后的一些哲学家虽然将神圣观念作为宗教关怀加以保留，但摧毁了上帝的实在性，也摧毁了人与上帝关系的实在性。

　　布伯认为尼采的话"上帝死了"（God is dead）有力地总结了其所处时代状况。我们知道，在西方思想史上，尼采对以基督教为代表的宗教进行了尖锐的批判。他认为基督教起源于被迫害的下等人对上等人的怨恨情感：基督教的"原动力仍是怨恨、民族造反和败类造反"；[34]不仅如此，基督教否定人的自然本能和生命，将生命本身的价值和意义颠倒到另外一个彼岸的精神性世界，实际上是一种虚无主义的宗教。对此，尼采说上帝死了，它是被我们杀死的。[35]海德格尔将这句话理解为现代人将上帝从客观存在的领域转向主体的内在，现代思想只能容忍一个局限于主体的上帝。[36]他还进一步延伸到对形而上学

32　康德：《实践理性批判》，邓晓芒译，北京：人民出版社，2004 年版，序言第 3 页。

33　Martin Buber, *Eclipse of God: Studies in the Relation Between Religion and Philosophy*, trans. Maurice Friedman et al., Atlantic Highlands, NJ: Humanities Press International, 1996, p.17.

34　尼采：《反基督》，陈君华译，河北教育出版社，2003 年版，第 200 页。

35　愈吾金老师曾对尼采"上帝死了"这句话的含义作出比较详细的解读，具体可参见《究竟如何理解尼采的话"上帝死了"》一文。

36　Martin Buber, *Eclipse of God: Studies in the Relation Between Religion and Philosophy*, trans. Maurice Friedman et al., Atlantic Highlands, NJ: Humanities Press International, 1996, p.21.

的批判，认为"这种杀戮意味着人们消除了自我持存的超感官世界"。[37]布伯
基本上认同海德格尔对尼采这句话的解读：一方面，现代人不能理解具有独
立实在性的上帝，将上帝视为主体内在的产物；另一方面，现代人不承认超
感官世界的存在，取消了超感官世界——存在者的最高目的、基础、原则、
理念，以及超感官者，即上帝和诸神——的独立实在性。但是布伯强调，他
自己所倡导的与人对话的上帝不包含在海德格尔所说的"超感官世界"中。
[38]也就是说，他自己所倡导的与人对话的上帝（永恒之你）并没有死。布伯
用"上帝之蚀"来描述其所处时代特征。他说："天国之光之蚀，上帝之蚀
（eclipse of God）——这是世界正在经历着的历史时刻的特征……日蚀（An
eclipse of the sun）是发生在太阳和我们的眼睛之间的事，不是太阳自身的
事……一个人坚持在尘世的思想中寻找力量来打破这种神秘时，这个人就会
丧失一切。人们因为拒绝服从与我们面对面的超验性本身的有效现实，因而
他们对上帝之蚀负有责任。"[39]这里包含四方面要点：其一，现代人生活在上
帝缺席的时代中；其二，现代人看不到上帝并不意味着上帝不存在，就像日
蚀中月亮挡住了太阳，人们看不到太阳，但太阳仍然存在；其三，再次看见
上帝不只是改变思想的问题，正如日蚀中无法通过调整视力来看见太阳；其
四，"上帝之蚀"的原因在于人对上帝的背离，因而人应该对"上帝之蚀"负
责。我们看到，对于布伯，上帝既不是死了，也不是根本不存在，而是由于
人们对他的背离，中断了神人之间的对话关系，从而在现代世界中缺席。面
对此种状况，布伯没有寄希望于人自身创造出新的价值和意义，也没有陷入
彻底的绝望，而是希望通过恢复神人之间的对话关系来克服现代危机。他说：
"此时如它之所是地忍受它，实存地朝向一个新的开端，朝向天堂和人间的
对话被听到的事件，这更有价值。"[40]

37 Martin Buber, *Eclipse of God: Studies in the Relation Between Religion and Philosophy*, trans. Maurice Friedman et al., Atlantic Highlands, NJ: Humanities Press International, 1996, p.22.

38 Martin Buber, *Eclipse of God: Studies in the Relation Between Religion and Philosophy*, trans. Maurice Friedman et al., Atlantic Highlands, NJ: Humanities Press International, 1996, p.22.

39 Martin Buber, *Eclipse of God: Studies in the Relation Between Religion and Philosophy*, trans. Maurice Friedman et al., Atlantic Highlands, NJ: Humanities Press International, 1996, p.23.

40 Martin Buber, *Eclipse of God: Studies in the Relation Between Religion and Philosophy*, trans. Maurice Friedman et al., Atlantic Highlands, NJ: Humanities Press International, 1996, p.68.

四、总结

　　"上帝之蚀"是布伯晚年对两次世界大战之后西方现代人生存危机的诊断。布伯认为西方现代人遭遇的最大危机是上帝在世界中缺席，他主要从哲学、伦理和宗教三个维度阐释了"上帝之蚀"产生的根源。从哲学维度来说，"上帝之蚀"在于现代人本真生存方式的丧失。布伯认为现代社会中"我—它"关系急剧扩张，成为主导现代人的基本生存方式，侵蚀了作为人的本真生存方式的"我—你"对话关系，因此，现代人不能再与世界、他人建立起本真的"我—你"对话关系，这不仅导致了"人性之蚀"，而且也导致了"上帝之蚀"。从伦理维度来说，"上帝之蚀"在于现代伦理价值的相对化。布伯认为现代思想将伦理价值相对化，使得作为价值源头的上帝失去了存在的根据，最终走向了虚无主义，也导致了"上帝之蚀"。从宗教维度来说，"上帝之蚀"在于现代思想对上帝实在性的消解。布伯认为现代思想颠倒了神人之间的关系，将上帝视为主体的产物，消解了上帝的实在性以及人与上帝关系的实在性，这是"上帝之蚀"最重要的原因。我们看到，布伯主要从人自身这一维度来探讨"上帝之蚀"的原因，并没有强调从上帝这一维度来讨论"上帝之蚀"的原因。布伯对"上帝之蚀"的探讨表明，宗教对西方现代人的公共生活和伦理价值等诸多领域的影响逐步式微，这种变化同时也给现代人带来严重的生存危机。针对现代人的生存危机，布伯并没有提供具体的解决方案，而只是为危机的解决指明了方向：现代危机的克服在于神人之间对话关系的恢复。

附录三　布伯对"伦理的目的论悬置"观念的批判

王务梅

　　在《恐惧与战栗》(*Fear and Trembling*) 一书中，经由对亚伯拉罕献祭以撒这个圣经故事的解读，克尔凯戈尔提出了"伦理的目的论悬置"(teleological suspension of the ethical) 观念，这　观念主要体现了克尔凯戈尔对宗教和伦理关系的理解。

　　根据《圣经》"创世纪"第 22 章记载，上帝为了考验亚伯拉罕的信仰，他命令亚伯拉罕在摩利亚山上献祭自己的独生子以撒。亚伯拉罕遵照上帝的吩咐，带着以撒来到山上，他筑好祭坛、摆好柴、捆绑了以撒，并把以撒放在祭坛的柴上。当亚伯拉罕举起刀子要杀死以撒时，却被上帝的使者制止了，于是他改杀一头公羊来代替儿子献祭。克尔凯戈尔在《恐惧与战栗》中对这一圣经故事作了详细解读。他认为，在这个故事中，亚伯拉罕行为的伦理表述是亚伯拉罕试图谋杀以撒，宗教表述则是亚伯拉罕试图献祭以撒；前者使得亚伯拉罕因违反伦理——父亲爱儿子应该胜过对他自身的爱——而成为内疚、痛苦的谋杀者，后者使得亚伯拉罕因对上帝的忠诚信仰而成为"信仰的骑士"(knight of faith)。这里存在着伦理和宗教之间的冲突。克尔凯戈尔指出，亚伯拉罕的行为之所以被后人视为神圣的而非谋杀的行为，就是在于，亚伯拉罕的故事包含着"伦理的目的论悬置"：当对他人的伦理责任和对上帝的宗教责任发生冲突时，人们应该为了更高的信仰而悬置伦理。正是由于人们潜在地拥有这一信念，才不会将亚伯拉罕视为谋杀犯，而是将其视为信仰的楷模加以称赞。

克尔凯戈尔提出的"伦理的目的论悬置"观念，体现了克尔凯戈尔对宗教和伦理关系的独到见解。对于克尔凯戈尔而言，宗教和伦理属于两个不同的领域。相较于伦理，宗教属于更高的领域，因此，当伦理责任和宗教责任之间发生冲突时，人们应该悬置伦理遵从信仰。在这里，克尔凯戈尔所说的伦理，类似于黑格尔和康德意义上的普遍伦理，它处理的是个体与他人之间的关系，具有普遍性特征；克尔凯戈尔所说的宗教，类似于新教意义上的个体信仰，它处理的是个体与上帝之间的私人关系，具有个体性特征。克尔凯戈尔用悲剧英雄阿伽门农献祭女儿和"信仰的骑士"亚伯拉罕献祭儿子两个例子来说明伦理人和宗教人的不同行为方式。阿伽门农为了拯救民族和国家这样更高的伦理要求而舍弃父亲对女儿的爱，其行为的目的是符合普遍的伦理要求，因此，阿伽门农处于伦理领域之内，他因他的道德行为而伟大，是伦理人的典型代表。与之不同的是，亚伯拉罕为了证明他对上帝的信仰而舍弃父亲对儿子的爱（在亚伯拉罕的生活中，父亲应该爱儿子是最高的伦理要求），其行为的目的与普遍伦理完全无关，纯粹是执行上帝的意志，因此，亚伯拉罕超出普遍伦理进入了更高的信仰领域，他因他的信仰而伟大，是宗教人的典型代表。通过对亚伯拉罕的故事的分析，克尔凯戈尔总结道，信仰存在这样的悖论：个体性比普遍性更高（the single individual is higher than the universal）。也就是说，在信仰的领域，个体依靠他与上帝之间的个人关系来决定他与他人之间的伦理关系，个体对上帝的绝对责任（an absolute duty to God）高于个体对他人的伦理责任。当对上帝的绝对责任与对他人的伦理责任发生冲突时，伦理责任的有效性就应该被悬置。

在"论伦理的悬置"（On the Suspension of the Ethical）一文中，现代犹太哲学家马丁·布伯主要从三个方面对克尔凯戈尔的"伦理的目的论悬置"观念进行了批判。

首先，"伦理的目的论悬置"的适用对象要受到限制，不可盲目地扩展到所有人身上。布伯指出，克尔凯戈尔提出了"伦理的目的论悬置"观念，宣称有时为了更高的目的，伦理责任的有效性会被悬置，这一观念能够激发人们去反思宗教和伦理之间的关系。但是，并不是所有的人都能进行"伦理的悬置"（the suspension of the ethical），"伦理的悬置"只能发生在少数被上帝拣选之人的身上。通过对克尔凯戈尔著作的分析，布伯强调，克尔凯戈尔在其著作中曾多次声明，他本人也不在被上帝拣选之列，不能像亚伯拉罕那样进行信仰的无限运动——悬置伦理、投身荒谬。虽然克尔凯戈尔在其著作中将他与未婚妻解除婚约和亚伯拉罕献祭以撒类比，认为就像亚伯拉罕重新获得以撒一样，他并没有失去未婚妻，而是在另一种更高的意义上维持了与未婚妻的关系。但是，克尔凯戈尔又说："如果我有信仰，我就和她在一起了。"因此，布伯认为，从根本上来说，克尔凯戈尔并不认为自己是被上帝拣选之人，因而不能像亚伯拉罕那样悬置伦理，"伦理的悬置"只能适用于少数被上帝拣选之人，不可盲目地扩展到所有人身上。

其次，克尔凯戈尔忽视了伦理悬置之前的聆听问题，因而没有进一步追问要求悬置伦理的究竟是不是上帝。布伯指出，克尔凯戈尔在提出"伦理的目的论悬置"观念时，忽视了一个非常重要的事实："信仰决断之前伴随着聆听这个问题，被听到的声音出自谁？""你真的被绝对者召唤了还是被他的一个模仿者召唤了？"换言之，在实施伦理悬置之前，人们必须确保其所聆听到的声音确实出自上帝。布伯认为，克尔凯戈尔由于身处基督教传统，理所当然地认为要求亚伯拉罕献祭以撒的是上帝。然而，对于旧约而言，这并不是毋庸置疑的事。事实上，在旧约中，要求人们去做被禁止的事，有一处是上帝所为（撒母耳记下 24：1），另一处是撒旦所为（历代志上 21：1）。布伯并没有质疑亚伯拉罕曾被呼召去献祭以撒，他认为，作为被上帝拣选之人（His chosen one），亚伯拉罕不可能将上帝的声音与其它的声音混淆。但是，作为一般的普通人，我们很难将上帝与其他相对者的声音区分开来。因为，摩洛（Moloch）[1]或撒旦会模仿上帝的声音，并且，根据圣经的记载，上帝对信仰之人所说的话往往是"微弱之声"（voice of a thin silence），相较而言，摩洛的声音则通常是"巨大的咆哮"（a mighty roaring）。因此，当我们遭遇悬置伦理的外在要求时，我们一定要警惕，不可去做越出伦理要求之外的事。布伯在《圣经》"弥迦书"6 章 8 节[2]中找到了相应的依据，根据此节的教导，上帝对每个人的要求无非是去爱人和行正义这样的伦理要求，"与上帝同行的人……几乎没有超越基本的伦理"。

最后，克尔凯戈尔没有考虑到伦理悬置的灾难性后果。对于克尔凯戈尔而言，为了信仰而悬置伦理，是亚伯拉罕这样的"信仰的骑士"证明其信仰的忠诚性的重要方式。然而，身处现代社会的布伯清楚地看到，伴随着尼采宣布"上

1　摩洛是一位上古近东神明的名号，此神与火祭儿童有关。
2　该节的内容是"世人哪，耶和华已指示你何为善。他向你所要的是什么呢？只要你行公义，好怜悯，存谦卑的心，与你的神同行。"——引自和合本圣经。

帝死了"，现代人不仅面临着严重的精神危机，而且已经丧失了辨别上帝和上帝的模仿者的能力，因而，虚假的绝对者控制着现代人的灵魂。这使得"伦理的悬置"以一种讽刺的形式存在于人间：虚假的绝对者总是要求人们献祭他们的以撒。于是，现代人突破伦理的底线，认为欺骗他人和兄弟相残会换来手足之情。在现代人看来，对伦理的僭越是获得最终的自由、平等的必要代价。布伯亲身经历过两次世界大战、犹太大屠杀等历史事件，因而具有更加清明的现实意识，他认识到"伦理的目的论悬置"易于被人们滥用，以致于对人类造成巨大的灾难。因此，布伯极为警惕"伦理的悬置"在现实中的应用。他倡导现代人，一方面要从精神上提升辨别真假绝对者的能力，不要被虚假的绝对者所蒙蔽，另一方面也要在日常生活中践行伦理，不要去做逾越伦理之事。

克尔凯戈尔和布伯对"伦理的目的论悬置"观念的不同态度，实际上反映了两位哲学家对宗教和伦理关系的不同理解。对于克尔凯戈尔，宗教和伦理属于两个不同的领域，宗教高于伦理，当宗教责任和伦理责任发生冲突时，伦理应当让位于宗教。而对于布伯，宗教和伦理紧密关联，宗教责任和伦理责任基本上是一致的，几乎没有高出伦理之上的宗教责任。因此，布伯更为强调宗教和伦理之间的统一性，而非像克尔凯戈尔那样强调宗教和伦理之间的差异性。两位哲学家对宗教和伦理关系的不同理解，也在一定程度上体现了基督教传统"因信称义"与犹太教传统"因律法称义"两种核心教义之间的差异。

参考文献

1. Buber, Martin,1996a, *Eclipse of God: Studies in the Relation Between Religion and Philosophy*, translated by Maurice Friedman , NJ: Humanities Press International.

2. Green, Ronald, 1993, "Enough is Enough! 'Fear and Trembling' is Not about Ethics," *The Journal of Religious Ethics*, vol. 21, no. 2, 191-209.

3. Kierkegaard, Soren, 1983, *Fear and Trembling*, edited and translated by Howard V. Hong and Edna V. Hong, Princeton: Princeton University Press.

4. Schrag, Calvin, 1959, "Note on Kierkegaard's Teleological Suspension of the Ethical," *Ethics*, vol. 70, no. 1, 66-68.

5. 克尔凯戈尔，1992，恐惧与战栗，刘继译，《现代人与社会》名著译丛，圣经，中英对照，南京：南京爱德印刷有限公司。

附录四　主体间性与对话教育*

约书亚·D.吉拉（Joshua D. Guilar）**

王务梅译

　　摘要：本研究提出了一种激进的、对话的、主体间性的教育模型。本文结合了汉斯·伽达默尔、马尔科姆·诺尔斯、理查德·阿内特和保罗·弗莱雷的著作，在诠释学意义上的对话共同体中来界定教育。对话教学强调教师、学生和教学内容之间的关系。教学内容是教学对话的重点。对话教学包含对权力的分享。对话型教师的行为可以在一个连续体中被理解，这个连续体的一端是专制的教学风格，另一端是过于宽容的教学风格。在连续体的中间是允许对话的行为，这种行为使一种激进的教育学成为可能。允许对话的教学风格的特征是倾听和尊重、指导、性格培养、权威。学生的评论为这些特征提供了例证。

Intersubjectivity and Dialogic Instruction

　　Abstract：This study presents a model for radical, dialogic, intersubjective education. Integrating the work of Hans-Georg Gadamer, Malcolm Knowles, Richard Arnett, and Paulo Freire, the article defines education in a hermeneutic, dialogic community. Dialogic instruction highlights relationships among teachers, students, and content. Content is the major emphasis of the instructional conversation. Dialogic instruction includes a sharing of power. The actions of a

---

　*　本译文系江苏高校哲学社会科学项目《布伯对话教育思想及其应用研究》（2021SJA0327）的阶段性成果。译自 Guilar, Joshua D., "Intersubjectivity and Dialogic Instruction," *Radical Pedagogy*, Volume 8: Issue 1 Spring（2006）.作者同事李臻怡教授对译稿提出了修改意见，这里表示感谢。

**　约书亚·D.吉拉，加拿大皇家路大学文化与传播系教授（Joshua D. Guilar , Professor, School of Communication and Culture, Royal Roads University, Victoria, Canada）。

dialogic instructor can be understood on a continuum with an autocratic instructional style at one end and an overly permissive style on the other. In the middle of the continuum are dialogic-enabling behaviors, which make possible a radical pedagogy. The features of this style are listening and respect, direction, character building, and authority. Student comments provide examples of these features.

一、导论

本文为主体间性教育（intersubjective instruction）提供一个框架，主体间性教育因为对话理论家汉斯·格奥尔格·伽达默尔（Hans-Georg Gadamer）（1982：1960）、理查德·阿内特（Richard Arnett）（1986, 1992）、保罗·弗莱雷（Paulo Freire）（1972），以及成人学习理论家马尔科姆·诺尔斯（Malcolm Knowles）（1990）和简·韦拉（Jane Vella）（1995, 2002）而为人们所知晓。对话教育（Dialogic instruction）具有很多优点——学习者和教师的参与、关联性、在教育过程中民主价值的融入、性格培养，以及教育事业共同体的建立（Dewey, 1981; Friere, 1972）。许多不同教育水平的教师可能希望在教学中注入对话特征，但他们可能对这一领域缺乏清晰的认识。

对话（Dialogue）这一主题可以追溯到古希腊。苏格拉底在教学中使用了对话询问法（Plato, 1999）。然而，这种辩证的方法与由上述思想家和马丁·布伯（Martin Buber）（2005）在二十世纪提出的对话理论有很大差异。苏格拉底的方法的特点是权力的不平衡，以及教师总是正确的。苏格拉底结束对话时，知道一开始他就知道的东西，不会知道更多。本文提出的激进方法描述了在各方都愿意去学习的课堂上，权力关系向平等主义的转变。

理论家关注个体解放问题。例如，米歇尔·福柯（Michel Foucault）的毕生事业是将权力和社会关系视为需要解决的问题（Bernauer & Ramussen, 1994）。福柯自称是一位老师。然而，具有讽刺意味的是，福柯的教学方法是讲授（lecture）。讲授以教师为中心，而不展示学生的力量或声音。对话共同体（Dialogic community）包含所有参与者的声音。在这篇文章中，在描述教学对话中改变权力关系的实践时，我将学生的声音包含了进来。

我们的社会关心从学前教育到高等教育的各级学校的表现。很多人指责教育者标准不严格和表现不佳。不管怎样保证考核标准，学校里仍然还会有表现不佳的其他原因。其他原因包括异化、关系欠佳和共同体缺乏。用教育者关于教育关系的话来说："低期望、社会秩序的崩溃和学业失败只是更深层次的异化问题的症状"（Bingham & Sidorkin, 2004. p. 6）。

本文首先阐述了与教育、共同体、学习和教学相关的主体间性（intersubjectivity）的定义。然后，本文探讨了在对话共同体中教学活动的四个主要特征——倾听和尊重（listening and respect）、指导（direction）、性格培养（character building）、权威（authority）。我所教授班级的不同国家学生的评论说明了这些特征。本文还提出了一个具有教学作用的连续体（continuum），这个连续体从一端专制的行为（autocratic behaviors）开始，延展到另一端过于宽容的行为（overly permissive behaviors）。在连续体的中间是产生主体间性关系的对话（或解释的）行为。

二、主体间性与教育

在对话教育（dialogic education）中，学生、教师和内容是主体间相互关联的。不同的学科有助于理解这种关系。汉斯·格奥尔格·伽达默尔的哲学诠释学是理解教学的主体间性本质的一个源头（1982: 1960; Smith, 1993）。伽达默尔提出了一种对话的认识模式，即通过共同对话来解释文本。

当所有相互关联的各方拥有自我行为的意识和独特的视角时，教育共同体在本质上是主体间性的。在这样的共同体中，没有一个认识着的主体（例如，教师）和一个被认识的客体（例如，学生或教学内容）。相反，这三个元素——教师、学生和内容——都在一个主体间的、解释性的共同体中相互关联。在这个共同体中，教师和学生等角色仍然很重要。然而，与传统的教育学（conventional pedagogy）相比，对话的本质改变了权力关系。特别是，对话的本质在于学生成为诠释学共同体（hermeneutic community）的行动者（agents）。学生的角色从被动的学习者转变为共同的创造者。在表达他或她的观点时，学生与其他学生和老师共同创造了一个共享的世界，在其中差异被表达和尊重。权力在这个共同创建的共同体中共享。

乔治·赫伯特·米德（George Herbert Mead）也为教育关系的主体间性模型做出了贡献（Biesta, 2004）。米德在芝加哥大学的教育哲学课中描述一个具有一致取向的共同体："交流（communication）……是一个通过协调行动，分享意义和将共同的世界代入实存的过程"（Biesta，2004；p. 15）。这种观点与理查德·阿内特对对话共同体（1992）或伽达默尔对诠释学共同体的看法一致。

在这样一个共同体中，参与者必须协作，去建立一个他们可能同意或不同意的共同世界。问题的关键在于，参与者如何协调以建立他们之间的意义（Pearce and Pearce, 2004）。交流和意义在人与人之间被建立起来。

当然，教育的主要任务是提供特定领域、项目和课程的学科知识。然而，除了交流的内容（信息）之外，教育过程中的实践以及对于实践原因的共同探究也增加了教学内容。教师与内容的关系，以及教师与学生的关系形成教学过程中不可分割的部分。学生和学生之间的关系也非常重要。事实上，这些关系会影响到学生和内容的关系以及内容本身。总的来说，这些关系是通过对话来制定、维持和改变的。图1显示了这三个主体间性要素。

图1：在主体间性关系中，教师、学生和内容都在诠释学共同体中拥有各自的视角

教师和学生之间的关系会影响到两者与教学内容之间的关系。例如，一个不喜欢老师的学生可能会受影响而不喜欢教学内容。不喜欢学生的老师可能会以不同的方式、用不同的细节来呈现内容，从而影响对话中各方之间的关系。

伽达默尔为对话制定了原则，通过对话，文本的解释可以在诠释学（或对话的）共同体中完成。对伽达默尔来说，一个诠释学共同体参与实践，对发生在历史事实（历史事实也有尚待探究的空间）背景下的具体行为进行对话讨论和反思。对话的交流发生在平等的人（主体同胞）之间。因此，对话是主体间性的。主题（Subject matter）不是作为一个客体，而是作为一个具有自己特定视角的主体在对话者之间共享。解释（Interpretation）是一种开放式的探究，而不是在寻找不可改变的、客观的真理。

或许借鉴了马丁·布伯（1923, 1958）的作品，伽达默尔在我—你（I—thou）关系中，而不是我—它（I—it）客观关系中看到对话伙伴。在我—你关系中，每一方都倾听另一方，因为对方所说的可能是真实的。对话伙伴很容易去表达自我，以及敞开去遭遇新的理解和想法。教师不再是掌控一切知识的主人了。教师和学生共同学习。

　　同样，教育的主要任务是去传授一门学科的主要内容。根据伽达默尔，对话必须专注于正在讨论的主题上。意义产生于参与文本的诠释学对话，而不是对话伙伴的主观性。当然，意识形态和历史假设歪曲了对话者的观点。这种成见是不可避免的。然而，对话伙伴必须对新的理解保持开放态度，事实上，他们的成见（特别是：成见上的差异）塑造了对话，并为新的理解创造了可能性。

　　成人学习领域也有助于理解教学的对话性（Knowles, 1990; Freire, 1972; Vella, 1995, 2002）。诺尔斯在教育学（pedagogy）和成人教育学（andragogy）之间作出了区分，前者意味着儿童教育，后者意味着成人教育。成人教育学具有对话性，以及如下特征（Knowles, 1990; Vella, 1995）：

　　·成人学习者是由他们自己的求知欲所激励的；

　　·学习者的自我概念，包括他们自己做决定的范围，对他们学习过程极为重要；

　　·学习者的经验是有效学习的核心；

　　·成人学习者准备去学习他们认为在生活中立即有用的东西，特别是解决当前问题和完成当前任务。

　　在马丁·布伯工作的基础上，传播学学者理查德·阿内特（1992）将对话教育解释为通过共同体中的共享对话来培养性格。换句话说，教育过程如何（对话的本质），以及对话伙伴成为什么样的人，对于学习内容至关重要。

　　理解学习对话的之间性（between-ness），需要借鉴乔治·赫伯特·米德的符号互动论和约翰·杜威的作品（Biesta, 2004）。此外，这些教育理论家都解释过教育过程中交流是如何有助于建构自我的。

　　教育理论家加深了我们对主体间性如何提升教学方法的理解（Bingham & Sidorkin, 2004）。在成人学习中，需要关注的重点是内在动机、增强自尊、关怀和教学方法的变化。即使出现矛盾，也要让这种关系而不是意识形态引领潮流。"例如，一个与某一特定学生建立了关系的老师可能会明白，学生需要比老师愿意给予的更多的指导，甚至更多的强制。对关系的认识，而不是一种固定的教学理念，决定着教师对教学方法的选择。"（p.vii）。

三、对话教育中教师的活动

　　在对话教育中，教师的经验可能是前后矛盾的。与学生对话的教师既不愿意忽视自己的声音，也不愿意压制学生的声音。对话型教师应该是一个真正的学者，但仍需要易于受到他人声音的影响。我们面临很多困难。例如，诠释学共同体中的教师需要成为专注的听众，但可能会发现他们自己有时不擅长倾听他人。在这一部分中，我用四个主要特征来说明对话型教师的作用：1）倾听和尊重，2）指导对话，3）性格培养，4）权威。这些特征分布在教学的连续体（continuum of instruction）中，本文稍后将在图 2 中对其进行总结。这个连续体的一端是专制的教学（autocratic instruction），另一端是过于宽容的教学（overly permissive instruction）。专制的教学将内容强加给学生，学生往往被动地接受这些内容，然后退回到不参与的状态。过于宽容的教学包含温和的相对主义（soft relativism），在这种教学方式中，所有的观点都是平等的，没有一种观点带有激情或偏好。连续体的中间是允许对话的教学（dialogic-enabling instruction），它是诠释学共同体的产物。这就是马丁·布伯（1965）称为"狭窄山脊"的对话区域，在其中主体间的对话产生了共同体中的理解和人际关系。

（一）倾听和尊重

倾听对关系的发展至关重要，主体间性关系中倾听的创造性包含很多方面。关键在于教师如何倾听学生。对话是一个诠释学共同体的基础，而倾听是教学对话的基础（Coakley & Wolvin, 1997）。课堂上的倾听质量受到教师的倾听的重要影响。教师的专注倾听以及教师的教学干预，都会影响到学生倾听主题、倾听教师和倾听彼此的方式。特别在沟通学课程中，教师处于令人羡慕的位置，能够讲授和讨论倾听本身。克利和沃威（Coakley and Wolvin）（1997）在提到 K-12 教育时声称，在帮助学生学习倾听方面，父母也是重要的合作伙伴。

尊重是允许对话的教学中固有的，它邀请对话式的倾听。尊重这个词有拉丁词根，意思是再看一遍（look again）。尊重他人需要仔细观察。比尔·艾萨克斯（Bill Isaacs）在他的著作《对话与一起思考的艺术》中写道："尊重某人就是寻找滋养他们经验池的泉水"（1999, p. 110）。

教师面临的挑战之一是课堂上学习风格的多样性（Mamcher, 1996）。学生不仅在智力和动机上有所不同，在处理信息和感知上也有所不同。根据学习风格研究者，外向的人愿意把观点公开出来，而内向的人则需要时间单独思考。脚踏实地的人想要具体的事实和最后期限，而富有直觉的人想要从事项目工作的自由。更多的认知类型的人需要规则和完成，而那些感情丰富的人则需要和谐与支持。那些有评估倾向的人想要严格的标准，而那些天生感知各种视角的人想要自由。无论教师的风格如何，尊重是解决课堂上所有这些不同需求的重要因素。

尊重对有效的倾听至关重要。然而，我们通常会迅速地判断别人，而不是听他们说完。在我们理解他人和表达我们对他人的尊重之前，我们就冲进去战斗。许多人声称我们生活在尊重质量下降的时代（Lawrence-Lightfoot, 1999）。我们的社会的特点是日常文明和礼貌的丧失。路怒、停车愤怒、日常暴力以及政治和宗教两极分化正在上升。也许我们相互尊重的能力也在减弱。

在课堂上，教师有很多方法可以增进尊重。鲁瑟伦·乔塞森（Ruthellen Josselson）在她的著作《我们之间的空间：探索人类关系的维度》中说明了相互尊重是人际关系的基础："与他人'一起行动'（而不是'领先'或'控制'）没有受到鼓励。很明显，作为一个物种，我们已经到了对彼此行使权力或用武力和统治来解决问题的能力的边缘。我们要么相互依赖地生活，要么都消失。我们的生存需要看到是什么把我们联系在一起，看到是什么占据了我们之间的空间"（p. 93）。

有一些技巧和洞见可以增加对他人的尊重。第一个技巧是倾听整个人。通常，我们很容易根据他人所说的部分内容去判断他们，这就是字面上的倾听。我们接受他们所说的某件事，或者关注他们表达的某一字面意思，我们错过其他方面——感情、关系、矛盾、奥秘和复杂性。我们对别人不尊重，这是错误的。

卡尔·罗杰斯（1961, 1977）是一位有影响力的治疗师，他论述过无条件的积极对待（unconditional positive regard），这种观点认为人性本善。无条件的积极对待是一种对他人的欣赏和没有判断或评价的尊重。无条件的积极对待的另一个方面是接受他人之所是。

许多人发现接受另一个人很困难，尤其是当另一个人似乎有着截然不同的信念或似乎做了一些应受到谴责的事情时。在这些时候，无条件的积极对待是一种挑战。尊重与我们可能不同的人的一种方式是富有同理心（to be empathic）。同理心（Empathy）是指从他人的角度看问题的能力。即使是那些看似最应受谴责的人，至少也要为自己的行为辩护。我们不需要同意他们，甚至不需要喜欢他们。但我们可以挑战自己，把他们当作人来尊重，并且尊重他们与所有其他人所共有的普遍特征，即试图以他们迄今为止找到的最好的方式去生存。

学会尊重的第三个技巧是找到我们与他人的共同之处，尤其是那些惹恼我们的人。尊重那些我们天生敬佩的人并不难，但要尊重那些惹恼我们的人却是一种挑战。尊重那些惹恼我们的人很重要，特别是对我们这些倾向于评判的人来说，我们大多数人可能都倾向于评判他人。

我们和我们生活于其中的世界之间有很多共同之处，我们和我们所遇到的人之间有很多共同之处。同样，我们和那些惹恼我们的人之间也是如此。艾萨克斯（1999）指出，生命有一种潜在的整体性或连贯性。

当我们感知世界上的某些事物时——比如我们所厌恶的人的行为，我们对自己说，"这也在我心里。"这种看法颠覆了"敌人就在外面"的普遍假设。同样，我们从沃尔特·凯利（Walt Kelly）的著名漫画《Pogo》中获得洞见："我们遇到了敌人，那就是我们自己。"

正如艾萨克斯所说："无论我们在别人那里听到什么事情，看到什么挣扎，我们选择去探究这些相同的动力如何在自己身上运作"（p. 124）。例如，刚刚加入你的老友群的某些人可能会对群体中人们的不友好或"傲慢"表示不满。你可能会生气，但你要等一会儿。正如尊重这个词的意思，你再看一遍。你就可以看到他们需要被接受。你也看到了你自己需要被接受，看到了当你觉得自己是个局外人时的感受。你可能会问这个人，"有时候我觉得自己像个局外人，不被我所共事的团队接受。这就是你所感受到的吗？你能告诉我你个人对成为一个局外人的感受吗？"你的这些问题，如果是真诚的，可以将对话和关系从孤立转向尊重。

第四个可以使对话从尖酸刻薄转向尊重的洞见是，将他人视为老师。我们与他人的每一次对话和关系都是一次学习的机会。即使他人看起来很奇怪，我们也可以从他们那里学习，尤其是当我们尊重他们身上拥有我们可以学到的东西的可能性时。尊重有一种对称的特质，一种双重的视角，它使每一次相遇都成为成长的机会。尊重这一话题涉及宽容和忍耐等其他品质。尊重有道德基础（Lickona, 1983），它"并非突然出现，完全形成（而是）缓慢发展……道德发展和其他形式的人类发展一样，源于爱"（p. 40）。或者，正如简·罗兰·马丁（Jane Roland Martin）曾经写道，"接受他人观点的能力是道德的一个基本要素"（In Lawrence-Lightfoot, 1999, p. 236）。

在一个关于组织沟通主题的美国研究生班上，同学们就倾听和尊重作出了一些有趣的评论。在这节课上，我们阅读和讨论对话的理论和实践。我们花了一些时间在房间里四处走动，让每个人讲述他自己的故事，讲述他们在生活中经历过的困难和突破。后来，过了很久以后，学生们评论了这段经历。这些评论包括："我们每个人都发生了转变，变得越来越投入。聚精会神地倾听，充分信任彼此。每个人都在谈论自己生活中令人激动人心的事情。""伴随着每个人的讲述，房间里的气氛发生了变化。这一幕说明了对话是如何运作的。"我发现，并不是每次邀请的对话都会产生一场深刻的对话。然而，一些邀请产生了没有人能够预料到的非同寻常的对话。

总之，倾听和尊重是诠释学共同体的特征，而这个诠释学共同体是受到允许对话的教师（dialogic-enabling teacher）影响的。专制的教师（Autocratic teachers）往往不去倾听学生，在遇到分歧时往往会采取防御态度。同样，过于宽容的教师（Overly permissive teachers）也没有创造出一种可以探索差异的课堂氛围。

（二）自我意识和声音

对话实践突出每个教师和学生的独特性。这种方法不是模仿规范（Arnett，1992）。每个人都有自己独特的教学和学习风格。在对话教育中，对话的领域在某些方面是平等的，而在另一些方面则是不平等的。教师在主题、方向和内容上仍然是权威。教师的作用依然独特。

对话型教师（dialogic instructor）需要拥有强大的自我意识。接受对话带来的风险需要勇气。学生可能会有不同意见，或者觉得老师不可思议甚至没有能力。学生之间可能会产生分歧。与学生建立真实的个人关系需要马丁·布伯所说的必要的勇气（2005）。对话型教师必须恰如其分地（appropriately）对学生分享自己的声音。恰如其分意味着教师不必表达一切，只要表达能够完成特定对话的内容即可。知道该说什么和不该说什么需要洞察力，即知道在对话中什么可以实现共同的目的。

教师对他人声音的易感性（vulnerability）同样至关重要。易感性的表现形式之一是真诚地欣赏他人的经验。如果教学内容允许，那么花时间让学生探索自己的创造力和想法是有效的实践。我们人际沟通课程班级中的一位加拿大研究生写道："我欣赏这门课，它为反思我自己的生活提供了机会。我们花很多时间研究别人的想法。"跨文化沟通课程中的一位非洲学生写道："这是迄今最好的课程。课程有时很难，因为我们之前从来没有被要求这么富有创造力。但我们仍要遵循我们的愿景。"有时，对话型教师的易感性在于接受一种与他们自己所珍视的信念相反的观点。在评价一次小组对话活动时，一位白俄罗斯学生曾经说过："我们使用了不同的方式。我更喜欢和朋友进行对话。对话在一个群体中不起作用，因为有些人会占主导地位，不倾听别人的意见。而且，小组中的一些人也喜欢保持安静。"

在对话中，每一方都保持开放，通过对话来发现新的知识和视角。当经历这样的探索式对话时，我们就会找到看待世界的新方式。这与专制的教师的意识形态形成对比。同时，这也与过于宽容的教师的"牛奶烤面包"式的温和的相对主义形成对比。此外，过于宽容的教师的声音可能会被强大的他人所压制或支配。与此相反，在对话的课堂中，教师的发言促使所有伙伴沿着共同体的狭窄山脊发出自己的声音，这就引出了下一个话题，权威。

（三）权威

理查德·阿内特（1992）追随马丁·布伯的工作，认为正式的角色和责任对对话来说并不陌生。一方面，在对话的课堂中，所有参与者的发言都是平等的。每个人表达自己与内容相关的观点，不仅涉及信息层面，而且涉及价值层面——这些观点对人类意味着什么？关于这些观点应该做些什么？然而，在对话的课堂上，并不是每个人都有相同的角色。角色可以是明确而不同的。教师是一个权威人物，无论他们愿意与否。教师扮演的最佳角色是：1）对话的导演和设计师，2）对于主题具有权威和专业知识，3）诠释学共同体对话原则的邀请者和保证者，4）共同学习者。

专制教学（autocratic instruction）和权威（authority）之间是有区别的。在专制教学中，持不同意见会受到惩罚，或者至少被驳回。教师可能是一个最新的学者，也可能不是。专断独行的人强加的过时内容可能造成对话缺失。在前苏联的一些地方可以找到这样的例子，在撰写本文时，一些教师仍然出于习惯，强制实施共产主义意识形态，无法改变课程。

相比之下，对话的权威表达专业知识，邀请观点可能与之不同的人的回应。这种权威依赖于最新的学术知识和在教学内容方面的专业知识。然而，这样的权威包含试探性，这应该是任何学科产生知识的本质。这种权威邀请其它观点，承认它们，并在公开对话中回应它们。

有一次，在一个美国的研究生班上，我促成了一场没有特定主题的对话。在教室里，学生被鼓励去探索差异。教学理念是经由差异去工作、学习，并共同创造新的理解。当两位学生——一位是男经理，另一位是女经理——开始就社会中的女性角色问题发生碰撞时，对话变得非常激烈。正如学生们后来所说："我们了解到彼此是多么不同。"男经理说："我感到暴露了自己，但我想谈谈自己真正相信的东西。"女经理说："我了解了一个和我截然不同的人的想法。"在这样的交流中，教师的作用不是袖手旁观。其作用是为对话共同体指引方向，促成洞见。

在过于宽容的课堂上，教师基本上是没有权威的。温和的相对主义盛行——所有观点在价值上是平等的。如果教师的学问、知识不专业并且陈旧，情况就会进一步恶化。此外，在一个过于宽容的环境中，教师不创造（或干预维持）主体间性对话的环境。例如，因为与他人的观点对立而贬低他人的学生，可能不会受到质疑。另一个例子是，教师坚持让学生找到共同点而不是遭遇真正的差异或他异性（Deetz & Simpson, 2004），这就引出了指导对话的特征。

（四）指导对话

教师的作用是通过对话行为创造环境，将学生导向教学内容并且呈现教学内容。这样的教师在教学环境中需要易受变化的影响，也需要自身涉险。通过榜样和教学，对话型教师促进了对话。促进涉及为了使对话步入正轨以及保护学习者和他们自己的权利而进行干预。对话型教师设定教学内容的方向和学习方法。

这样的教学沿着一个狭窄的山脊行走，建立在两个极端之间——专制和过度宽容。图 2 显示了这个连续体。专制教育被成人教育理论家贬低为教育学（pedagogy）（Knowles, 1990）。这种教育将教师视为主体，将学生和内容视为对象。

为了进行主体间的对话，教师扮演着重要但不是唯一的角色。阿内特（1992）声称，一个教师所能做的最好的事情就是邀请对话（invite dialogue）。教师不能要求学生进行对话。甚至伽达默尔的哲学诠释学也避免了规定对话实践，而是有意地进行描述。

梅兹罗（Mezirow）（1996）假设，在学习中，教育工作者成为合作者时是最好的，并且"努力离开促进者的工作，变成一个合作的学习者，贡献他的经验来达成最佳的共识判断"（p. 171）。通过对话方式处理一个主题，参与者分享一个世界，并且一起思考，即使他们的观点有所差异。

其他成人教育者提出的观点与梅兹罗的观点一致。例如，弗莱雷（1972）和韦拉（1995）认为教师的作用是"提出问题"。教师提出了与参与者的愿望相关的问题。通过讨论，参与者将自己的经验融入到教育过程中。

有一次，我想呵护我受损的嗓子，决定在课堂上保持沉默。我走进教室，在黑板上写道，除了板书，我什么也不会说。我写了一些问题来开启对话，并要求他们接管对话。一场精彩的对话开始了。一位学生后来写道："我真的很喜欢教授沉默、学生们说话的课堂。我们有机会表达自己。我希望课堂上多这样做。"这件事听起来可能很谦逊。然而，它确实展示了指导对话的原则。我通过黑板上的问题提供了指导，学生巧妙地接管了工作。

专制的教学 （强加）	允许对话的教学 （对话的狭窄山脊）	过于宽容的教学 （温和的相对主义）
自我和声音： ·教师的声音和观点主导一切	自我和声音： ·教师接受所有的参与者，使所有参与者表达自己的视角和观点成为可能；所有的参与者对学习开放，并通过对话发生转变	自我和声音： ·更加强硬的声音主导（不是教师的）
权威： ·教师是专制的专家（无论是否是最新的） ·异议最小化、被排除	权威： ·教师是真正的、最新的学者	权威： ·在价值上，所有的观点是平等的 ·教师可能不是一个最新的学者 ·教师害怕遇到挑战共同体准则的人
聆听和尊重： ·教师不倾听或不尊重他人的观点 ·教师将学生视为客体、贬低学生	聆听和尊重： ·所有参与者专注地倾听	聆听和尊重： ·教师的倾听由其被他人喜欢的需要所主导
指导： ·教师专制地指导所有活动，偏爱讲授 ·教师不去咨询学生	指导： ·教师提供清晰的指导 ·教师精心安排、邀请和激励诠释学共同体	指导： ·教师不为对话提供清晰的方向

图2：专制的、允许对话的、过于宽容的教学

四、研究结论

本文提出了一个主体间的、对话的教育模型。该模型强调了学生和教师的关系，以及师生关系与教学内容的关系。教学内容是教育机构使命的核心，也仍然是教学的重点。然而，对话教育的根本贡献是：教学方式、教学过程，以及对教学内容的意义和评价的共同探讨。

当为诠释学对话或主体间性对话创造好了环境，对话型教师的主要职责是让学生参与教学内容。创造这种环境并不是一件容易的事，或许本质上是一个自相矛盾的任务。为了说明这个矛盾，本文提出了一个教学风格的连续体，这个连续体的一端是专制的教学，另一端是过于宽容的教学。为了解决这个难题，本文提出了一种允许对话的教学风格。在这种风格中，教师的声音调和权威与易感性。教师在对话中是专注倾听的典范，并且引发他人的专注倾听。教师是最新的学者和学科专家。此外，为了掌握教学内容，教师设定方向，并且引导共同体沿着这一方向前进。

在所有的活动中，教师的角色都很关键。获取教学内容的过程，也是各方共同塑造性格的过程。在勇气和谦卑方面，对话型教师是激进的。教师必须经常反思自己的正直品行和教学实践。当教师的性格足够成熟时，就会促进一些学生的性格发展。因此，有意义的联系是伴随着内容的参与而产生的。

对于那些继续追求卓越的教师来说，大学教学是一个具有深远意义的领域。在这篇文章中，我并不是建议所有的教师都应该走上诠释学共同体之路。如果一个教师试图成为他不应该成为的人，这种模仿很可能适得其反。

然而，我相信这篇文章中概述的实践，对于任何想要在课堂上鼓励公开和有意义的讨论的人都有帮助。此外，我希望这篇文章至少以一种简短的方式概述了对话教育的一些主要特征。

参考文献

1. Arnett, R.（1986）. *Communication and community: Implications of Martin Buber's Dialogue.* Carbondale: Southern Illinois University Press.

2. Arnett, R.（1992）. *Dialogic education: Conversations about ideas and between persons.* Carbondale, IL: Southern Illinois University Press.

3. Bernauer, J, and Rasmussen, D.（Eds）.（1994）.*The final Foucault.* Cambridge, MA: The MIT Press, 1994.

4. Bingham, C., & A. Sidorkin.（Eds.）.（2004）. *No education without relation*. New York: Peter Lang.

5. Biesta, G.（2004）. "Mind the Gap!" Communication and Educational Relation. In Bingham, C., & A. Sidorkin.（Eds.）. *No education without relation*. New York: Peter Lang. p. 11-22.

6. Buber, M.（1923, 1958）. *I and thou.*（R. Smith, Trans.）. New York: Charles Scribner's Sons.

7. Buber, M.（2005）. *Elements of the interhuman.* In J. Stewart（Ed）. *Bridges not walls*（pp. 668-679）. 10 th Ed., New York: McGraw Hill.

8. Buber, M.（1965）. *The knowledge of man: A philosophy of the interhuman.* New York: Harper and Row.

9. Coakley, C., & Wolvin, A.（1997）. Listening in the educational environment. In Purdy, M., & Borisoff, D.（Eds.）. *Listening in Everyday Life: A Personal and Professional Approach*（2 nd Ed.）. Lanham, MD: University Press of America. p. 161-181.

10. Deetz, S., & Simpson, J.（2004）. Critical organizational dialogue: Open formation and the demand of "otherness". In Anderson, R., Baxter, L., & K. Cissna.（Eds.）. *Dialogue: Theorizing difference in communication studies.* Thousand Oaks, CA: Sage Publications. p. 141-158.

11. Dewey, J.（1981）. *John Dewey: The later works. Vol. I.*（Jo Ann Boydston, Ed.）. Carbondale and Edwardsville, IL: Southern Illinois University Press.

12. Freire, Paulo.（1972）. *Pedagogy of the oppressed.* New York: The Seabury Press.

13. Gadamer, H.G.（1982）. *Truth and method.*（B. Barden & J. Cumming, Trans.）. New York: Crossroad.

14. Isaacs, William.（1999）. *Dialogue and the art of thinking together.* New York: Currency.

15. Josselson, Ruthhellen.（1996）. *The space between us: Exploring the dimensions of human relationships.* Thousand Oaks, CA: Sage.

16. Knowles, M.（1990）. *Adult learning.*（4 th Ed.）. Houston, TX: Gulf.

17. Lawrence-Lightfoot, S.（1999）. *Respect: An exploration.* Reading, MA: Perseus Books.

18. Lickona, Thomas.（1983）. *Raising good children: Helping your child through the stages of moral development.* New York: Bantam.

19. Mamcher, C.（1996）. *A teacher's guide to cognitive type theory and learning style.* Alexandria, Virginia: Association for Supervision and Curriculum Development.

20. Mezirow, J.（1996）. Contemporary paradigms of learning. *Adult Education Quarterly* 46（3）. 158-173.

21. Pearce, W., & Pearce, K.（2004）. *Taking a communication perspective on dialogue.* In Anderson, R., Baxter, L., & K. Cissna.（Eds.）. *Dialogue: Theorizing difference in communication studies.* Thousand Oaks, CA: Sage Publications. p. 39-56.

22. Plato.（1999）. *The Phaedrus.*（Jowett, B. Trans）. Mineola, NY: Dover Publications.

23. Purdy, M., & Borisoff, D.（Eds.）.（1997）. *Listening in Everyday Life: A Personal and Professional Approach*（2 nd Ed.）. Lanham, MD: University Press of America.

24. Rogers, Carl.（1961）. *On Becoming a Person.* Boston: Houghton Mifflin. Rogers, Carl.（1977）. Carl Rogers on Personal Power. New York: Delacorte Press.

25. Smith, A.（1993）. Intersubjectivity and community: Some implications from Gadamer's philosophy for religious education. *Religious Education.* 88-3. p. 378-393.

26. Vella, J.（1995）. *Training through dialogue.* San Francisco: Jossey-Bass.

27. Vella, J.（2002）. *Learning to listen, Learning to teach.* San Francisco: Jossey-Bass.

后记致谢

本书主体部分是本人的博士论文，所以很有必要感谢博士在读期间给予我指导的老师们。最应该感谢的是博士研究期间的导师王恒老师，王老师学识渊博，心胸宽广，他在我博士研究期间对于我学术视野的开阔、学术能力的提升以及学术方法的掌握等方面都起到了重要作用。还记得刚到南大读博时，王老师给我们开设了胡塞尔、列维纳斯等现象学家经典著作的文本精读课程。王老师非常注重哲学家经典文本的细致阅读和理解，以及对哲学家文本中核心概念的深入阐释，他对待学术的严谨态度对我产生了重要影响，让我知道作为学者应该具有哪些素养。王老师平时工作比较忙，有时在校园里遇到我时，会停下来耐心和我讨论学业上的问题。正是在和王老师的讨论过程中，我慢慢知道了研究的方法和思路，最后顺利完成博士论文的写作。

感谢南大哲学系外哲教研室的顾肃老师、张荣老师、方向红老师、陈亚军老师、马迎辉老师、胡星铭老师，外哲教研室的老师们不仅给我传授了专业方面的知识，也在教学以及日常生活的细节中教导我今后该如何做一位好老师，以及如何善待和关爱他人。在外哲教研室的老师中，作为我的论文答辩老师，顾老师、张老师和陈老师对我的博士论文提出过很多有益的修改建议。感谢校外答辩老师陈天庆老师和林丹老师，以及三位匿名的盲审老师，这几位老师为评审我的论文付出宝贵的时间和精力。感谢犹太研究所的徐新老师、宋立宏老师、孟振华老师，三位老师对于我增进对犹太宗教文化的了解起到了重要作用，宋老师和孟老师在学习中曾给过我很多帮助。作为我的论文答辩老师，宋老师还为评阅我的论文付出宝贵的时间，并且对博士论文的不足之处给出了专业的建议。宋老师建议论文中加入法肯海姆对大屠杀之后犹太教上帝问题的讨论，本人阅读了法肯海姆的相关著作，认为法肯海姆确实对这个问题讨论得比较深入系统，但考虑到论文篇幅限制，就没有将法肯海姆的思想纳入问题讨论之中。孟老师是我的犹太文化启蒙老师，我跟随孟老师学习了初级的圣经希伯来语。孟老师不仅博学多识，而且非常热心助人，在博士学习期间，孟老师给过我很多学习上的帮助。

感谢维真学院的许志伟老师、伊万老师和葛浩老师，三位老师为我开启了基督教神学思想世界之门。博士论文百分之八十左右的外文参考文献都是在维真学院访学期间搜集的，正是由于许老师为我提供的维真访学的机会，才使得我的研究可以获得充足的参考资料，最终得以顺利完成博士论文的写作。维真学院访学期间，许老师将他的与布伯研究相关书籍主动拿给我看，每周都和我们讨论课上遇到的学术问题。在讨论问题时，许老师平易近人，非常耐心地倾听每个人的意见。他让我认识到，作为一个老师，尊重学生的不同意见是非常重要的事。回国后许老师经常发信息告诉我他的治病情况，然后让我为他祷告。我博士毕业时应聘到医科类的大学教授医学伦理学，许老师是这方面的专家，他很热心地给我推荐了专业书籍。许老师和我最后一次联系时告诉我他到旧金山治病去了，那时我忙于换工作的事，就没有仔细询问许老师治病情况。几个月后，我心里觉得有些不安，不久，就传来许老师过世的消息。许老师去世已经两年了，他的音容笑貌经常在我的脑海里出现，以至于一直觉得他还健在。

在论文写作的细节问题上，复旦大学的刘平老师曾经给过我一些指导和建议。东南大学的陈灯杰博士挤出宝贵的科研时间为我多次修改论文，并提出了很多有益的修改意见。读博期间，陈灯杰博士在生活和科研上给予我很多帮助，没有他的关怀，我很难顺利完成论文写作。好友何桂娟老师和汪玲玲（二者都是英语专业）为我查看了英文摘要。博士学习期间，余沉师姐和室友张仲娟博士都非常关心我，感恩能够遇到这两位好友。此外，高剑婷师姐、赵精兵师兄、居俊师兄、陈刚师兄、王玮师兄、建辉师弟、陈员师弟、光耀师弟等在学习和生活上也给过我一些帮助。我也要感谢花木兰文化出版公司和何光沪、高师宁老师，他们合作推出"基督教文化研究辑刊"大型研究丛书，使我有机会参与这个研究项目。最后，感谢花木兰出版公司的杨嘉乐等诸位编辑。

读书二十多年之久，最感恩的是家人一如既往的支持和关怀，感谢我的父亲孙金宝和母亲王兴群，感谢我的姐姐孙燕和弟弟孙勇。我的博士论文和在此基础上修改完成的专著是为我的父亲而写的。本书献给我的父亲，以感谢他的教养之恩。

《基督教文化研究丛书》

主编：何光沪、高师宁

（1-9 编书目）

初 编

（2015 年 3 月出版）

ISBN：978-986-404-209-8　　　　　定价（台币）$28,000 元

册 次	作 者	书 名	学科别（／表示跨学科）
第 1 册	刘 平	灵殇：基督教与中国现代性危机	社会学／神学
第 2 册	刘 平	道在瓦器：裸露的公共广场上的呼告——书评自选集	综合
第 3 册	吕绍勋	查尔斯·泰勒与世俗化理论	历史／宗教学
第 4 册	陈 果	黑格尔"辩证法"的真正起点和秘密——青年时期黑格尔哲学思想的发展（1785 年至 1800 年）	哲学
第 5 册	冷 欣	启示与历史——潘能伯格系统神学的哲理根基	哲学／神学
第 6 册	徐 凯	信仰下的生活与认知——伊洛地区农村基督教信徒的文化社会心理研究（上）	社会学
第 7 册	徐 凯	信仰下的生活与认知——伊洛地区农村基督教信徒的文化社会心理研究（下）	
第 8 册	孙晨荟	谷中百合——傈僳族与大花苗基督教音乐文化研究（上）	基督教音乐
第 9 册	孙晨荟	谷中百合——傈僳族与大花苗基督教音乐文化研究（下）	

册次	作者	书名	学科别
第 10 册	王 媛	附魔、驱魔与皈信——乡村天主教与民间信仰关系研究	社会学
	蔡圣晗	神谕的再造，一个城市天主教群体中的个体信仰和实践	社会学
	孙晓舒 王修晓	基督徒的内群分化：分类主客体的互动	社会学
第 11 册	秦和平	20 世纪 50－90 年代川滇黔民族地区基督教调适与发展研究（上）	历史
第 12 册	秦和平	20 世纪 50－90 年代川滇黔民族地区基督教调适与发展研究（下）	
第 13 册	侯朝阳	论陀思妥耶夫斯基小说的罪与救赎思想	基督教文学
第 14 册	余 亮	《传道书》的时间观研究	圣经研究
第 15 册	汪正飞	圣约传统与美国宪政的宗教起源	历史／法学

二 编　　　　（2016 年 3 月出版）

ISBN：978-986-404-521-1　　　　　　　　定价（台币）$20,000 元

册 次	作 者	书 名	学科别（／表示跨学科）
第 1 册	方 耀	灵魂与自然——汤玛斯·阿奎那自然法思想新探	神学／法学
第 2 册	刘光顺	趋向至善——汤玛斯·阿奎那的伦理思想初探	神学／伦理学
第 3 册	潘明德	索洛维约夫宗教哲学思想研究	宗教哲学
第 4 册	孙 毅	转向：走在成圣的路上——加尔文《基督教要义》解读	神学
第 5 册	柏斯丁	追随论证：有神信念的知识辩护	宗教哲学
第 6 册	李向平	宗教交往与公共秩序——中国当代耶佛交往关系的社会学研究	社会学
第 7 册	张文舉	基督教文化论略	综合
第 8 册	赵文娟	侯活士品格伦理与赵紫宸人格伦理的批判性比较	神学伦理学
第 9 册	孙晨薈	雪域圣咏——滇藏川交界地区天主教仪式与音乐研究（增订版）（上）	基督教音乐
第 10 册	孙晨薈	雪域圣咏——滇藏川交界地区天主教仪式与音乐研究（增订版）（下）	
第 11 册	张 欣	天地之间一出戏——20 世纪英国天主教小说	基督教文学

三　编 （2017 年 9 月出版）

ISBN：978-986-485-132-4　　　　　　　　定价（台币）$11,000 元

册　次	作　者	书　名	学科别（／表示跨学科）
第 1 册	赵　琦	回归本真的交往方式——托马斯·阿奎那论友谊	神学／哲学
第 2 册	周兰兰	论维护人性尊严——教宗若望保禄二世的神学人类学研究	神学人类学
第 3 册	熊径知	黑格尔神学思想研究	神学／哲学
第 4 册	邢　梅	《圣经》官话和合本句法研究	圣经研究
第 5 册	肖　超	早期基督教史学探析（西元 1~4 世纪初期）	史学史
第 6 册	段知壮	宗教自由的界定性研究	宗教学／法学

四　编 （2018 年 9 月出版）

ISBN：978-986-485-490-5　　　　　　　　定价（台币）$18,000 元

册　次	作　者	书　名	学科别（／表示跨学科）
第 1 册	陈卫真　高　山	基督、圣灵、人——加尔文神学中的思辨与修辞	神学
第 2 册	林庆华	当代西方天主教相称主义伦理学研究	神学／伦理学
第 3 册	田燕妮	同为异国传教人：近代在华新教传教士与天主教传教士关系研究（1807～1941）	历史
第 4 册	张德明	基督教与华北社会研究（1927～1937）（上）	社会学
第 5 册	张德明	基督教与华北社会研究（1927～1937）（下）	
第 6 册	孙晨荟	天音北韵——华北地区天主教音乐研究（上）	基督教音乐
第 7 册	孙晨荟	天音北韵——华北地区天主教音乐研究（下）	
第 8 册	董丽慧	西洋图像的中式转译：十六十七世纪中国基督教图像研究	基督教艺术
第 9 册	张　欣	耶稣作为明镜——20 世纪欧美耶稣小说	基督教文学

五 编 （2019 年 9 月出版）

ISBN：978-986-485-809-5　　　　　　　定价（台币）$20,000 元

册　次	作　者	书　名	学科别（／表示跨学科）
第 1 册	王玉鹏	纽曼的启示理解（上）	神学
第 2 册	王玉鹏	纽曼的启示理解（下）	
第 3 册	原海成	历史、理性与信仰——克尔凯郭尔的绝对悖论思想研究	哲学
第 4 册	郭世聪	儒耶价值教育比较研究——以香港为语境	宗教比较
第 5 册	刘念业	近代在华新教传教士早期的圣经汉译活动研究（1807～1862）	历史
第 6 册	鲁静如 王宜强 编著	溺女、育婴与晚清教案研究资料汇编（上）	资料汇编
第 7 册	鲁静如 王宜强 编著	溺女、育婴与晚清教案研究资料汇编（下）	
第 8 册	翟风俭	中国基督宗教音乐史（1949 年前）（上）	基督教音乐
第 9 册	翟风俭	中国基督宗教音乐史（1949 年前）（下）	

六 编 （2020 年 3 月出版）

ISBN：978-986-518-085-0　　　　　　　定价（台币）$20,000 元

册　次	作　者	书　名	学科别（／表示跨学科）
第 1 册	陈倩	《大乘起信论》与佛耶对话	哲学
第 2 册	陈丰盛	近代温州基督教史（上）	历史
第 3 册	陈丰盛	近代温州基督教史（下）	
第 4 册	赵罗英	创造共同的善：中国城市宗教团体的社会资本研究——以 B 市 J 教会为例	人类学
第 5 册	梁振华	灵验与拯救：乡村基督徒的信仰与生活（上）	人类学
第 6 册	梁振华	灵验与拯救：乡村基督徒的信仰与生活（下）	
第 7 册	唐代虎	四川基督教社会服务研究（1877～1949）	人类学
第 8 册	薛媛元	上帝与缪斯的共舞——中国新诗中的基督性（1917～1949）	基督教文学

七 编 （2021年3月出版）

ISBN：978-986-518-381-3　　　　　　　　　定价（台币）$22,000 元

册　次	作　者	书　名	学科别（／表示跨学科）
第1册	刘锦玲	爱德华兹的基督教德性观研究	基督教伦理学
第2册	黄冠乔	保尔. 克洛岱尔天主教戏剧中的佛教影响研究	宗教比较
第3册	宾静	清代禁教时期华籍天主教徒的传教活动（1721～1846）（上）	基督教历史
第4册	宾静	清代禁教时期华籍天主教徒的传教活动（1721～1846）（下）	
第5册	赵建玲	基督教"山东复兴"运动研究（1927～1937）（上）	基督教历史
第6册	赵建玲	基督教"山东复兴"运动研究（1927～1937）（下）	
第7册	周浪	由俗入圣：教会权力实践视角下乡村基督徒的宗教虔诚及成长	基督教社会学
第8册	查常平	人文学的文化逻辑——形上、艺术、宗教、美学之比较（修订本）（上）	基督教艺术
第9册	查常平	人文学的文化逻辑——形上、艺术、宗教、美学之比较（修订本）（下）	

八 编 （2022年3月出版）

ISBN：978-986-404-209-8　　　　　　　　　定价（台币）$45,000 元

册　次	作　者	书　名	学科别（／表示跨学科）
第1册	查常平	历史与逻辑：逻辑历史学引论（修订本）（上）	历史学
第2册	查常平	历史与逻辑：逻辑历史学引论（修订本）（下）	
第3册	王澤偉	17～18世紀初在華耶穌會士的漢字收編: 以馬若瑟《六書實義》為例（上）	语言学
第4册	王澤偉	17～18世紀初在華耶穌會士的漢字收編: 以馬若瑟《六書實義》為例（下）	
第5册	刘海玲	沙勿略：天主教东传与东西方文化交流	历史
第6册	郑媛元	冠西东来——咸同之际丁韪良在华活动研究	历史

第 7 册	刘影	基督教慈善与资源动员——以一个城市教会为中心的考察	社会学
第 8 册	陈静	改变与认同: 瑞华浸信会与山东地方社会	社会学
第 9 册	孙晨荟	众灵的雅歌——基督宗教音乐研究文集	基督教音乐
第 10 册	曲艺	默默存想，与神同游——基督教艺术研究论文集（上）	基督教艺术
第 11 册	曲艺	默默存想，与神同游——基督教艺术研究论文集（下）	
第 12 册	利瑪竇著、梅謙立漢注 孫旭義、奧覓德、格萊博基譯	《天主實義》漢意英三語對觀（上）	经典译注
第 13 册	利瑪竇著、梅謙立漢注 孫旭義、奧覓德、格萊博基譯	《天主實義》漢意英三語對觀（中）	
第 14 册	利瑪竇著、梅謙立漢注 孫旭義、奧覓德、格萊博基譯	《天主實義》漢意英三語對觀（下）	
第 15 册	刘平	明清民初基督教高等教育空间叙事研究——中国教会大学遗存考（第一卷）（上）	资料汇编
第 16 册	刘平	明清民初基督教高等教育空间叙事研究——中国教会大学遗存考（第一卷）（下）	

九　编　（2023 年 3 月出版）

ISBN：000-000-000-000-0　　　　定价（台币）$56,000 元

册　次	作　者	书　名	学科别（／表示跨学科）
第 1 册	郑松	麦格拉思福音派神学思想研究	神学
第 2 册	任一超	心灵改变如何可能？——从康德到齐克果	基督教哲学
第 3 册	劉沐比	論趙雅博基本倫理學和特殊倫理學之串連	基督教伦理学
第 4 册	王务梅	论马丁·布伯的上帝观	基督教与犹太教

第 5 册	肖音	明末吕宋之中西文化交流（上）	教会史
第 6 册	肖音	明末吕宋之中西文化交流（下）	
第 7 册	张德明	基督教五年运动与民国社会（上）	教会史
第 8 册	张德明	基督教五年运动与民国社会（下）	
第 9 册	陈铃	落幕：美国新教在华传教事业的终结（1945～1952）	教会史
第 10 册	黄畅	全球史视角下基督教在英国殖民统治中的作用——以 1841～1914 年的香港和约鲁巴兰为例	教会史
第 11 册	杨道圣	言像之辩：基督教的图像与图像中的基督教	基督教艺术
第 12 册	張雅斐	晚清聖經人物漢語傳記研究——以聖經在華接受史的視角	基督教艺术
第 13 册	包兆会	缪斯与上帝的相遇——基督宗教文艺研究论文集	基督教文学
第 14 册	张欣	浪漫的神学：英国基督教浪漫主义略论	基督教文学
第 15 册	刘平	明清民初基督教高等教育空间叙事研究——中国教会大学遗存考（第二卷：福建协和神学院）	资料汇编
第 16 册	刘平、赵曰北主编	传真道于中国——赫士及华北神学院百年纪念文集（第一册）	论文集
第 17 册	刘平、赵曰北主编	传真道于中国——赫士及华北神学院百年纪念文集（第二册）	
第 18 册	刘平、赵曰北主编	传真道于中国——赫士及华北神学院百年纪念文集（第三册）	
第 19 册	刘平、赵曰北主编	传真道于中国——赫士及华北神学院百年纪念文集（第四册）	
第 20 册	刘平、赵曰北主编	传真道于中国——赫士及华北神学院百年纪念文集（第五册）